《城市管理执法行为规范》理解与应用

主编　余池明

副主编　朱海春　王明珠

中国城市出版社

图书在版编目（CIP）数据

《城市管理执法行为规范》理解与应用 / 余池明主编. — 北京 ：中国城市出版社，2021.6（2022.12重印）

ISBN 978-7-5074-3374-6

Ⅰ. ①城… Ⅱ. ①余… Ⅲ. ①城市管理-行政执法-中国 Ⅳ. ①D922.297②D922.11

中国版本图书馆 CIP 数据核字（2021）第 100359 号

本书是对住房和城乡建设部2018年9月颁布的《城市管理执法行为规范》内容的解读及应用，作者对执法纪律、办案规范、装备使用规范、着装规范、仪容举止和语言规范等逐条进行了说明和解读，包括法规政策依据，条文含义解读、适用说明和相关案例。希望本书的出版可以帮助城市管理行政执法人员理解、遵循和运用规范，提高严格、规范、公正、文明执法水平。

责任编辑：李　慧
责任校对：张　颖

《城市管理执法行为规范》理解与应用

主编　余池明

副主编　朱海春　王明珠

*

中国城市出版社出版、发行（北京海淀三里河路9号）

各地新华书店、建筑书店经销

北京鸿文瀚海文化传媒有限公司制版

北京建筑工业印刷厂印刷

*

开本：787毫米×1092毫米　1/16　印张：13¼　字数：243千字

2021年6月第一版　2022年12月第二次印刷

定价：**49.00**元

ISBN 978-7-5074-3374-6

（904360）

本书编委会

顾　　问　王早生　赵桂飞　王　毅

主　　任　陶建明　吴　迪

委　　员　胡仙芝　陈芸华　王　旭

主　　编　余池明

副 主 编　朱海春　王明珠

编写组成员（按姓氏笔画排序）

马春莉　王明珠　王新力　王黎瑶　朱海春

邢少英　李二虎　余池明　汪静如　张宇锋

林　森　金　旭　程　浩

前　言

按照《中共中央国务院关于深入推进城市执法体制改革改进城市管理工作的指导意见》（中发〔2015〕37号）关于打造政治坚定、作风优良、纪律严明、廉洁务实的执法队伍的要求，住房和城乡建设部自成立城市管理监督局伊始，就十分重视城市管理执法队伍规范化建设，开展了“强基础、转作风、树形象”专项行动和三年行动。住房和城乡建设部城市管理监督局委托全国市长研修院（住房和城乡建设部干部学院）和南京市、临沂市、西安市莲湖区城管部门一起开展“城市管理执法规范化建设研究”，同时组织人员研究起草了第一个全国性的《城市管理执法行为规范》，该规范于2018年10月1日实施。这是贯彻落实习近平总书记关于城市管理重要指示精神，落实《中共中央国务院关于深入推进城市执法体制改革改进城市管理工作的指导意见》要求，规范城市管理执法行为，推进严格规范公正文明执法的重要举措。

为了帮助基层城市管理执法人员学习和遵守《城市管理执法行为规范》，在上海市虹口区城市管理行政执法局、上海龙进天下信息技术有限公司的支持下，我们组织了部分专家和地方城管部门的同志共同编写了本书，通过条文理解、适用说明及相关案例对规范条款的具体要求和注意事项进行说明，为了便于阅读和查找，目录部分的条款备注了条文的主要信息。其中各章节分工分别为：第一章：余池明；第二章：朱海春；第三章：程浩、张宇锋、王新力；第四章：李二虎；第五章：金旭；第六章：邢少英、马春莉、王黎瑶；第七章：王明珠；第八章：汪静如；附录：林森。

住房和城乡建设部城市管理监督局原局长王早生，南京市城市管理局党委委员、市城市管理综合行政执法总队党委书记、总队长赵桂飞，扬州大学法学院教授王毅，中共中央党校（国家行政学院）教授胡仙芝审阅了书稿并提出了修改意见。在此对各位专家顾问的指导和全体编写人员的努力和付出表示衷心的感谢！由于编者水平所限，难免出现错漏，欢迎广大读者批评指正。

目　　录

第一章　总则

本章导读

2014年10月20日至23日，中国共产党第十八届中央委员会第四次全体会议在北京举行。全会听取和讨论了习近平受中央政治局委托作的工作报告，审议通过了《中共中央关于全面推进依法治国若干重大问题的决定》（以下简称《决定》）。《决定》提出了“理顺城管执法体制，加强城市管理综合执法机构建设，提高执法和服务水平”的任务。

2015年12月24日，中共中央、国务院印发《中共中央国务院关于深入推进城市执法体制改革改进城市管理工作的指导意见》（中发〔2015〕37号）（以下简称《意见》）。《意见》明确了推进城市执法体制改革、改进城市管理工作的指导思想、基本原则、总体目标和重点任务，是我国当前和今后一个时期城市管理工作的纲领性文件。《意见》从严格队伍管理、规范执法制度、改进执法方式、完善监督机制等方面对规范城市管理执法行为提出了一系列要求。

住房和城乡建设部贯彻落实《意见》的要求，在加强城市管理执法行为规范建设方面采取了一系列措施。

2016年11月8日，《住房和城乡建设部城市管理监督局关于推行城市管理执法全过程记录工作的通知》（建督综函〔2016〕1号）要求：各地城市管理部门要通过文字、音像等记录方式，对执法活动全过程进行记录，客观、公正、完整地记录执法工作情况和相关证据，实现全过程留痕和可回溯管理。规范执法文书的制作和使用，确保执法文书和案卷完整准确、合法规范。合理配备并使用执法记录仪等现场执法记录设备和视音频资料传输、存储等设备。对现场执法活动中容易引发争议和纠纷的，应当实行全过程音像记录。

2016年11月7日，《住房和城乡建设部关于印发全国城市管理执法队伍“强基础、转作风、树形象”专项行动方案的通知》（建督〔2016〕244号）要求：城市管理执法人员执法过程中要坚持“四个做到”：一是做到依照规定穿着制式服装和佩戴标志标识；二是做到从事执法工作时主动出示执法证件；三是做到执法过程中坚持语言文明和举止规范；四是做到执法活动实行全过程记录。

2017年2月7日，经国务院同意，住房和城乡建设部、财政部印发《城市管理执法制式服装和标志标识供应管理办法》，并要求全国城市管理执法队伍2017年底之前统一换发制式服装。

2017年5月1日施行的《城市管理执法办法》第五章执法规范用十个条目对执法程序、行政处罚、执法措施、证据收集、查封扣押、罚没所得、法制审核、执法文书、执法公开等方面做了规定。

2018年2月11日，《住房和城乡建设部关于严格规范城市管理执法行为严肃执法纪律的通知》（建督〔2018〕23号）要求严格规范城市管理执法行为。各省级城市管理主管部门要督促指导市县城市管理执法部门加强执法规范化建设，进一步推进严格规范公正文明执法。制定城市管理执法规程，明确各类执法事项的法律依据、执法标准、执法程序，使具体执法工作有章可循。城市管理执法人员要严格依照法定职权和程序开展执法工作，按规定穿着统一的制式服装、佩戴标志标识，主动出示执法证件，做到执法方式适当，措施适当，行为适当。落实行政执法责任制，建立并严格实施行政过错纠正和责任追究制度。全面执行执法全过程记录制度，做到全过程留痕、可回溯管理和制约。

2018年4月16日，《住房和城乡建设部关于印发全国城市管理执法队伍“强基础、转作风、树形象”三年行动方案的通知》（建督〔2018〕37号）提出2018年为规范执法行为年：通过严肃执法纪律，开展规范化建设，强化队伍管理，严格执法责任，加强执法监督，全面规范城市管理执法行为，解决执法行为粗放等问题，做到严格规范公正文明执法。在加强作风纪律建设方面提出两项要求：一是严格执行城市管理执法禁令。对违反纪律发生执法责任事故的，经查实立即启动问责程序，对已不符合城市管理执法人员条件、不适合继续留在城市管理执法队伍的，要依法依规予以辞退或调离。二是严格规范执法行为。城市管理执法人员在执法执勤过程中，要文明执法，做到着装规范、用语规范、行为规范、程序规范，依法规范行使行政检查权和行政强制权。制定协管人员管理制度，规范协管人员辅助执法行为。协管人员不得从事具体行政执法工作。

与此同时，住房和城乡建设部城市管理监督局组织力量开展了《城市管理执法行为规范》（以下简称《规范》）的研究和制定，经过广泛征求意见，于2018年9月5日印发，2018年10月1日起实施。

规范的出台是针对城市管理不规范执法、暴力执法等长期以来的顽疾，解决严重影响城管队伍形象的问题，是为贯彻习近平总书记重要指示精神和落实中央相关文件精神要求，是为了加强城市管理执法行为规范，推进严格公正文明执法。《规范》共8章，31条，对执法纪律、办案规范、装备使用规范、着装规范、仪容举止和语言规范等作出了规定。《规范》的出台，使城市管理执法行为有了“国家标准”，将不断促使城管执法标准化、正规化，有利于城管执法形象的提升，有利于城管事业的发展；与此同时，《规范》也对城管人提出了更高的行为要求，这就需要每位城管人都应该对照《规范》，从自身做起，严于律己，以身作则，不断进取，为新时代文明规范城管队伍建设作出自己的贡献。

《中共中央关于坚持和完善中国特色社会主义制度、推进国家治理体系和治理能力现代化若干重大问题的决定》再次重申了严格规范公正文明执法，规范执法自由裁量权的要求，这就要求城市管理执法队伍不断提高规范化、法治化水平，为新时代城市管理工作作出新的贡献。

条文理解及应用

第一条　为规范城市管理执法行为，推进严格规范公正文明执法，根据《中华人民共和国行政处罚法》《中华人民共和国公务员法》等相关法律法规，制定本规范。

【条文解读】

本条是关于本规范立法目的的说明。

改革开放以来，我国城镇化快速发展，城市规模不断扩大，建设水平逐步提高，保障城市健康运行的任务日益繁重，加强和改善城市管理的需求日益迫切，城市管理工作的地位和作用日益突出。行政执法是行政机关行使职权的手段和方法，也是与人民群众的权益直接相关的经常性的管理活动。因此，行政执法的质量和水平直接影响到依法治国的实现。

城市管理执法工作起源于改革开放初期，20 个世纪 80 年代中期各个城市纷纷建立城市建设监察机构，开展城乡建设领域的行政执法工作。

1996 年颁布实施的《中华人民共和国行政处罚法》第十六条规定，“国务院或者经国务院授权的省、自治区、直辖市人民政府可以决定一个行政机关行使有关行政机关的行政处罚权，但限制人身自由的行政处罚权只能由公安机关行使。”这一条款确立了“相对集中行政处罚权”制度。①

为解决执法队伍过多过滥的问题，1997 年 3 月，经国务院法制局批复，北京市宣武区率先在全国实施综合行政执法试点，城市管理的综合执法（以下简称城管综合执法）开始在一些城市推开，从而诞生城市管理执法这一新的部

---

① 本案例中引用的《行政处罚法》为 1996 年版本，后文中均引用 2021 年 7 月 15 日起施行的《行政处罚法》的条款。

门和执法队伍。在行政执法创新的过程中，相对集中行政处罚制度和综合行政执法制度在城市管理领域的实践，常常被笼统地简称为“城管执法”。在2008年的国务院机构改革中，城市管理执法工作交由地方政府管理。

2015年12月，习近平总书记亲自主持研究城市执法体制改革，审议通过《中共中央国务院关于深入推进城市执法体制改革改进城市管理工作的指导意见》（中发〔2015〕37号），明确由住房和城乡建设部负责指导监督全国城市管理工作，经国务院批准建立了由住房和城乡建设部、中央编办、国务院法制办牵头，十六个部门参加的全国城市管理部际联席会议制度，统筹推进改革。两年多来，城市执法体制改革全面推进，部省市县四级城市管理架构已经建立。住房和城乡建设部2016年7月设立城市管理监督局，截至2017年底，24个省份整合设立了省级城市管理执法监督机构。近78％的市县综合设置了城市管理执法机构，全国现有城管执法人员29.1万人，协管人员28.4万人。在总书记直接关怀下，城管执法队伍成为1986年以来，党中央国务院批准新增的第一支统一着装的队伍。2017年，中央财政安排800万元专项资金统一培训处级以上城市管理执法干部5005人，全国统一开展“强基础、转作风、树形象”专项行动。会同司法部统一部署了律师参与城管执法工作，全面推行执法全过程记录。90％以上的地级市实现了执法全过程留痕和可回溯管理。党中央、国务院对城市管理工作高度重视，城市执法体制改革取得突破，为城管执法规范化建设奠定了体制基础。

但也要清醒看到，与新型城镇化发展要求和人民群众生产生活需要相比，我国多数地区在城市市政管理、交通运行、人居环境、应急处置、公共秩序等方面仍有较大差距，城市管理执法工作还存在管理体制不顺、职责边界不清、法律法规不健全、管理方式简单、服务意识不强、执法行为粗放等问题，社会各界反应较为强烈，在一定程度上制约了城市健康发展和新型城镇化的顺利推进。特别是城管执法行为方面还存在一些不规范的现象：

1. 执法不严格。主要包括对执行规定打折扣，发现问题不处理，受理投诉不及时，办理案件超时效；案件监管缺位，重大突发案件应急管控不到位；该报告的不报告，该移送的不移送等问题。

2. 执法不公正。主要包括违反规定重复执法，选择性执法，滥用自由裁量权，同案异罚，畸轻畸重，办关系案、人情案；执法不透明，以罚代管，弄虚作假等问题。有的城市管理人员不依法办事，选择性执法、粗暴执法事件不时见诸报端，影响很坏。

3. 执法不规范。主要包括执法主体执法不按法定权限，不遵守法定程序，适用法律不准确，文书制作不规范，协管员滥执法等问题。部分执法中队在执法办案中个别案件自由裁量不合理，同一类案件中，事实、情节相同，处理决定畸轻畸重。部分执法中队未将执法全过程记录落实到位。

4. 执法不廉洁。主要包括不给好处不办事、给了好处乱办事，给违规当事人通风报信，“吃拿卡要”，收受或索取财物；违反规定乱收费、乱摊派、乱罚款，下达或变相下达罚没款指标；指定购买商品服务、接受指定有偿服务；领导干部违规或插手案件办理等问题。

5. 执法不文明。主要包括设置障碍、刁难群众；对待群众态度恶劣，工作简单粗暴等问题。

6. 执法威慑力不足，手段落后。对出店经营、流动水果车等小本经营的违法行为，教育和警告不起作用，罚款和暂扣容易激化矛盾，引发冲突。城管队员只能采取死看硬守或人海战术，并没有有效的制约手段。

7. 执法程序不够规范，在执法过程中经常会出现不按程序执法的事件，如立案报告中审批主体不合法；个案中没有履行调查程序；实施处罚未履行处罚事先告知和听证程序；复议时间填写错误；执法人员未按要求做到两人以上签名（或只签姓不签名）；违法当事人履行处罚的罚款金额与作出处罚决定的罚款金额不相符合，存在较大的随意性；有些案件无结案报告，有的未将处罚结果如罚款收据复印件附后，等等。

为此，住房和城乡建设部城市管理监督局和相关司局组织力量开展研究并制定颁布了《城市管理执法行为规范》。

具体地说，本规范立法目的主要包括两个方面：

一是规范城市管理行政执法行为。行政执法的规范性是指行政执法活动应当严格按照法定的规则和标准实施，是依法行政的重要体现。党的十六大报告指出，一些行政机关工作人员依法行政的观念还比较淡薄，依法行政的能力和水平有待进一步提高。解决这些问题，必须全面推进依法行政，建设法治政府。加强行政执法的规范性是提升各级政府及其职能部门依法行政能力的重要抓手，事关人民群众的利益、政府的形象，以及经济社会的全面发展。本规范重点对执法纪律、办案规范、装备使用规范、着装规范、仪容举止和语言规范、实施和监督方面进行了规定。

二是推进严格规范公正文明执法。《中共中央关于全面推进依法治国若干重大问题的决定》指出：坚持严格规范公正文明执法。依法惩处各类违法行为，加大关系群众切身利益的重点领域执法力度。完善执法程序，建立执法全过程记录制度。明确具体操作流程，重点规范行政许可、行政处罚、行政强制、行政征收、行政收费、行政检查等执法行为。严格执行重大执法决定法制审核制度。党的十九大报告中提到：“推进科学立法、民主立法、依法立法，以良法促进发展、保障善治。建设法治政府，推进依法行政，严格规范公正文明执法”。严格规范公正文明执法是依法行政的基本要求。其中，严格是执法基本要求，规范是执法行为准则，公正是执法价值取向，文明是执法职业素养。严格，就是以事实为依据，以法律为准绳，在执法工作中，必须做到“有法可依，有法必依，执法必严，违法必究”。规范，是指规范执法的制度和程序，必须按照法律规定的程序执法，做到实体与程序并重。公正，就是公平正义，对执法者来说就是实现法律面前人人平等，防止选择性执法和滥用自由裁量权。文明，是指执法者文明的形象，是对人的一种态度，是执法对象最直接的感受，文明执法要树立以人民为中心的执法理念，在执法过程中，有礼有节、春风化雨、以文化人、以理服人、以礼待人。城市管理执法工作与市民日常生活最为密切，城市管理执法人员一定要将严格规范公正文明执法的要求贯穿执法工作全过程。

此外，本条明确了《城市管理执法行为规范》制定的依据是《中华人民共和国行政处罚法》《中华人民共和国公务员法》等相关法律法规，这意味着该规范不能与上位法的内容相冲突。本规范属于部门规章，在法律适用时，如果与上位法的法律、行政法规相冲突，应当适用上位法的规定。

第二条　城市管理执法人员从事行政检查、行政强制、行政处罚等执法活动，应当遵守本规范。

☞【条文解读】

本条是关于本规范适用范围的规定。

《城市管理执法行为规范》适用的对象是城市管理执法人员，所规定的内容范围是城市管理执法人员从事的行政检查、行政强制、行政处罚等执法活动。

城市管理执法人员是指按照法律法规规定经考试合格持证上岗的城市管理工作人员。行政执法人员是行政执法主体的基本组成部分，是影响城市管理行政机关执法水平的重要因素，配置好一支过硬的行政执法人员队伍是人民政府加强对城市管理行政执法的前提。2008 年，国务院发布《国务院关于加强市县政府依法行政的决定》（国发〔2008〕17 号），文中强调执法队伍建设对于建设法治政府的重要意义，要求市县政府要实行行政执法主体资格合法性审查制度。健全行政执法人员资格制度，对拟上岗行政执法的人员要进行相关法律知识考试，经考试合格的才能授予其行政执法资格、上岗行政执法。《行政处罚法》第四十二条规定：“行政处罚应当由具有行政执法资格的执法人员实施。执行人员不得少于两人，法律另有规定的除外。”《行政强制法》第十七条规定：“行政强制措施应当由行政机关具备资格的行政执法人员实施，其他人员不得实施。”《行政执法类公务员管理规定（试行）》第二条规定：“本规定所称行政执法类公务员，是指依照法律、法规对行政相对人直接履行行政许可、行政处罚、行政强制、行政征收、行政收费、行政检查等执法职责的公务员，其职责具有执行性、强制性。”《城市管理执法办法》第十七条规定：“城市管理执法人员应当持证上岗。城市管理执法主管部门应当定期开展执法人员的培训和考核。”以上规定说明城市管理执法人员是指具有行政执法资格的人员，一般应由省级法制部门颁发执法资格证。

行政执法是指国家机关为了执行法律、法规、规章，实现国家行政管理职能，依照法定职权和法定程序，对公民、法人和其他组织实施的影响其权利义务的具体行政行为。行政执法的内容十分丰富，方式多样，按照法定分类有行政许可、行政处罚、行政强制、行政征收、行政确认、行政监察、行政裁决等。本规范适用的范围是城市管理人员从事行政检查、行政强制、行政处罚等执法活动。按照《中共中央国务院关于深入推进城市执法体制改革改进城市管理工作的指导意见》（中发〔2015〕37 号）的规定：“城市管理的主要职责是市政管理、环境管理、交通管理、应急管理和城市规划实施管理等。具体实施范围包括：市政公用设施运行管理、市容环境卫生管理、园林绿化管理等方面的全部工作；市、县政府依法确定的，与城市管理密切相关、需要纳入统一管理的公共空间秩序管理、违法建设治理、环境保护管理、交通管理、应急管理等方面的部分工作。城市管理执法即是在上述领域根据国家法律法规规定履行行政执法权力的行为。”

第三条　城市管理执法应当以习近平新时代中国特色社会主义思想为行动指南，遵循以人民为中心的发展思想，践行社会主义核心价值观，坚持严格规范公正文明执法，坚持处罚与教育相结合，坚持执法效果与社会效果相统一，自觉接受监督。

☞**【条文解读】**

本条是对指导思想和总体要求的说明。

从五个方面来理解本条的要求：

一是以习近平新时代中国特色社会主义思想为行动指南。十八大以来，以习近平同志为主要代表的中国共产党人，顺应时代发展，从理论和实践结合上系统回答了新时代坚持和发展什么样的中国特色社会主义、怎样坚持和发展中国特色社会主义这个重大时代课题，创立了习近平新时代中国特色社会主义思想。习近平新时代中国特色社会主义思想是对马克思列宁主义、毛泽东思想、邓小平理论、“三个代表”重要思想、科学发展观的继承和发展，是马克思主义中国化最新成果，是党和人民实践经验和集体智慧的结晶，是中国特色社会主义理论体系的重要组成部分，是全党全国人民为实现中华民族伟大复兴而奋斗的行动指南，必须长期坚持并不断发展。在习近平新时代中国特色社会主义思想指导下，中国共产党领导全国各族人民，统揽伟大斗争、伟大工程、伟大事业、伟大梦想，推动中国特色社会主义进入了新时代。

习近平总书记指出："全面依法治国是中国特色社会主义的本质要求和重要保障。必须把党的领导贯彻落实到依法治国全过程和各方面，坚定不移走中国特色社会主义法治道路，完善以宪法为核心的中国特色社会主义法律体系，建设中国特色社会主义法治体系，建设社会主义法治国家，发展中国特色社会主义法治理论，坚持依法治国、依法执政、依法行政共同推进，坚持法治国家、法治政府、法治社会一体建设，坚持依法治国和以德治国相结合，依法治国和依规治党有机统一，深化司法体制改革，提高全民族法治素养和道德素质。"

城市管理执法是政府依法行政的重要组成部分。中央城市工作会议要求："要全面贯彻依法治国方针，依法规划、建设、治理城市，促进城市治理体系和治理能力现代化。要健全依法决策的体制机制，把公众参与、专家论证、风险评估等确定为城市重大决策的法定程序。要深入推进城市管理和执法体制改革，确保严格规范公正文明执法。"管理好城市，提高城市的承载力、包容度和宜居性，事关实现"两个一百年"奋斗目标和中华民族伟大复兴中国梦，事关推进新型城镇化健康发展，事关增进人民群众获得感和幸福感。做好城市管理执法应当以习近平新时代中国特色社会主义思想为行动指南。

二是遵循以人民为中心的发展思想。党的十八届五中全会首次提出着力践行以人民为中心的发展思想，这体现了中国共产党全心全意为人民服务的根本宗旨，体现了人民是推动发展的根本力量的唯物史观。党的十九大报告指出："人民是历史的创造者，是决定党和国家前途命运的根本力量。必须坚持人民主体地位，坚持立党为公、执政为民，践行全心全意为人民服务的根本宗旨，把党的群众路线贯彻到治国理政全部活动之中，把人民对美好生活的向往作为奋斗目标，依靠人民创造历史伟业。"

习近平总书记指出："老百姓对城市工作的意见和怨言，多数表现在管理和服务方面。全心全意为人民服务，为人民群众提供精细的城市管理和良好的公共服务，是城市工作的重头，不能见物不见人。抓城市工作，一定要抓住城市管理和服务这个重点，不断完善城市管理和服务，彻底改变粗放型管理方式，让人民群众在城市生活得更方便、更舒心、更美好。"遵循以人民为中心的发展思想就要求城市管理理念实现根本的转变，即要顺应城市工作新形势，牢固树立以人为本、为人民管理城市的工作理念。各级城市管理执法部门要加强城市管理执法人员教育，组织城市管理执法人员深入学习贯彻党的十九大精神，自觉用习近平新时代中国特色社会主义思想武装头脑、指导实践。要牢固树立以人民为中心的发展思想，牢记全心全意为人民服务的宗旨，把实现好维护好最广大人民群众的根本利益作为城市管理执法工作的出发点和落脚点。要切实践行以人民为中心的发展思想，尊重执法对象，多沟通，善说服，慎处罚，坚决杜绝任性和违规执法，保障执法对象合法权益。坚持群众路线，尊重群众首创精神，深入调查研究，问政于民、问需于民、问计于民，积极回应人民群众要求。

三是践行社会主义核心价值观。社会主义核心价值观是当代中国精神的集中体现，凝结着全体人民共同的价值追求。中共中央办公厅、国务院办公厅《关于进一步把社会主义核心价值观融入法治建设的指导意见》指出："社会主义核心价值观是社会主义法治建设的灵魂。把社会主义核心价值观融入法治建设，是坚持依法治国和以德治国相结合的必然要求，是加强社会主义核心价值观建设的重要途径。"城管执法部门要把社会主义核心价值观融入城市管理执法工作的各方面，转化为城市管理执法人员的情感认同和行为习惯。始终坚持依法执法、文明执法、规范执法的执法理念，以社会主义核心价值观中的"法治"二字作为执法活动的准则。把落实公正执法、文明执法的要求作为践行社会主义核心价值观的体现。

四是坚持严格规范公正文明执法，坚持处罚与教育相结合，坚持执法效果与社会效果相统一等三个原则。

坚持严格规范公正文明执法，是国家治理能力现代化的迫切需要。促进国家治理体系和治理能力现代化，是十八届四中全会《决定》提出全面推进依法治国的目标要求。坚持严格规范公正文明执法是一个有机统一的整体。其中，严格是执法基本要求，规范是执法行为准则，公正是执法价值取向，文明是执法职业素养。坚持严格依法办事，保证有法必依、执法必严、违法必究，是社会主义法治原则的基本要求，是检验和衡量执法成效的基本标准。严密的执法程序是规范执法的重要前提，也是执法公平公正的重要保障。要规范执法流程，加强执法管理，建立执法全过程记录制度。要规范自由裁量权行使，从制度机制上防止出现"选择性执法""倾向性执法"。要科学合理制定裁量标准，在法律规定的行政处罚幅度内，根据过罚相当原则，结合经济发展、行政案件发案等情况，细化、量化行政裁量标准，规范裁量范围、种类、幅度，为公正执法提供制度依据。要健全行政执法人员岗位培训制度，定期组织开展行政执法人员通用法律知识、专门法律知识培训和新法专题培训，使广大执法人员熟练掌握执法依据、执法流程，不断提升执法素养和文明执法水平。

坚持处罚与教育相结合的原则。《行政处罚法》第五条规定，“行政处罚遵循公正、公开的原则。设定和实施行政处罚必须以事实为依据，与违法行为的事实、性质、情节以及社会危害程度相当。对违法行为给予行政处罚的规定必须公布；未经公布的，不得作为行政处罚的依据。”法治与德治要结合起来，单纯靠处罚，并不能保障法律、法规、规章贯彻实施。法律、法规、规章实施的最主要的保障，是人们对法的深刻理解和衷心支持。因此，要维护法的尊严，制止违法行为，必须坚持处罚与教育相结合的原则。首先是通过教育使其自行纠正违法行为，即使依法要予以行政处罚，也不能单纯地采取惩罚主义，而是通过处罚，纠正违法行为，使行为人认识到违法对己、对他人的危害，从而达到教育公民、法人或者其他组织自觉守法这一法律目的。《行政处罚法》第三十条规定，“不满十四周岁的人有违法行为的，不予处罚；对已满十四岁不满十八岁的人有违法行为的，从轻或者减轻处罚。”这些都是为了更好地教育青少年。对于成年人，如果违法轻微的，或者主动消除、减轻违法行为危害后果的，或者受他人胁迫实施违法行为的，或者配合行政机关查处违法行为有立功表现的，应当从轻、减轻或者免于处罚。城市管理领域的执法事项量大面广，直接面对广大市民，更应该注重普法教育，提高市民自觉遵纪守法的意识和习惯。

坚持执法效果与社会效果相统一的原则。自最高人民法院副院长李国光在1999年12月的《党建研究》杂志上发表《坚持办案的法律效果与社会效果相统一》一文后，“坚持办案的法律效果与社会效果相统一”的提法在法院系统出现，并产生很大影响，不仅法院系统将其作为检验审判工作的标尺，而且在公安、检察、司法行政系统以及行政执法领域都产生了深远的影响，成为衡量工作成果的重要标准之一。但从法理学角度来看，法律效果一般是指通过法律实施从而实现法律的“社会目的、价值或社会功能及其程度”，也就是说一般法理学上所说的“法律效果”涵盖了现在人们经常讨论的“法律效果”和“社会效果”两个方面，并没有单独的“社会效果”这一概念。李国光提出：“审判的法律效果是通过严格适用法律来发挥依法审判的作用和效果；审判的社会效果则是通过审判活动来实现法律的秩序、公正、效益等基本价值的效果……法律效果倾向于法律的证明，侧重于法律条文的准确适用；社会效果倾向于法律价值的实现，侧重于司法目的的实现。”行政执法的法律效果和社会效果的有机统一的要求，应该是具体执法活动应用执法的质量和水平来衡量，不能出现违法的行为的同时实现法的基本价值，能维护城市和社会的稳定，推动城市更安全、更有序、更干净，使得社会公众满意。

五是自觉接受监督。党的十九大报告指出：“要以规范和约束公权力为重点，构建党统一指挥、全面覆盖、权威高效的监督体系，把党内监督同国家机关监督、民主监督、司法监督、群众监督、舆论监督贯通起来，增强监督合力，强化监督责任，提高监督实效，做到有权必有责、有责要担当、失责必追究。”要进一步强化对城市管理执法活动的监督，健全完善监督机制，坚决排除对执法活动的非法干预，坚决防止和克服地方和部门保护主义，坚决防止和克服执法工作中的利益驱动，坚决惩治执法腐败现象，切实做到有权必有责、用权受监督、违法必追究。

第四条　城市管理执法人员应当牢固树立“四个意识”，坚决维护习近平总书记党中央的核心、全党的核心地位，坚决维护党中央权威和集中统一领导，自觉在思想上政治上行动上同以习近平同志为核心的党中央保持高度一致。

☞**【条文解读】**

本条是对城市管理执法人员政治要求的规定。

“四个意识”：是指政治意识、大局意识、核心意识、看齐意识。这“四个意识”是2016年1月29日中共中央政治局会议最早提出来的。习近平总书记在庆祝中国共产党成立95周年大会上的讲话强调，“全党同志要增强政治意识、大局意识、核心意识、看齐意识，切实做到对党忠诚、为党分忧、为党担责、为党尽责。”党的十八届六中全会通过的《关于新形势下党内政治生活的若干准则》强调，“全党必须牢固树立政治意识、大局意识、核心意识、看齐意识，自觉在思想上政治上行动上同党中央保持高度一致。”

党的十八大以来，以习近平同志为核心的党中央团结带领全党全国各族人民迎难而上、开拓进取，党和国家各项事业取得历史性成就、发生历史性变革。习近平总书记在领导党和国家事业发展、在领导开展具有许多新的历史特点的伟大斗争中展现出坚定信仰信念、鲜明人民立场、非凡政治智慧、顽强意志品质、强烈历史担当、高超政治艺术，习近平总书记作为党中央的核心、全党的核心是党心所向、民心所向。党的十八届六中全会正式确立习近平总书记，党中央的核心，全党的核心地位，党的十九大把习近平总书记党中央的核心、全党的核心地位写入党章，这是历史和人民的共同选择、郑重选择、必然选择，是党和国家之幸、人民之幸、中华民族之幸。

要坚持党中央的集中统一领导。一个国家、一个政党，领导核心至关重要。坚决维护党中央权威、保证全党令行禁止，是党和国家前途命运所系，是全国各族人民根本利益所在。因此，全党必须牢固树立政治意识、大局意识、核心意识、看齐意识，自觉在思想上、政治上、行动上同党中央保持高度一致。党的各级组织、全体党员特别是领导干部都要向党中央看齐，向党的组织和路线方针政策看齐，向党中央决策部署看齐，做到党中央提倡的坚决响应、党中央决定的坚决执行、党中央禁止的坚决不做。

各级城市管理执法部门要坚决落实全面从严治党要求，加强政治建设、思想建设、组织建设、作风建设、纪律建设，打造政治坚定、作风优良、纪律严明、廉洁务实的城市管理执法队伍。城市管理执法人员作为政府公职人员要加强政治纪律建设，牢固树立“四个意识”，坚决维护习近平总书记党中央的核心、全党的核心地位，坚决维护党中央权威和集中统一领导，自觉在思想上、政治上、行动上同以习近平同志为核心的党中央保持高度一致。

第五条　城市管理执法人员应当爱岗敬业、恪尽职守、团结协作、勇于担当、服从指挥，自觉维护城市管理执法队伍的尊严和形象。

☞【条文解读】

本条是关于城市管理执法人员职业道德素养方面的规定。

职业道德不仅是从业人员在职业活动中的行为标准和要求，也涵盖了本行业对社会所承担的道德责任和义务。深入贯彻习近平新时代中国特色社会主义思想，弘扬社会主义核心价值观，把职业道德的培育贯穿城管执法系统公务员队伍建设全过程，是城管执法队伍建设的必然要求。要把知与行、自律与他律、示范与引领有机结合起来，使职业道德内化于心、外化于行，贯穿到日常工作和言行中，成为城管执法系统广大公务员的自觉自愿行动，全面提升职业道德水平。

城管执法系统公务员的职业道德，是在公务员职业道德基础上结合城管执法工作的职业特点，形成的行政执法类公务员应具备的道德意识和行为规范，是行政执法类公务员政治素质、思想意识、文化修养、品德情操、工作态度和精神风貌的总和。当今社会结构深刻变动，社会主体更趋多元，利益关系更加多样，社会矛盾更为复杂，协调利益关系、处理各种矛盾的难度更大、要求更高，城市问题进入爆发期，城市管理的难度越来越大，城管执法的形势日益严峻，城市管理执法系统人员，特别是基层执法队伍的思想素质、工作能力都面临较大的挑战，运用法治思维和法治方式推动改革、发展、稳定的本领有待进一步增强。当前，推进城管执法系统公务员职业道德建设，要以爱岗敬业、恪尽职守、团结协作、勇于担当、服从指挥，自觉维护城市管理执法队伍的尊严和形象为主要内容。

一是加强思想政治建设。强化理想信念教育，深入开展社会主义核心价值观和社会主义法治理念教育，坚持宪法法律至上，抓住城市管理执法部门各级领导班子建设这个关键环节，突出政治标准，强化任职前法律知识和依法行政能力培训。积极培育城市管理执法人员忠于党、忠于国家、忠于人民、忠于法律的理想信念，形成严格规范公正文明执法的高度自觉，以积极向上的态度完成工作任务，履行所承担的职责。

二是加强城市管理执法队伍作风建设。制定并推行城市管理执法用语、仪容举止、职业道德等基本规范。城市管理执法人员从事行政执法活动，应当仪表整洁、语言文明、举止得体、方式得当，严格按照规定进行着装。城市管理执法人员在行政执法过程中，不得使用粗俗、歧视、侮辱以及威胁性语言，不得刁难当事人或者做出有损城市管理执法人员形象的行为。城市管理执法部门要开展行政执法示范活动，树立典型、彰显优秀、倡导新风。城市管理执法人员应当恪尽职守，服务大局，奋发有为，甘于奉献，为党和人民的事业不懈奋斗。坚持原则，敢于担当，认真负责，面对矛盾，敢于迎难而上；面对危机，敢于挺身而出。面对失误，敢于承担责任；面对歪风邪气，敢于坚决斗争。精通业务知识，勤勉敬业，求真务实，兢兢业业做好本职工作。

三是自觉维护城市管理执法队伍的尊严和形象。要把秉承公平、公正理念以及依法行政作为城管执法系统公务员职业道德的基本要求，作为城管执法工作的生命线，严格按照法律、法令、条例和办法执法办事，把公平、公正贯彻于执法、行政工作的一切方面和始终。树立城市管理队伍严格规范公正文明执法的尊严和形象。践行“721 工作法”，即 70％的问题用服务手段解决、20％的问题用管理手段解决、10％的问题用执法手段解决，改进工作方法，变被动管理为主动服务，变末端执法为源头治理。坚持规范管理为主，执法处罚为辅的原则。凡是能用规范管理解决的问题，就不要动用执法手段解决。

☞【适用说明】

在贯彻落实本章内容的实践中，要注意以下几个问题：

一、结合落实行政执法“三项制度”，加强行为规范建设

贯彻落实《关于全面推行行政执法公示制度执法全过程记录制度重大执法决定法制审核制度的指导意见》（国办发〔2018〕118 号），在城市管理领域全面推行行政执法公示制度、执法全过程记录制度、重大执法决定法制审核制度（以下统称“三项制度”），规范行政处罚、行政强制、行政检查、行政征收、行政许可等执法行为，促进严格规范公正文明执法。

依法治市是依法治国的重要组成部分，必须下大力气抓实抓好。这就要求每一位城市管理者，都必须更加自觉地运用法治思维和法治方式治理城市，发挥法治的引领和规范作用，推动科学立法，严格执法，自觉守法，在全社会营造良好的法治环境，实现城市的安全有序高效运行。

行政执法公示是保障行政相对人和社会公众知情权、参与权、表达权、监督权的重要措施。行政执法机关要按照“谁执法，谁公示”的原则，明确公示内容的采集、传递、审核、发布职责，规范信息公示内容的标准、格式。建立统一的执法信息公示平台，及时通过政府网站及政务新媒体、办事大厅公示栏、服务窗口等平台向社会公开行政执法基本信息、结果信息。涉及国家秘密、商业秘密、个人隐私等不宜公开的信息，依法确需公开的，要做适当处理后公开。发现公开的行政执法信息不准确的，要及时予以更正。地方主管部门应当制定城管执法行政处罚案件信息主动公开实施细则，对一般程序行政处罚案件信息公开的原则、内容、时限等作出具体规定。

行政执法全过程记录是行政执法活动合法有效的重要保证。行政执法机关要通过文字、音像等记录形式，对行政执法的启动、调查取证、审核决定、送达执行等全部过程进行记录，并全面系统归档保存，做到执法全过程留痕和可回溯管理。上海市城市管理行政执法局制定了《上海市城管执法全过程记录规定（试行）》《上海市城管执法系统执法全过程记录信息化装备技术参数与配置标准》，规定了全过程记录的原则、主体、保存形式和期限；一般音像记录的 7 种情形、全程音像记录的 6 种情形；视、音频记录的要求；统一了执法记录仪和数据管理终端的技术参数和配置标准。

重大执法决定法制审核是确保行政执法机关作出的重大执法决定合法有效的关键环节。行政执法机关作出重大执法决定前，要严格进行法制审核，未经法制审核或者审核未通过的，不得作出决定。地方城管部门应该制定城管执法系统重大行政执法决定法制审核办法，对审核机构、审核范围、审核内容、审核流程、审核结果、审核时限、人员要求、审核责任等作出具体规定。

二、结合“强基础、转作风、树形象”三年专项行动加强队伍建设

2018 年全国住房城乡建设工作会议要求：“大力加强城市管理执法队伍转作风建设，继续开展‘强基础、转作风、树形象’行动，严格规范公正文明执法。”中央精神文明建设指导委员会将开展全国城市管理执法队伍“强基础、转作风、树形象”专项行动列为 2018 年重要工作安排。

一是党建引领，加强城管执法人员政治建设和思想建设。党的十九大指

出："打铁必须自身硬。我们党既要政治过硬，也要本领高强。要增强学习本领、政治领导本领、改革创新本领、科学发展本领、依法执政本领、群众工作本领、狠抓落实本领、驾驭风险本领。"城市管理队伍，必须牢固树立"四个意识"，严格贯彻落实从严治党各项规定，坚决执行党的路线方针政策，发挥基层党组织的战斗堡垒作用，持之以恒正风肃纪。要努力培养专业能力和专业精神，努力提高八项本领，建设一支政治坚定、作风优良、纪律严明、依法履职、人民满意的城市管理执法队伍。

二是加强队伍能力建设。各级城市管理执法队伍要借助高校、党校、警校等教育培训资源，定期开展全员培训，用习近平新时代中国特色社会主义思想武装头脑，不断增强队伍适应新时代发展要求的履职能力。

三是加强法治建设。各级城市管理执法队伍要健全各项制度规范，坚持依法办事，以制度管人，按程序办事，把城市管理执法工作全面纳入法治化、制度化轨道。

四是加强作风纪律建设。各级城市管理执法队伍要严肃执法纪律，杜绝粗暴执法和选择性执法，做到严格规范公正文明执法，确保执法公信力。

五是提高管理服务水平。各级城市管理执法队伍要坚持问题导向、需求导向，变末端执法为源头治理，聚焦影响城市安全、制约发展、群众反映强烈的突出问题，加强综合整治。

六是强化监督考核。各级城市管理执法队伍要强化对执法风纪、履职履责、廉政勤政、工作作风等方面的监督，树立典型，奖优罚劣。

三、深入推进城管执法人员职业道德建设

公民职业道德的主要内容有：爱岗敬业、诚实守信、办事公道、服务群众、奉献社会。根据《国家公务员行为规范》，国家公务员职业道德的主要内容有：忠于职守、爱岗敬业、勤奋工作、钻研业务、甘于奉献。公民职业道德和公务员职业道德，都适用于行政执法职业道德。在此基础上，行政执法职业道德还有符合其职业特征的内容：爱岗敬业、忠于法律、公平正义、清正廉洁、精通业务。

城管执法系统应根据国家关于推进公务员职业道德建设工程的意见要求，结合本地实际制订城管执法系统公务员职业道德建设的实施意见，以基层执法一线为重点，以行为规范为突破口，结合人民满意的公务员活动，树身边人、讲身边事，充分发挥先进典型的示范引领作用，通过教育培训、岗位承诺、选树典型等多种形式，深入推进城管执法人员职业道德建设。

《论语》中说："道之以政，齐之以刑，民免而无耻。道之以德，齐之以

礼，有耻且格。”法律和道德都具有规范社会行为、调节社会关系、维护社会秩序的作用，在国家治理中都有其地位和功能。法治以其权威性和强制性规范社会成员的行为，德治以其说服力和劝导力提高社会成员的思想道德觉悟。因此推进城管执法人员职业道德建设是队伍建设的重要内容。

城市管理执法人员首先应遵守公务员职业道德的基本要求。根据《关于推进公务员职业道德建设工程的意见》（人社部发〔2016〕54号），公务员职业道德建设要突出政治性、示范性、约束性、可操作性，以“坚定信念、忠于国家、服务人民、恪尽职守、依法办事、公正廉洁”为主要内容。

“坚定信念”要求公务员坚定对马克思主义的信仰，坚定对社会主义和共产主义的信念，不断增强道路自信、理论自信、制度自信；坚持中国共产党的领导，坚持党的基本理论、基本路线、基本纲领、基本经验、基本要求不动摇；把牢政治方向，坚定政治立场，严守政治纪律和政治规矩，增强党性修养，做到对党和人民绝对忠诚。

“忠于国家”要求公务员弘扬爱国主义精神，坚决维护国家安全、荣誉和利益，维护党和政府形象、权威，维护国家统一和民族团结；保守国家秘密和工作秘密，同一切危害国家利益的言行作斗争。

“服务人民”要求公务员坚持以人为本、执政为民，全心全意为人民服务，永做人民公仆；坚持党的群众路线，密切联系群众，以人民忧乐为忧乐，以人民甘苦为甘苦；坚持人民利益至上，把实现好、维护好、发展好最广大人民根本利益作为工作的出发点和落脚点，切实维护群众切身利益。

“恪尽职守”要求公务员服务大局、奋发有为、甘于奉献，为党和人民的事业不懈奋斗；坚持原则、敢于担当、认真负责，面对矛盾敢于迎难而上，面对危机敢于挺身而出，面对失误敢于承担责任，面对歪风邪气敢于坚决斗争；精通业务知识，勤勉敬业、求真务实，兢兢业业做好本职工作。

“依法办事”要求公务员牢固树立社会主义法治理念，努力提高法治素养，模范遵守宪法和法律；严格依法履职，做到权由法定、权依法使，法定职责必须为、法无授权不可为；坚持依法决策，严格按照法定的权限、程序和方式执行公务。

“公正廉洁”要求公务员坚持秉公用权、公私分明，办事出于公心，努力维护和促进社会公平正义；严于律己、廉洁从政，坚守道德法纪防线；为人正派、诚实守信，尚俭戒奢、勤俭节约。

【相关案例】

案例一：“三教而罚”

广东省惠州市城乡管理和综合执法局在创建“和美网格”过程中，不断创新管理手段，吸纳法制手段、强制手段、协商、公约、互助、文化教育、社区更新等各类方式，共同为社区管理和服务做贡献。

在市容市貌执法方面坚持“三教而罚”，对初次不服从管理的，口头规劝教育，责令立即改正，执法仪全程记录执法过程，对重要证据进行拍照取证；再次不服从管理的，口头规劝教育，责令自行整改并写保证书，执法仪全程记录执法过程中，对重要证据进行拍照取证；第三次不服从管理的，暂扣或先行登记相关物品，立案处罚，执法仪全程记录执法过程，对现场情况、暂扣或先行登记相关物品进行全面拍照录像记录。针对辖区城市管理存在问题，在“三教”的基础上坚决予以立案查处，遏止各类违法违规行为，杜绝出现有案不立的情况。12319 指挥中心负责执法管理台账的建设及提供技术支持，对采集的基础信息进行后台保存及处理，为“三教而罚”、立案查处等提供技术支撑，简化办案程序，提高执法效能。

该局过去在政府考核中排名往往靠后，经过分析发现主要因素是群众满意度比较低，在实行“三教而罚”执法方式之后，群众满意度大幅度提升。“三教而罚”体现了处罚与教育相结合的原则在城市管理执法工作的具体应用。

案例二：佳木斯市城市管理综合执法局原局长于长春严重违纪违法被开除党籍和公职

据黑龙江省纪委监委网站消息，日前，经佳木斯市委批准，佳木斯市纪委监委对市城市管理综合执法局原局长于长春严重违纪违法问题进行了纪律审查和监察调查。

经查，于长春违反政治纪律，对党不忠诚不老实，表里不一，做两面人；不履行全面从严治党主体责任；对抗组织审查。违反中央八项规定精神，违规收受礼品礼金，组织公款宴请，搞形式主义。违反组织纪律，不如实报告个人有关事项。违反廉洁纪律，搞钱色交易；违规收取企业费用，奖励职工旅游。违反工作纪律，工作作风懈怠。利用职务上的便利，在工程发包、施工监管、工程款结算等方面为他人谋取利益，并收受他人财物，涉嫌受贿罪。滥用手中职权擅自向企业收取“赞助费”，涉嫌滥用职权罪。

于长春理想信念丧失，宗旨意识淡漠，政治上对党不忠诚不老实，经济上贪婪无度，工作上作风懈怠，严重违反党的纪律和国家法律规定，并涉嫌职务犯罪，且在党的十八大后乃至党的十九大后仍不收敛、不收手，性质恶劣，情节严重，依据《中国共产党纪律处分条例》《中华人民共和国监察法》等有关规定，经佳木斯市纪委常委会会议审议并报佳木斯市委批准，决定给予于长春开除党籍处分；由佳木斯市监委给予其开除公职处分；将其涉嫌犯罪问题移送检察机关依法审查起诉。

（人民网 2019—10—08 邹慧）

案例三：业务培训提升队伍素质，规范管理提高执法水平

上海市虹口区城市管理行政执法局注重干部队伍培养，研究制定人才培养三年行动计划，推出青年队员“城才工程”，构建“六大人才库”，打造虹口城管青年论坛，培养队伍的中坚力量。在 2018 年度上海建设交通行业“颂党倡廉”职工诵读大赛中，区城管执法局《守望黎明》获个人特等奖，《不忘初心，牢记使命》获集体二等奖。面对执法力量下沉街道的现状，加强对街道中队业务指导和培训。局相关科室注重为中队提供及时有力的法律支撑和法制保障，主动下基层送办法、出主意，跨前一步、提早一步、主动一些；开展了送法下基层和法制审核员专项培训，进一步提高街道中队社区执法难点问题的应对能力。通过开展各类法制培训，组织各街道城管中队开展双周执法实务培训，不断提升队员依法行政的水平。2018 年上海市城管执法系统法律知识竞赛，区城管执法局获“优秀组织奖”殊荣。对每年新招录队员实行“阳光育苗计划”，安排带教师傅，做好“传帮带”工作，助力新队员在基层城管淬炼成长，引导他们执法业务入门、群众工作过关、依法行政能力达标。

创新智慧城管精细化管理，关键在人。智慧城管“虹口模式”之所以呈现出持久的生命力，不仅在于其硬件技术的提速增能，更在于它与队伍建设精准对接，推动着队伍建设不断焕发出蓬勃的活力。从最初的系统框架到目前涵盖 174 公里道路、1.2 万余家经营门店、40 万条各类信息，这是智慧城管 1.0 版到 3.0 版的 N 次方加速度。而在系统日趋成熟完善的背后，折射出的是虹口城管人思想观念的有效转变、工作作风的扎实提升以及执法履职能力的不断增强。一是促进执法规范的养成。结合住房和城乡建设部“严格规范城市管理执法行为，严肃执法纪律”活动，智慧城管健全完善了指挥联动机制、目标考核机制、投诉处置机制和长效管理机制等，形成流程不断优化的管理闭环。并将日常工作中所需的法律法规内容程序、工作规章等融合到每个模块中，操作流程按照相同要求、相同规定，不受工作区域、人员力量及地域结构因素的影响。队员们通过智慧城管的规范使用，改变了作风，在日常巡查约谈中纪律严明，举止端庄，确保了依法行政的公平、公正、透明。二是促进队员能力的提升。虹口城管在一系列高强度、高密度的执法整治中，聚焦智慧城管使用建设于队伍的作风建设和能力建设，锻炼造就了一支能战斗、善战斗、打胜仗的队伍，取得了喜人的战绩：2018 年区城管执法局还荣获了全市城管执法系统“强基础、转作风、树形象”队列会操第一名；在全市城管执法系统优秀中队长、优秀执法标兵“双十佳”评选中，成功占据两席；微党课《走好群众路线，争当城管先锋》荣获市局系统“支部书记上党课”二等奖；选送的执法督察案例被评为市局优秀督察案例。在推动中心工作和重点任务完成的同时，还不断激发队伍活力：从一线提拔使用中层干部10名，选派3名优秀青年干部参加市局优秀青年干部培训班；选派3名青年干部参加区进口博览会内宾接待工作，通过实践给年轻干部压担子，促进年轻干部成长。

（上海市虹口区城市管理行政执法局供稿）

第二章 执法纪律

本章导读

本章明确了城管执法纪律，从政治纪律、廉洁纪律、工作纪律三方面对执法纪律提出了要求，重点规范了工作纪律，着力防止选择性执法、暴力执法等问题。

城管执法人员严格按照《规范》要求执法，理论上将可以杜绝城管与行政执法相对人发生肢体冲突的情况，不断促使城管执法标准化、正规化，有利于城管执法形象的提升，有利于城管事业的发展。

条文理解及应用

第六条 城市管理执法人员应当坚定执行党的政治路线，严格遵守政治纪律和政治规矩。

☞【条文解读】

本条是关于城管执法人员政治纪律的说明。从两个方面来理解本条的要求：

一、坚定执行党的政治路线

《中共中央关于加强党的政治建设的意见》（2019 年 1 月 31 日）强调，要坚定执行党的政治路线。党的政治路线，是党在社会主义初级阶段的基本路线，是党和国家的生命线、人民的幸福线，必须坚决捍卫、坚定执行。

方向决定道路，道路决定命运。《意见》指出："全党制定执行大政方针，要从党的政治路线出发；部署推进党和国家事业发展重大战略、重大任务、重大工作，要紧紧围绕党的政治路线来进行。"党的政治路线是一个政治标杆，对于各级城市管理执法部门来说，确定工作思路、工作部署、政策措施，要自觉同党的政治路线对标对表、及时校准偏差，要坚决同一切违背、歪曲、否定党的政治路线的言行作斗争。具体来说，要从以下几个方面进行努力。

（一）向以习近平同志为核心的党中央看齐

在新时代，坚持党的政治路线不动摇，就必须树牢"四个意识"，坚定

“四个自信”，坚决做到“两个维护”，在思想上、政治上、行动上自觉同以习近平同志为核心的党中央保持高度一致，以高度的政治自觉坚持政治路线，继续把中国特色社会主义这篇大文章写下去，完成新时代中国共产党人的历史使命。

（二）向党的理论和路线方针政策看齐

在新时代，坚持党的政治路线，就要自觉用习近平新时代中国特色社会主义思想武装头脑，全面贯彻实施新时代中国特色社会主义基本理论、基本路线、基本方略，统筹推进“五位一体”总体布局，协调推进“四个全面”战略布局，为实现“两个一百年”奋斗目标不懈努力。

（三）向党中央决策部署看齐

在新时代，坚持党的政治路线，最终要体现在不折不扣贯彻落实党中央各项决策部署上。要坚持以党的旗帜为旗帜，以党的方向为方向，以党的意志为意志，始终做到在党言党、在党忧党、在党为党，任何时候都同党同心同德，把维护党中央权威和集中统一领导体现在工作中、落实到行动中、彰显于业绩中。

全面贯彻执行党的政治路线，是加强党的政治建设的题中应有之义，是坚定政治信仰的必然要求，也是必须坚守的政治纪律和政治规矩。在这方面，正如《意见》所指出的，“越是面临严峻复杂的国际国内形势，越是处于中华民族伟大复兴的关键时期，越要保持清醒头脑和战略定力。”因此，在加强党的政治建设的实践中，各级城市管理执法部门要以高度的政治自觉，坚定执行党的政治路线。

二、严格遵守政治纪律和政治规矩

党的十八大以来，习近平同志反复强调，政治纪律是党最重要、最根本、最关键的纪律，是各级党组织和全体党员在政治方向、政治立场、政治言论和政治行为方面必须遵守的基本准则，是维护党的性质、宗旨、指导思想的根本规定。严明政治纪律，必须坚持党要管党、从严治党，强化责任、敢于担当，切实增强广大党员干部维护党的团结统一的自觉性、主动性和坚定性，确保全党统一意志、统一行动、步调一致前进。

党的十九大突出了纪律建设的重要性，把纪律建设纳入党的建设总布局，提升到与政治建设、思想建设、组织建设、作风建设同等重要的地位。明确了纪律建设重点，强化政治纪律和组织纪律，带动其他方面纪律严起来。

《中共中央关于加强党的政治建设的意见》指出：政治纪律是党最根本、最重要的纪律，是净化政治生态的重要保证。要把坚决做到“两个维护”作为首要政治纪律，在全党持续深入开展忠诚教育，开展“守纪律、讲规矩”模范机关创建和先进个人评选活动，教育督促党员干部始终对党忠诚老实，决不允许在重大政治原则问题上、大是大非问题上同党中央唱反调，搞自由主义。严格执行《中国共产党纪律处分条例》，严肃查处违反政治纪律的行为，通过严明政治纪律带动党的其他纪律严起来。坚持“五个必须”，必须维护党中央权威，决不允许背离党中央要求另搞一套；必须维护党的团结，决不允许在党内培植个人势力；必须遵循组织程序，决不允许擅作主张、我行我素；必须服从组织决定，决不允许搞非组织活动；必须管好领导干部亲属和身边工作人员，决不允许他们擅权干政、谋取私利。严肃查处“七个有之”问题，把政治上蜕变的两面人及时辨别出来、清除出去，坚决防止党内形成利益集团攫取政治权力、改变党的性质，坚决防止山头主义和宗派主义危害党的团结、破坏党的集中统一。

2018 年 8 月 26 日，中共中央印发了新修订的《中国共产党纪律处分条例》。新修订《条例》的一个突出特点，就是把遵守政治纪律和政治规矩放在首要位置，以政治纪律为纲，带动其他纪律的执行，体现全面从严治党的要求。

政治纪律既是政治建设的重要内容，也是纪律建设的根本内容。新修订《条例》，对管党治党中的突出问题，特别是习近平总书记反复强调的“七个有之”问题作出更有针对性的规定，不断完善制度。

一是明确党的纪律建设必须坚持以马克思列宁主义、毛泽东思想、邓小平理论、“三个代表”重要思想、科学发展观、习近平新时代中国特色社会主义思想为指导，坚持和加强党的全面领导，坚决维护习近平总书记党中央的核心、全党的核心地位，坚决维护党中央权威和集中统一领导。

二是在纪律建设的基本要求中，增加规定党组织和党员必须牢固树立政治意识、大局意识、核心意识、看齐意识。

三是贯彻党章和党内监督条例要求，强调运用监督执纪“四种形态”，层层设防，时时提醒，把全面从严治党的要求落到实处，增强自我净化、自我完善、自我革新、自我提高能力。

四是将党的十八大以来不收敛、不收手，问题线索反映集中、群众反映强烈，政治问题和经济问题交织的腐败案件，以及违反中央八项规定精神的问题作为执纪审查的重点。

五是在政治纪律中，开宗明义规定在重大原则问题上不同党中央保持一致且有实际言论、行为或者造成不良后果的，应当给予纪律处分；同时，在第 50 条、第 51 条、第 55 条进一步规定党员领导干部在本人主政的地方或者分管的部门自行其是，搞山头主义，拒不执行党中央确定的大政方针，甚至背着党中央另搞一套的，落实党中央决策部署不坚决，打折扣、搞变通，在政治上造成不良影响或者严重后果的，以及对党不忠诚不老实，表里不一，阳奉阴违，欺上瞒下，搞两面派，做两面人的，干扰巡视巡察工作或者不落实巡视巡察整改要求的，应当给予纪律处分。

六是规定对制造、散布、传播政治谣言，破坏党的团结统一的，政治品行恶劣，匿名诬告，有意陷害或者制造其他谣言，造成损害或者不良影响的，应当给予纪律处分。

各级城市管理执法部门要严明党的纪律，高悬规矩戒尺，不断提高自身拒腐防变和抵御风险的能力，不断提高自身的党员修养和党性意识，加强政治纪律、政治规矩学习，严格自律，坚决守住底线，牢固树立纪律和规矩意识，自觉做政治上的“明白人”，保持城市管理工作的正确方向。要把“严守政治纪律，严明政治规矩”落实为城市管理工作的真正动力，不折不扣完成本职工作和交办的各项工作。

始终把政治建设摆在首位，教育引导城管系统党员、干部牢固树立“四个意识”，坚定政治立场、保持政治清醒、严守政治规矩。坚持以习近平新时代中国特色社会主义思想统领城市管理改革发展大局，不断加强思想政治建设，严肃党内政治生活，把全面从严治党要求体现到城市管理工作全过程，推动城市管理社会动员能力、智能管理能力、服务专业能力等的全面提升。

第七条　城市管理执法人员应当严格遵守廉洁纪律，坚持公私分明、崇廉拒腐、干净做事，维护群众利益，不得从事违反廉洁纪律的活动。

☞**【条文解读】**

本条是关于城管执法人员廉洁纪律的说明。

清正廉洁，是共产党人基本底线。党章明确规定，党的各级领导干部必须信念坚定、为民服务、勤政务实、敢于担当、清正廉洁。《中国共产党廉洁自律准则》对党员和党员领导干部提出了“四个必须、八条规范”的明确要求。廉洁纪律就是在廉洁方面，为全体党员特别是领导干部划定不可触碰的底线，引导广大党员干部一身正气、两袖清风，清清白白做人，干干净净做事，拒腐蚀、永不沾，做一个堂堂正正的共产党人。

党的十八大以来，习近平总书记十分重视党员干部廉洁自律问题。2014年习近平总书记在同中央办公厅各单位班子成员和干部职工代表座谈时强调：一个人能否廉洁自律，最大的诱惑是自己，最难战胜的敌人也是自己。一个人战胜不了自己，制度设计得再缜密，也会“法令滋彰，盗贼多有”。希望同志们，“吾日三省吾身”，做到严以修身，严以用权、严以律己，谋事要实、创业要实、做人要实。古人讲：“君子为政之道，以修身为本。”中国传统文化历来把自律看作做人、做事、做官的基础和根本。《论语》中就说，要“修己以敬”“修己以安人”“修己以安百姓”。古人所推崇的修身齐家、治国平天下，修身是第一位的。我们共产党人更应该强化自我修炼、自我约束、自我塑造，在廉洁自律上作出表率。

全面从严治党永远在路上。各级城市管理执法部门要坚持无禁区、全覆盖、零容忍，坚持重遏制、强高压、长震慑，健全完善权力运行制约和监督体系，扎紧制度笼子，不给权力脱轨、越轨留空子，引导广大党员特别是领导干部正心修身、律己持家、清廉为官，自觉抵御歪风邪气的侵蚀。

要紧绷纪律廉洁之弦，在思想上筑牢拒腐防变的坚固防线。遵循“三严三实”要求，使其入脑入心。不断加强党性修养，遵守党章党规党纪，保持和发扬党的优良传统，永葆共产党人清正廉洁的政治本色。自觉做讲规矩、守纪律的模范，自觉在廉洁自律上追求高标准，在严守党纪上远离违纪红线，做忠诚、廉洁、担当的好党员、好干部、好职工。

始终把纪律规矩挺在前面，全面加强城管系统纪律建设，开展经常性廉洁纪律警示教育，持续加强对党员、干部的监督管理，使廉洁纪律规定内化于心、外化于形，形成知敬畏、存戒惧、守底线的良好氛围。充分把握运用“四种形态”，尤其是第一种形态，坚持对苗头性、倾向性问题早提醒、早纠正，常态化咬耳扯袖、红脸出汗。深入治理基层“微腐败”，紧盯城管执法、工程建设、政府采购、资金管理、业务监管等重点领域存在的问题，综合运用纪检监察、财务审计、执法督察等手段，持续开展监督检查，提高精准发现问题的能力，狠刹职务腐败的歪风邪气，不断将全面从严治党引向深入。

第八条　城市管理执法人员应当依据法定权限、范围、程序、时限履行职责，不得有下列行为：

（一）选择性执法；

（二）威胁、辱骂、殴打行政相对人；

（三）工作期间饮酒，酒后执勤、值班；

（四）为行政相对人通风报信、隐瞒证据、开脱责任；

（五）打击报复行政相对人；

（六）其他违反工作纪律的行为。

城市管理执法人员与行政相对人有直接利害关系或可能影响公正执法的关系时，应当回避。

☞【条文解读】

本条是关于城管执法人员工作纪律的说明。

党的工作纪律是党组织和党员在党的各项具体工作中必须遵循的行为规则，是党组织和党员依规开展各项工作的重要保证。要严格遵守党的工作纪律，完成好各项工作任务，就要有强烈的责任感，以对党和人民高度负责的精神，切实履行好党和人民赋予的职责，兢兢业业、尽心尽力做好各项工作，高标准、严要求抓好落实，出色地完成工作任务。当前，各级城市管理执法部门党员干部的工作纪律主流积极，但也有一些作风不实、为政不勤，一些党员干部精神不振、纪律松懈。这些问题的存在，不仅损害了党和政府的形象，损害了群众的切身利益，也阻碍了营商环境的优化提升。从小的方面讲，工作纪律是有效开展工作的必然要求；从大的方面讲，工作纪律是加快追赶超越的有力保障。严守工作纪律，绝不是小题大做，而是关乎发展的大事。

党的十八大报告明确提出，要推进依法行政，切实做到严格规范公正文明执法。十八大以来，习近平总书记反复强调必须坚持严格执法，切实维护公共利益、人民权益和社会秩序。党的十八届四中全会通过的《中共中央关于全面推进依法治国若干重大问题的决定》，站在完善和发展中国特色社会主义制度、推进国家治理体系和治理能力现代化的战略高度，就全面推进依法治国、建设社会主义法治国家作出了全面部署，对坚持严格规范公正文明执法提出了具体要求。

严格公正是执法价值取向，文明理性是执法职业素养。城管执法的基本要求就是要严格、公正、文明、理性。文明理性执法不是不作为的理由，文明理性的动机和手段恰恰是有所作为的前提和方式；严格公正执法不是野蛮执法的代名词，严格的管理标准和严格的自我要求是守卫文明的重要保证。在实践中，既要积极思考与探索实现文明执法的方式和技巧，也要牢固树立严格公正执法的坚定信念与明确立场，既要确保执法工作过程的规范、平和与顺畅，也要坚持原则，特别是对影响社会公平正义和公共利益的违法建设等要敢于碰硬，严厉打击，提升权威。

“文明执法”是社会的要求，是时代的要求，是依法治国的重要体现，更是每名执法人员都应遵守的重要原则。城管执法队伍要改变过分依赖管、控、压、罚实施执法的方式，更多采用服务和法治的方式，通过平等对话、交流、沟通等办法来解决问题。突出服务为先，坚持“721 工作法”，70％的问题用服务手段解决，20％的问题用管理手段解决，10％的问题用执法手段解决，杜绝暴力执法、野蛮执法、以罚代管等现象。

一、工作纪律的禁止性要求

本条对城市管理执法人员依法履职提出了五条禁止性规定，是针对长期以来城管执法工作中的突出问题提出来的，具有很强的针对性。《中共中央 国务院关于深入推进城市执法体制改革 改进城市管理工作的指导意见》（中发〔2015〕37号）要求“杜绝粗暴执法和选择性执法，确保执法公信力，维护公共利益、人民权益和社会秩序”。

这里要禁止的选择性执法是指执法主体对不同的管辖客体，刻意采取区别对待、有违执法公正的问题。杜绝选择性执法就必须坚持公正执法：公平、正义，法律面前人人平等，不讲特权，没有歧视，一视同仁，等距离执法，守法者方便自由，违法者处处受限。杜绝选择性执法还必须建立健全行政裁量权基准制度。通过制定科学合理的自由裁量标准，从制度上防止选择性执法、倾向性执法。

城市管理要敢于担当、敢于碰硬，坚决杜绝“选择性执法”。“选择性执法”行为关系到广大行政相对人的切身利益，关乎城管的形象和权威，更关乎行政法治建设全局。城管执法作为文明创建的“主力军”，需坚持依法治理、源头治理和协调创新；要增强抓好城市管理的责任感，坚持在合力上下功夫，齐抓共管做好城市管理工作；要探索建立目标责任制，制定相关管理制度和考核标准，打造一支行为规范、履职到位、会干事能干事的城管队伍；城管执法人员要做实、做细城市管理的每一个环节，敢于担当、敢于碰硬、文明执法，确保任何时候的一言一行都经得起考验，坚决杜绝“选择性执法”。

各级城市管理执法部门要通过强化教育管理、开展自查自纠、严肃执纪问责等系列举措，强化城管执法队伍工作纪律；要深入落地推行行政执法公示制度、执法全过程记录制度、重大执法决定法制审核制度，全力规范执法，让执法权力真正在“阳光”下运行。

“威胁、辱骂、殴打行政相对人”等粗暴执法行为是过去城市管理执法引起负面舆情的主要导火线，也是对城市管理执法队伍形象伤害最大的问题，应当切戒。杜绝粗暴执法必须坚持文明执法的原则，做到执法措施得当，按照最小利用侵害原则行事，执法手段和目的成正比，慎用限制相对人人身自由和财产自由的强制性措施，不过度侵害相对人权益；方式得体，礼貌、稳重、理性；公开透明，对相对人做出不利处分事先告知，说明理由，听取陈述申辩。

党的十八大以来，中央狠抓“四风”，其中一项就是严查公款接待、大吃大喝。2013年12月，中共中央办公厅、国办印发了《党政机关国内公务接待管理规定》明确提到：确因工作需要，接待单位可以安排工作餐一次；工作餐应当供应家常菜，不得提供香烟和高档酒水。“工作期间饮酒，酒后执勤、值班”严重损害执法人员形象和影响工作，因此该规范将该项列入禁止行为之列。

“为行政相对人通风报信、隐瞒证据、开脱责任”“打击报复行政相对人”往往涉及贪污腐败、以权谋私，违反《公务员法》相关规定，故列入工作纪律的禁止行为。

二、工作纪律的回避要求

城管执法需实行回避制度，以加强行政执法监督，保证城管执法工作的公正性和廉洁性，维护行政相对人的合法权益。《上海市城市管理行政执法程序规定》（沪城管规〔2018〕3 号）针对回避制度作了具体规定，供大家参考：

【回避情形】具有下列情形之一的，城管执法人员应当主动回避，案件当事人也有权申请其回避：

（一）是本案的当事人或者当事人近亲属的；

（二）本人或者其近亲属与本案有利害关系的；

（三）与本案当事人有其他关系，可能影响案件公正处理的。

【回避决定】城管执法人员的回避，由其所属的城管执法部门或者乡镇人民政府决定。

【回避程序】对当事人提出的回避申请，城管执法部门或者乡镇人民政府应当在 3 日内作出决定并通知申请人。

申请人对于驳回回避申请决定不服的，可以向作出决定的城管执法部门或者乡镇人民政府申诉一次，城管执法部门或者乡镇人民政府应当在 3 日内作出决定并通知申请人。

【回避决定前不停止调查】回避决定作出前，主动回避或者被申请回避的城管执法人员不停止对案件的调查。

☞【适用说明】

执法纪律的执行主要是通过监督检查、考核评价、社会反响等来反映。执法纪律监督方式上，可适用层级监督、社会监督，更重要的是自我监督。

在贯彻落实本章内容的实践中，建议结合以下几个方面：

一、结合“不忘初心，牢记使命”活动，加强执法纪律建设

不忘初心守纪律，牢记使命树清风。将纪律建设融入“不忘初心，牢记使命”主题教育活动，警醒党员干部不忘入党初心，提升拒腐防变免疫力，把握

党风廉政建设重要性，持续引导全体党员干部受警醒、明底线、知敬畏，通过落实党风廉政建设和反腐败工作主体责任和监督责任，共同营造风清气正的良好氛围。

二、结合“两学一做”活动，营造执法自律氛围

以“两学一做”学习教育活动为载体，把加强政治纪律教育与推进“两学一做”学教常态化、制度化结合起来，把教育作为加强党员干部职工思想政治建设、推动城市管理工作全面发展的一个重要内容来抓，使铁的纪律转化为党员干部的日常习惯和自觉遵循。推进“以案为鉴、以案明纪、以案促改”，通过正反典型案例的教育学习，多维度深化执法纪律建设。通过学习先进典型事迹，发挥榜样示范力量，强化纪律意识，营造廉洁自律氛围。

三、结合“强转树”专项活动，强纪律树形象

“强基础、转作风、树形象”专项行动是住房和城乡建设部统一部署的一项重要行动。强化基础建设、转变工作作风、树立良好形象是“强转树”专项行动的核心内容，也是城市管理执法单位努力的方向。贯彻落实执法纪律方面的执法规范，以“强转树”为抓手，从队伍建设发力，强纪律树形象。通过开展“强转树”专项行动整治，提升城管执法队伍管理水平，努力打造一支“政治坚定、作风优良、纪律严明、廉洁务实”的城市管理执法队伍，提高群众满意度，实现城管队伍建设走向规范化、制度化、长效化。

四、结合“721 工作法”，形成执法行为准则

“721 工作法”是住房和城乡建设倡导的，要求各地城管执法部门传达落实，以达到“化解矛盾、提高效率、改善形象”的目的。“721 工作法”应针对城市管理的全过程，统筹规划建设管理，加强源头管理，慎用末端处罚手段。各级城市管理执法部门应推动“721 工作法”成为城管执法人员自觉的行为准则，深化执法人员的主动服务意识，变被动执法为主动服务，提高城管队员的综合素质和服务意识，切实推动工作作风上进一步改变、执法效率上进一步提升，政治意识上进一步增强，树立城管执法队伍的新形象。

☞【相关案例】

案例一：蚌埠市龙子湖区城市管理行政执法局原副主任科员、李楼乡原副乡长（挂职）范迪海严重违纪违法被开除党籍和公职

经蚌埠市监委、中共龙子湖区委批准，龙子湖区纪委监委对龙子湖区城市管理行政执法局原副主任科员、李楼乡原副乡长（挂职）范迪海严重违纪违法

问题进行了纪律审查和监察调查。

经查，范迪海违反政治纪律，与他人串供，对抗组织审查；违反廉洁纪律，违规接受他人宴请，收受礼品；违反国家法律法规，利用职务便利，伙同他人，在拆迁区域违章建房、骗取国家补偿，涉嫌贪污犯罪；利用职务便利为他人谋取利益并收受财物，涉嫌受贿犯罪。

范迪海身为党员领导干部，严重违反党的纪律，构成职务违法并涉嫌犯罪，且在党的十八大后不收敛、不收手，性质恶劣，情节严重，应予严肃处理。依据《中国共产党纪律处分条例》《中华人民共和国监察法》等有关规定，经中共龙子湖区纪委常委会会议、区监察委员会会议研究，并报中共龙子湖区委批准，决定给予范迪海开除党籍、开除公职处分；收缴其违纪所得；将其涉嫌犯罪问题移送检察机关依法审查起诉。

（蚌埠市监察委员会 2019.5.8）

案例二：原揭阳市城市管理行政执法局空港分局党组书记、局长苏永忠严重违纪违法被开除党籍和公职

日前，揭阳市纪委监委对原揭阳市城市管理行政执法局空港分局党组书记、局长苏永忠严重违纪违法问题立案审查调查。

经查，苏永忠违反中央八项规定精神、廉洁纪律，违规发放津贴、补贴，收送礼品礼金；违反工作纪律，不正确履行职责，违反规定处理辖区内违法建设问题；违反规定超计划生育。利用职务上的便利，隐瞒、骗取财政资金作账外使用，并将部分公款非法占为已有，涉嫌贪污罪；利用职务上的便利，非法收受他人财物，为他人在处理违法建设上谋取利益，涉嫌受贿罪；滥用职权，违规决定使用财政资金，致使公共财产遭受重大损失，涉嫌滥用职权罪。

苏永忠身为党员干部，纪法意识淡漠，权力观异化，严重违反党的纪律和国家法律法规，情节严重。依据《中国共产党纪律处分条例》《中华人民共和国监察法》等有关规定，经市纪委常委会会议审议，决定给予苏永忠开除党籍处分；由市监委给予其开除公职处分；收缴其违纪违法所得；将其涉嫌犯罪问题移送检察机关依法审查起诉，所涉财物随案移送。

（“清风揭阳”公众号 2019.8.27）

案例三：云南昭通：城管与卖樱桃老人起冲突 8 名执法人员被开除

有云南昭通网友日前爆料称，在昭通市昭阳区凤霞路凤凰中学门口看见城管与一位售卖樱桃的老人发生冲突，导致老人的樱桃洒落满地。4 月 15 日晚，昭通市昭阳区人民政府新闻办公室微博通报称，8 名现场执法人员被开除。

通报称，4 月 10 日 12 时许，昭阳区城市管理综合执法局凤凰执法大队五中队李章伟、谢玉斌等人在昭阳区凤霞路凤凰中学路口巡逻期间，与一位占道售卖樱桃的老人发生揪扯，导致老人樱桃洒落地上。上述队员的不当执法行为，损害了城市管理工作人员形象，在社会上造成不良影响。

经执法局研究决定，对凤凰执法大队负责人尹鹏作出书面检查处理，五中队中队长宋克鹏作出停职处理，现场执法人员副中队长李章伟，队员谢玉斌、张满鹏、李开琼、马博、徐铁、陈明志、马行作出开除处理。

（人民网 2019.4.16）

第三章　办案规范

本章导读

制定办案规范的目的是确保城市管理执法机关及其执法人员在执法办案中规范行使执法权，遵守法定程序，保护公民、法人和其他组织的合法权益，实现执法公正。要求执法人员意识到文明规范执法的重要性，也要求有关方面能为执法人员制定出更具操作性的规范。

条文理解及应用

第九条　城市管理执法人员应当采取文字、音像等方式对城市管理执法全过程进行记录，实现可回溯管理。

【条文解读】

（一）全面推行执法全过程记录背景条件。随着城管执法体制改革不断深化，城管执法已由单一市容市貌管理，向多领域、全方位、大综合发展。涉及诸多执法内容，涉及城市管理方方面面。近年来，在城管执法中，一方面某些执法人员存在随意执法、不按程序执法、选择性执法、不文明执法，损害了群众利益。另一方面，执法对象不支持、不配合、暴力抗法事件时有发生，一些“断章取义”炒作，常将城管推向舆论浪尖，产生不良社会影响，影响城管执法形象，损害政府公信力。究其原因，执法过程不记录、记录不完整、记录不规范是其重要因素。执法全过程记录作为一把“双刃剑”，不仅可以防范执法风险，也规范执法行为，执法人员既戴上“紧箍咒”，又配上“护身符”。这是打造透明、规范、合法、公正、精细城管执法体系，推动形成权责统一、权威高效的行政执法体系和职责明确、依法行政的政府治理体系，确保行政机关依法履行法定职责，切实维护人民群众合法权益的必由之路。

（二）城管执法全过程记录推进历程。2014 年 10 月《中共中央关于全面推进依法治国若干重大问题的决定》和 2015 年 12 月《法治政府建设实施纲要（2015—2020 年）》都对全面推行执法全过程记录制度明确要求，“完善执法程序，建立执法全过程记录制度。明确具体操作流程，重点规范行政许可、行政处罚、行政强制、行政征收、行政收费、行政检查等执法行为。”“建立健全执法全过程记录制度对促进严格规范公正文明执法具有基础性、整体性、突破性作用，对切实保障人民群众合法权益，维护政府公信力，营造更加公开透明、规范有序、公平高效的法治环境具有重要意义。”

2017 年 2 月 10 日，国务院办公厅发布《关于印发推行行政执法公示制度、执法全过程记录制度、重大执法决定法制审核制度试点工作方案的通知》（国办发〔2017〕14 号），确定在天津市、河北省、安徽省、甘肃省、国土资源部以及呼和浩特市等 32 个地方和部门开展试点，其中住房和城乡建设部作为全过程记录试点单位，在全国住建领域尤其是城管执法领域推广执法全过程记录制度。经过积极探索，积累了成熟经验。2019 年 1 月 3 日，国务院办公厅发布《关于全面推行行政执法公示制度执法全过程记录制度重大执法决定法制审核制度的指导意见》（国办发〔2018〕118 号），在全国行政机关正式推行“三项制度”。2019 年 4 月 1 日住房和城乡建设部印发《关于全面推行行政执法公示制度执法全过程记录制度重大执法决定法制审核制度的实施方案》（建法函〔2019〕53 号）。住建领域“三项制度”全面实施。

（三）城管执法全过程记录定义与内容。城管执法全过程记录是指城市管理行政执法机关及其执法人员在法定权限范围内，实施行政处罚、行政强制、行政检查等执法行为时，对执法程序启动、调查取证、审查决定、送达执行、归档管理等整个过程进行跟踪记录的活动。

推行执法全过程记录制度，包括全过程留痕和可回溯管理。

1. 完善文字记录。按照住房和城乡建设系统行政执法规范用语、调查取证工作指南和执法文书制作指引及行政执法文书基本格式标准，规范行政执法的重要事项和关键环节，做到文字记录合法规范、客观全面、及时准确。

2. 规范音像记录。省级住房和城乡建设主管部门制定音像记录事项清单和相关管理制度，根据行政执法行为的不同类别、阶段、环节和执法活动场所，明确记录主体、设备配备、记录形式、记录要素、公开属性、储存期限和方式、监督管理等要求。做好音像记录与文字记录的衔接，对文字记录能够全面有效记录执法行为的，可以不进行音像记录；对查封扣押财产、强制拆除等直接涉及公民生命健康、重大财产权益的现场执法活动和执法办案场所，推行全程音像记录；对现场执法、调查取证、举行听证、留置送达和公告送达等容易引发争议的行政执法过程，根据实际情况进行音像记录；受送达人拒绝接受行政执法文书的，可以将执法文书留在受送达人的住所，并采用拍照、录像等方式记录送达过程。按照工作必须、厉行节约、性能适度、安全稳定、适量够用的原则，结合本地区经济发展水平和本部门执法具体情况，确定音像记录设备配备标准，统筹推进询问室和听证室等设施建设。

3. 严格记录归档。按照有关法律法规和档案管理规定，加强对执法台账、法律文书、全过程记录资料的制作、使用、管理和归档保存，确保所有行政执法行为有据可查。严格执行涉及国家秘密、工作秘密、商业秘密、个人隐私记录资料归档有关规定。推进住房和城乡建设系统案卷评查工作，将行政执法全过程记录的真实性、完整性、准确性作为案卷评查的重要内容。

4. 有效运用记录。充分发挥全过程记录信息对案卷评查、执法监督、评议考核、舆情应对、行政决策和健全社会信用体系等工作的积极作用。对记录信息进行统计分析，总结典型案例，发现和改进行政执法薄弱环节，依法公正维护执法人员和行政相对人的合法权益。建立健全记录信息调阅监督制度。

☞【适用说明】

城管执法全过程记录在实施过程中应重点把握文字记录和音像记录。

（一）实施主体：包括具有行政执法权的城市管理行政机关、法律法规授权的组织或依法受委托的组织；实际操作的是具备行政执法资格的城管执法人员，协管人员可配合从事信息收集。

（二）实施范围：城管执法全过程应从广义理解，既包括行政处罚、行政强制、行政许可等影响当事人权利义务的行政行为，也包括日常巡查、行政指导等非强制性管理行为。全过程贯穿了城管执法的事前、事中和事后，既包括事前的各类准备性记录、事中的实时性记录，也包括事后的延伸性记录。例如：行政处罚案件事前的巡查日志、责令改正等准备性记录、处罚过程中的调查询问、现场勘验等实时性记录，及行政处罚后当事人改正情况的延伸性记录。

（三）实施原则：城管执法全过程记录应遵循依法、全面、客观、公正的原则，包括主体合法、程序合法、证据取得方式合法等。

依据相关法律法规、司法解释，以下执法全过程记录无效。《行政诉讼法》第七十五条，**“行政行为有实施主体不具有行政主体资格或者没有依据等重大且明显违法情形，原告申请确认行政行为无效的，人民法院判决确认无效。”**《行政处罚法》第三十八条，**“行政处罚没有依据或者实施主体不具有行政主体资格的，行政处罚无效。”**《最高人民法院关于行政诉讼证据若干问题的规定》第五十七条，**“严重违反法定程序收集的证据材料、以偷拍、偷录、窃听等手段获取侵害他人合法权益的证据材料、以利诱、欺诈、胁迫、暴力等不正当手段获取的证据材料不得作为定案证据。”**

（四）设备配备：影音设备包括记录设备和存储设备。

1. 记录设备。可分为固定记录设备和移动记录设备。固定记录设备主要包括固定摄像头、可旋转摄像头等，重点适用在对外窗口、询问室、听证室及重要管理区域的监控。移动记录设备主要包括执法记录仪、手持终端、动中通系统（360°车载监控）、无人机等，重点适用在日常巡查、违法现场检查、查封扣押物品等场合。

记录设备的配备应把握适用原则。即结合本地实际，在配备设备的数量、性能、操作等方面能满足“可回溯管理、全过程留痕”需要。有条件的地区，可搭建城管数字化平台，依靠无线视频传输、GPS定位、智能传感、大数据和云计算等核心技术，运用众多固定监控、无线执法车载移动监控和移动手持“城管通”路面采集等设备开展工作。通过平台，将执法文书、案件流程及执法现场，以信息流（文字、图片、视频）的方式展示并永久保存下来。流程方面，执法文书使用电子签章，PC端和APP端共享完整数据库。

2. 存储设备。指音像记录完成后用于存储数据的设备，不包括记录设备自带存储。包括电脑硬盘、刻录光盘、数据采集站、大数据云平台等。存储设备应“容量大、传输快、好分类、易管理、防删改”。例如，将摄像机拍摄的数据传输至台式电脑，几十GB数据就需数个小时，而配备执法记录仪及执法数据采集站，可实现自动读取、自动删除、自动充电等功能，大大提高执法人员存储效率。搭建城管数字平台的地市，应推动数据即时传输技术，实现执法现场记录的数据同步存储至云空间。存储管理上，应具备数据库功能。可按照时间、街道、执法种类等属性进行分类，实现智能化管理。存储设备要具备防止删改功能。通过权限设置，记录数据不得篡改及私自调取、使用。

（五）记录要素：包括文字记录要素和音像记录要素两个部分。

1. 文字记录要素。按照住房和城乡建设部制定的行政执法文书基本格式标准执行，一是要符合法定程序，严格按照《行政处罚法》《行政强制法》等法律程序步骤填写执行。二是各类法律文书填写规范、事实清楚、要素明确、分类建档，文书格式不得随意增添删改。具体内容参照本章执法程序、调查取证、保存扣押执行。

2. 音像记录要素。音像记录主要适用于易引发行政争议的现场执法过程。它主要包括查封扣押财产、强制拆除、现场勘验检查、调查询问当事人、证据先行登记保存等。音像记录要素可分为共性要素和个性要素。共性要素指在各类执法活动中都需记录的要素，包括执法主体信息、当事人信息、权利义务告知、违法现场等。个性要素指在各类执法活动中需要区别记录、重点记录的要素，由法律规定的违法行为的构成要件决定的，不同违法行为的构成要件，记录要素也不相同。例如：依据《道路交通安全法》第九十三条规定，“对违反道路交通安全法律、法规关于机动车停放、临时停车规定的，可以指出违法行为，并予以口头警告、令其立即驶离。机动车驾驶人不在现场或者虽在现场但拒绝立即驶离，妨碍其他车辆、行人通行的，处 20 元以上 200 元以下罚款”，机动车违停记录要素，就应做到“四必录”：录违停、录劝离、录牌照、录罚单。录违停，记录车辆未在停车泊位内及车辆停放地点。录劝离，记录已实施劝离或车辆驾驶人不在现场。录牌照，锁定违法车辆信息。录罚单，违法停车告知书已留置送达。

（六）监督管理。建立健全执法全过程考核评议制度，将执法全过程记录纳入依法行政及执法评议考核，通过行政执法检查、执法案卷评查等方式，对执法全过程记录进行监督。通过监督，规范执法人员及时存储记录数据、维护记录设备，杜绝不制作或不按要求制作全过程记录，故意损毁、随意删改记录信息等行为。严格音像记录查阅，非经审批不得查阅。对违反制度，造成不良影响或严重后果的，追究相关人员责任。

☞【相关案例】

案例一：河北省邢台市城管局“录、存、管、用”一体化的执法记录模式

1. 案件来源：巡查发现。

2017 年 6 月 14 日，邢台市城管执法人员日常巡查时，发现位于开元北路的旭力能源加油站占用城市公共场地洗车，执法人员下达责令改正通知书当场予以制止，责令其停止洗车行为，收回洗车用具。

文字记录：责令改正通知书、巡查日志。

音像记录：远景为车载动中通系统（360°车载监控）、近景为执法记录仪，记录责令改正通知书下发过程及违法现场。

2. 立案程序启动：立案审批、现场检查。

6 月 15 日，执法人员再次巡查至此时，发现当事人未听从劝导，继续占用公共场地洗车。鉴于当事人经责令改正后拒不改正的情节，应当予以立案处罚。为防止证据灭失，执法人员立即进行现场检查勘验，填写现场检查勘验笔录，经测量洗车占用城市公共用地 9 平方米。并于当日填写立案审批表，申请立案。

文字记录：立案审批表、现场检查笔录。

音像记录：执法记录仪对现场检查勘验过程全程录像。

3. 调查取证：调查询问笔录、当事人营业执照、授权委托书、行政处罚事前告知书、调查终结报告。

6 月 20 日，当事人授权委托该站站长司某处理此案。司某提供了营业执照、授权委托书及个人身份证的原件与复印件。执法人员一一比对，确认信息无误后，在询问室对司某进行调查询问。询问室安装有双向无死角摄像头，全景同步记录询问过程。为预防音质不清，执法记录仪近距离面向被调查询问人开启。执法人员通过调查询问、现场检查笔录及同步取得的音像资料，查明当事人占道洗车的违法事实，制作行政处罚事前告知书，直接送达当事人办公场所，留存送达回执。调查终结后，制作调查终结报告。

文字记录：调查询问笔录、行政处罚事前告知书、调查终结报告、送达回证。

音像记录：调查询问全程录像、送达过程全程录像。

4. 审查决定：行政处罚审批表、行政处罚决定书。

执法人员提出拟办意见，经法制审核、主要领导审批后，制作行政处罚决定书，送达当事人。

内部审批程序，全部为文字记录。

5. 送达执行：银行缴款凭证、结案审批表。

当事人收到行政处罚决定书后，15 日内到制定银行缴纳了罚款，行政处罚执行完毕。执法人员填写结案审批表。

文字记录：银行缴款凭证、结案审批表。

音像记录：送达行政处罚决定书过程。

6. 归档：该案中，执法人员采集的音像记录都于 24 小时内保存到执法数据采集中心。按照时间、地点、执法类别由专人进行分类存储。鉴于此音像记录作为案件证据使用，存储时限按照高、中、低三个等级中的高等级刻录光盘永久保存。

文字记录形成的相关案卷，一案一卷交档案室归档保存。

案例二：德阳扎实推进城市管理执法全过程记录

四川新闻网德阳 8 月 15 日讯 十八届四中全会强调，要“完善执法程序，建立执法全过程记录制度”。德阳市城管执法局突出“人管+技管”“城管+互联网移动技术”，在 2012 年即开始探索城市管理执法全过程记录机制，已初步形成装备配备全覆盖、执法记录全过程、文书管理电子化、指挥调度信息化的“两全两化”工作格局，为全国城市管理执法系统深入推进执法全过程记录制度试点提供了样板，2017 年 7 月被住建部确定为全国城市管理执法全过程记录第一批 20 个联系点之一。

一是分步组织实施，落实装备配备。2012 年购置首批 100 部执法记录仪配备给一线执法人员，正式启动执法全过程记录工作；2013 年建立数字化城管指挥中心，实现全过程记录统一指挥调度；2014 年建成网络办案系统，实现所有执法环节网络流转、数字管理；2016 年启动数字城管升级智慧城管，推动全过程记录管理由数字化向智慧化延伸。目前，已装备执法记录仪 300 部，具备音像传输功能的执法通信指挥车 5 辆，执法录音笔 50 支、拍摄设备 40 部、噪声测试仪 30 部，在公共广场安装 LED 噪声指标显示屏 6 个，为实施执法全过程记录提供有效硬件保障。

二是完善制度建设，加强规范管理。先后制发《行政执法全过程记录制度》《执法人员工作手册》等30余项相关制度，细化、量化、具体化执法全过程记录操作遵循、检验标准，形成全过程记录管理的刚性制度约束机制。2012年起在违法建设查处等重大案件办理中引入法律顾问和公证机制，为全过程记录提供强力合法性支撑，增强执法公信力。截至目前，共形成城市管理事（部）件现场处置视频10万余个、纸质案件档案950余份、电子音像档案630余份、立案查办案件材料850余份、法律顾问和公证纪实资料300余份，全过程记录做到痕迹多样化、管理规范化、内容合法化。

三是突出过程管理，推行电子记录。坚持出勤必携带记录设备、执法必使用记录手段，借助记录仪、通信指挥车等设备，对调查取证、行政强制等容易引发争议的行政执法过程环节进行实时且不间断的证据保存和传输。结合实际需要，制作35种行政执法电子文书格式，将立案决定书、现场检查（勘验）笔录、证据先行登记保存通知书等相关文书及表单制作成标准电子模板，并依托行政权力依法规范公开运行平台和网络办案系统进行数字化流转，实现执法文书电子化管理。

四是狠抓队伍建设，强化能力提升。把执法素质培育作为确保全过程记录水平的重要方面来抓，采取集中培训、举办法治研讨会等形式，推动学法、用法常态化，先后与四川警官职业学院签订战略培训合作协议，依托浙江大学等高校进行多次专题培训，结合住房和城乡建设部2016年底统一部署的“强基础、转作风、树形象”专项活动，启动执法中队标准化、规范化建设和为期半年的岗位大练兵，推出执法全过程模拟实战演练大比武和法律法规知识竞赛系列活动，执法人员法治素养和执法全过程记录水平得到“双提升”，执法资格认证考试通过率连续3年走在市级部门前列，近年无一执法人员因执法过错受到当事人投诉。

五是加强执法监督，确保运行效果。权力事项及运行流程、执法人员和案件办理、当事人维权渠道等执法信息，全部向社会公开。整合政策法规、执法监督、指挥中心、纪检监察4个监督机构和督察队、巡查队、政风行风监督员、派驻执法大队监察员4支监督力量，形成多位一体的执法监督体系。每季度对全系统开展一次执法案卷评查，并对重大案件进行一案一评，促动执法人员依法、规范、主动履行全过程记录执法职责。重大行政执法决定备案审查通过率一直保持100%，行政处罚案卷评查优秀率连续4年达到100%，社会公众对城市管理执法满意度达到90.3%，2015年被省政府命名为首批“依法行政示范单位”，2016年被市政府命名为“学法用法示范机关”。（来源：四川新

闻网　德阳市城管执法局供稿）

案例三：嘉兴首创 区块链技术让城市管理迈向“云时代”

海宁市综合行政执法局创新引入区块链思维，试点推行市容管理信息化模式，形成一店一码数据库，这也属嘉兴首创。

市综合行政执法局在水月亭路和南苑路部分路段试点，为沿街店铺贴上市容管理码，形成一店一码的数据库。这样一来，只要扫一扫，市民就能了解店铺的基本信息和市容评级，而执法队员还能看到市容、卫生、秩序等执法管理记录。依托区块链，执法人员可及时掌握店铺市容、卫生、秩序等“门前三包”责任落实情况。系统后台可实时汇总管理数据及取证材料，这样一来，根据信息分析研判之后，就可以及时进行执法，也有了证据支撑，不仅提高效率，也节省人力资源。同时，群众也可了解店铺市容评级，通过举报等途径参与管理。

所谓区块链，就相当于是一个分布式的共享账本和数据库，输入日常巡查信息后，具有“不可伪造、全程留痕、可以追溯、公开透明”等特点，管理人员、执法人员、市民、决策人员可同步在“云端”实现信息共享。

目前，市综合行政执法局已完成试点道路沿街61家商户的信息采集，2460条管理记录纳入云端。下一步，该局还将依托区块链数据库，集中约谈相关重点行业店主，发放《告知书》，明确管理标准和要求，同时加强执法处罚力度，教育一批、整改一批、处罚一批，引导沿街店铺依法、文明经营。（浙江新闻客户端2020-04-03。记者：方天意、沈名扬；通信员：葛焱、邵梦婷、张彧韬、沈立）

第十条　城市管理执法人员实施执法时，应当出示行政执法证件，告知行政相对人权利和义务。

☞【条文解读】

本条是关于执法程序的规定。

第一部分　执法程序综述

一、行政（执法）程序概述

所谓执法程序，是指实施行政执法的步骤、顺序、方式、时限等方面的规则。行政执法程序制度是行政法的重要组成部分，是现代行政法治的重要标志。在注重实体价值的基础上，程序的价值越来越凸显，在法治建设中发挥出越来越大的作用。程序的概念来源于西方行政法学，有两条颇具代表性的法谚，完美诠释了“程序”的真谛。

第一条：程序是法治和恣意而治的分水岭——程序先于权利。阐明了明确、公开、严格的法律程序，是公民权利得以实现，社会法治得以施行的最主要保障。

第二条：迟来的正义非正义。阐明了即使司法裁判的结果是公正的，如果过迟做出裁判，或者过迟告知当事人，程序上的不公正将使裁判成为非正义的，体现了对司法程序正义而非实体正义的格外强调。

当然，我国也是非常注重行政程序方面的立法规定，主要涉及的规定有：

《行政诉讼法》第七十条规定，**“对于违反法定程序的，人民法院判决撤销或者部分撤销，并可以判决被告重新作出行政行为。”**第七十四条进一步规定，**“对于行政程序轻微违法，但对原告权利不产生实际影响的，人民法院判决确认违法，但不撤销行政行为。”**

《行政复议法》第二十八条规定，**“对于违反法定程序的，决定撤销、变更或者确认该具体行政行为违法，可以责令被申请人在一定期限内重新作出具体行政行为。”**

《行政处罚法》第三十八条规定，**“违反法定程序构成重大且明显违法的，行政处罚无效。”**

《行政强制法》第四条规定，**“行政强制的设定和实施，应当依照法定的权限、范围、条件和程序。”**

众所周知，在行政法律关系中，双方当事人的地位是不平等的，行政机关先天处于强势地位，因此为了保证行政机关依法行政，同时注重行政相对人的权益保护，行政法律关系中的“程序”规定体现出其独有的价值。这种价值主要体现为行政程序的正当性，“告知→反馈→说明理由”是正当性的基础模型，这种正当性一方面规定了行政机关应当履行告知、说明理由等的义务，另一方面也赋予行政相对人反馈（主要指知情权、参与权、表达权、监督权和请求救济权）等程序性权利。

执法程序按不同标准也有不同的分类：比如按照执法程序适用的范围，分为内部程序和外部程序。又如，按照行政执法的职权，可以分为行政检查程序、行政处罚程序、行政强制程序等。再如，按照是否对行政相对人合法权益产生实质性影响，可以分为主要行政程序与次要行政程序。

二、基础性的行政执法程序

虽然执法程序有很多种分类，但基于城管执法实务的需要，我们主要介绍行政检查、行政处罚、行政强制这三类执法程序。这里，我们先了解这三类执法程序共同的基础性程序，主要如下：

1. 公开公示。公开公示是合法合理行政的前提。行政机关应当将其行政权力运行的依据、过程和结果向公众或者相对人公开，使公众或者相对人知悉。我们从事前、事中、事后三阶段进行理解。

第一，事前阶段。主要涉及在开展行政执法工作前的公开公示要求，有两方面。一方面，要求行政机关做到：(1) 按照行政执法责任制的要求，向社会公告行政机关的行政执法主体资格。(2) 行政机关的职权要依照法律、法规、规章以及行政规范性文件进行确定，公布对应的权力清单、责任清单。省级人民政府的行政机关还需发布本行政区域内的自由裁量基准适用标准。(3) 行政机关实施随机抽查的，还应当制定和公布随机抽查事项清单，采取随机抽取检查对象、随机选派行政执法人员的工作机制。另一方面，要求行政机关的执法人员做到：需要通过执法资格考试取得执法证件，执法资格也要向社会进行公示。虽然此处的公示主要针对执法资格，但一定程度上也对真正落实行政执法领域的回避制度实施起到实质的推动作用。

第二，事中阶段。主要是指作出行政决定前的相关程序规定。(1) 表明执法人员身份。行政执法人员在进行监督检查、调查取证、采取强制措施和强制执行、送达执法文书等执法活动时，必须主动出示执法证件，向当事人和相关人员表明身份。(2) 制作调查的书面记录。行政机关在开展调查工作时，应当制作调查的书面记录，经被调查人核实后由调查人员和被调查人签名。被调查人拒绝签名的，调查人员应当在书面记录上注明情况并签字。(3) 告知事实、理由、依据和决定内容，以及其享有的陈述权、申辩权。行政机关对当事人作出行政执法决定前，应当书面告知当事人拟作出行政执法决定的事实、理由、依据和决定内容，以及其享有的陈述权、申辩权。(4) 核实当事人的陈述、申辩内容。当事人应当自收到告知书之日起 3 日内提出陈述、申辩。行政机关应当对当事人在期限届满前有无提出陈述、申辩进行核实。行政机关应当充分听取当事人的陈述和申辩，对其提出的事实、理由和证据予以记录、复核并归入案卷。当事人提出的事实、理由或者证据成立的，行政机关应当采纳。但是，当事人书面表示放弃陈述、申辩的或者逾期提出的除外。(5) 依法开展听证工作。对于法律、法规和规章规定当事人、利害关系人享有听证权利的，行政机关应当依法告知其听证权利；当事人、利害关系人在规定期限内提出听证申请的，行政机关应当组织听证。

第三，事后阶段。主要涉及行政决定的公示以及结果运用。行政处罚的决定、随机检查的情况、重点领域（环境保护、公共卫生、安全生产、食品药品、产品质量）的监督检查情况等应当由行政机关主动公开。另外，国家正在推进诚信体系建设工作，将行政处罚的相关情况纳入“守信联合激励、失信联合惩戒”的工作要求，并向社会公示。

2. 调查取证。调查取证是行政机关履职的必然要求，是行政机关查处案件的重要环节，也是违法事实和违法情节认定的基础。通常，调查取证是种实体要求，但随着程序意识的不断提高，调查取证也逐步体现出程序性的要求。(1) 告知行政相对人的义务。向当事人或者有关人员收集证据时，应当告知其有如实提供相关资料、回答询问、协助调查等方面的义务。(2) 采取合法手段，依照法定程序全面收集证据。行政机关作出行政执法决定所依据的证据类型包括：当事人陈述、书证、物证、视听资料、电子数据、证人证言、鉴定意见、勘验笔录、现场笔录以及法律、法规规定的其他证据。上述各种证据的收集都有特定的要求，这里我们反过来进行理解，哪些是属于不合法的证据呢？《最高人民法院关于适用〈中华人民共和国行政诉讼法〉的解释》（法释〔2018〕1号）对此进行了释明，该《解释》第四十三条规定，以下三种情况属于“以非法手段取得的证据”：严重违反法定程序收集的证据材料；以违反法律强制性规定的手段获取且侵害他人合法权益的证据材料；以利诱、欺诈、胁迫、暴力等手段获取的证据材料。(3) 全面审核证据，提出认定案件事实的根据。该《解释》第四十二条规定，**“能够反映案件真实情况、与待证事实相关联、来源和形式符合法律规定的证据，应当作为认定案件事实的根据。”**也就意味着，行政执法人员在全面收集证据基础上，需要对证据与待证事实之间的关联性、来源和形式进行全面审核。

3. 事先告知。这里的事先告知是作为广义理解，即行政机关作出与行政相对人相关的活动，尤其是不利于行政相对人的情况下，都应当事先予以告知。这是让行政执法活动公开、公平、公正的程序保证。该项程序是贯穿在整个执法程序过程中，大部分内容已经在前述内容中提及，此处不展开赘述。

4. 陈述申辩。此处的陈述申辩也应当作广义理解，一般是与前述的事先告知相对应的程序性权利，是行政相对人的“天赋人权”。在“告知→反馈→说明理由”这一行政程序正当性基础模型中，陈述申辩就是属于反馈阶段，如果当事人进行陈述申辩，行政机关再对陈述申辩情况说明理由，这就是一种良性互动，有利于查清案件事实。当然，实际工作中，也有当事人滥用此项权利的情况，比如在调查取证阶段不配合或者进行虚假陈述申辩，造成行政机关工作被动的情况。对此，人民法院对此类情况也作了权威规定，《最高人民法院关于适用〈中华人民共和国行政诉讼法〉的解释》（法释〔2018〕1号）第四十五条的规定，**“被告有证据证明其在行政程序中依照法定程序要求原告或者第三人提供证据，原告或者第三人依法应当提供而没有提供，在诉讼程序中提供的证据，人民法院一般不予采纳。”**这也是对当事人滥用权利的制约。

5. 送达。送达是指行政机关依照法定的程序和方式，将法律文书送交当事人的行为。法律文书的送达与否和送达时间，将影响到行政决定的执行和当事人法律救济权的行使。《行政处罚法》对送达进行了原则上的规定，《行政处罚法》第六十一条规定，**“行政处罚决定书应当在宣告后当场交付当事人；当事人不在场的，行政机关应当在七日内依照《中华人民共和国民事诉讼法》的有关规定，将行政处罚决定书送达当事人。当事人同意并签订确认书的，行政机关可以采用传真、电子邮件等方式，将行政处罚决定书等送达当事人。”**按照《民事诉讼法》的相关规定，一是原则上要求所有的送达都必须使用送达回证；二是各类送达方式有不同的程序要求，送达方式主要有直接送达、留置送达、电子送达、委托送达、邮寄送达、转交送达、公告送达。

“送达难”也是城管执法工作中遇到的难题之一，很大程度上降低了执法的效率，常用的送达方式及其程序规定如下：

（1）直接送达。送达法律文书，应当直接送交受送达人。受送达人是公民的，本人不在交他的同住成年家属签收；受送达人是法人或者其他组织的，应当由法人的法定代表人、其他组织的主要负责人或者该法人、组织负责收件的人签收；受送达人有诉讼代理人的，可以送交其代理人签收；受送达人已向行政机关指定代收人的，送交代收人签收。受送达人的同住成年家属，法人或者其他组织的负责收件的人，诉讼代理人或者代收人在送达回证上签收的日期为送达日期。

（2）留置送达。受送达人或者他的同住成年家属拒绝接收诉讼文书的，送达人可以邀请有关基层组织或者所在单位的代表到场，说明情况，在送达回证上记明拒收事由和日期，由送达人、见证人签名或者盖章，把法律文书留在受送达人的住所；也可以把法律文书留在受送达人的住所，并采用拍照、录像等方式记录送达过程，即视为送达。

（3）邮寄送达。直接送达诉讼文书有困难的，可以通过邮政局以挂号信或者特快专递等方式进行邮寄送达。实务中，邮寄送达应当附有《送达回证》并且以《送达回证》上注明的收件日期为送达日期；送达回证没有寄回的，以挂号信回执、查询复单或特快专递有关计算机系统上注明的收件日期为送达日期。

（4）公告送达。受送达人下落不明，或者通过其他方式无法送达的，可以采用公告送达的方式。自发出公告之日起，经过60日，即视为送达。公告送达，应当在案卷中记明原因和经过。

（5）电子送达。经受送达人同意，行政机关可以采用传真、电子邮件等能够确认其收悉的方式送达法律文书，但决定类文书除外。采用电子方式送达的，以传真、电子邮件等到达受送达人特定系统的日期为送达日期。

同时，各级行政机关、各地方人民政府都对送达进行了更进一步的探索。比如，《上海市拆除违法建筑若干规定》对于拆除违法建筑领域“送达难”的问题作出规定，对当事人难以确定或者难以送达的，可以采用通告形式，告示期限自通告发布之日起不少于十日。比如，《浙江省行政程序办法》中对于公告送达进行了细化，第71条第3款规定，**“公告期限为10日，因情况紧急或者保障公共安全、社会稳定需要的，可以适当缩短公告期限，但不得少于3日。公告期限届满视为送达。法律、法规对公告期限另有规定的，从其规定。”**比如，《环境行政处罚办法》第57条规定，**“送达行政处罚文书可以采取直接送达、留置送达、委托送达、邮寄送达、转交送达、公告送达、公证送达或者其他方式。送达行政处罚文书应当使用送达回证并存档。”**其中的公证送达方式是地方经实践检验的成功经验。

三、当前完善执法程序的重点工作

为贯彻落实《中共中央关于全面推进依法治国若干重大问题的决定》和《法治政府建设实施纲要（2015—2020年）》的要求，从加强制度建设和严格制度落实入手，夯实行政执法的基础，不断提高行政执法的规范化水平的角度，出台《国务院办公厅关于全面推行行政执法公示制度执法全过程记录制度重大执法决定法制审核制度的指导意见》（国办发〔2018〕118号），全面推行行政执法公示制度、执法全过程记录制度、重大执法决定法制审核制度等在规范行政执法各项制度中具有典型性的三项制度。

其中，行政执法公示制度重在打造“阳光政府”，主动、及时地向社会公开执法信息，让行政执法在阳光下运行，接受社会和广大人民群众的监督；执法全过程记录制度重在规范执法程序，通过文字、音像记录等形式，对行政执法各个环节进行记录，全面、系统归档保存，做到执法全过程留痕和可回溯管理；重大执法决定法制审核制度，重在保障合法执法，确保每一项重大执法决定必须经过合法性审核，使执法者不能越过权力的边际，守住法律的底线。

通过全面推行“三项制度”，聚焦行政执法的源头、过程、结果等关键环节，对促进严格规范公正文明执法具有基础性、整体性、突破性作用，使各类行政执法行为得到有效规范，行政执法的能力和水平得到大幅度提升，行政执法的社会满意度显著提高。

【相关案例】

案例一：浦东新区创新推行“六个双”政府综合监管机制

【基本案情】

按照国务院、上海市关于加强事中事后监管有关工作要求，浦东新区自

2017年初起在扎实做好国家面上统一部署的“双告知”“双随机”“双公示”有关工作基础上，结合浦东实践，进一步探索形成了以“六个双”（双告知、双反馈、双跟踪、双随机、双评估、双公示）为核心的政府综合监管机制。

在全市事中事后综合监管平台和浦东新区政务云体系的总体框架下，依托事中事后综合监管平台、公共信用信息平台、网上政务大厅和网上督查室等政务信息共享交换枢纽平台，聚焦行业、领域、市场事中事后监管的系统集成，通过“六个双”监管机制面上全领域覆盖、点上全链条贯通，实现登记注册、行政审批、行业主管、综合执法等部门间的信息共享与有效衔接，构筑覆盖市场主体全生命周期的政府监管闭环。

【案例评析】

我们的社会已经进入大数据、人工智能的时代，各政府部门传统的工作模式正在逐步被打破。原先各行政机关之间信息不准确、信息不共享、信息不共用等问题大量存在，阻碍了政府管理的效率提升。

浦东新区通过“六个双”政府监管机制的创新主要有两方面的特色：第一，对市场主体的监管情况的“透明化”。利用技术手段，将政府掌握的市场主体的各类监管信息实现互通共享，科学、全面反映市场主体的经营资质、经营情况、诚信记录等情况，便于更有效、更精准的监管。第二，对市场主体进行全生命周期的闭环监管。“六个双”是实现事中、事后监管的有效工作模式，实现了市场主体从登记注册到获取相关行政许可，到行政补贴或行政处罚等，直至其注销的一系列运行周期，实现了闭环监管。

案例二：不正确、不及时履行送达义务，均构成行政违法

【基本案情】

摘自：上海市静安区人民法院（2019）沪0106行初260号《行政判决书》

经审理查明，上南路4588号房屋位于浦东新区某镇某村内，《上海市房地产权证》（沪房地浦字〔2006〕第055551号）上记载全幢房屋1994年竣工，后原告某针织厂，在上南路4588号房屋四周新建了4幢单体建筑。2016年8月22日，被告浦东新区某镇政府对4幢建筑进行了调查、拍照，现场检查笔录记载，总计建筑面积约为1328平方米。同年11月3日，经被告向上海市浦东新区规划和土地管理局协查，系争四幢建筑物未取得规划审批文件。2016年12月13日，被告作出《限期拆除事先告知书》，并于12月19日向原告进行直接送达，但未能送达，被告遂于2017年2月11日向原告邮寄送达执法文书。2017年2月21日，被告作出被诉限拆决定，于2017年3月9日向原告进行直接送达，因无法进入现场，当日未送达。2017年3月13日，9月7日被告又分别向原告住所地进行了邮寄送达，但信件被退回。2017年12月

28日，被告在其网站上就被诉限拆决定进行了公告，公告载明至公告发出之日起60日，如原告未至指定地点领取文书，视为送达，被诉限期拆除决定附于公告网页。2018年10月，原告向被告申请政府信息公开，要求获取被诉决定文书，被告于同月29日向其公开了该决定书。后原告不服，向本院提起诉讼。

法院认为，根据《上海市城市管理行政执法条例》《上海市城市管理行政执法条例实施办法》的相关规定，被告浦东新区某镇政府对本行政区域内违法建筑有进行查处的行政职权。本案中，原告建设使用的4幢建筑物未取得规划、建设许可，被告经调查核实后，认定为违法建筑，并要求原告自行拆除，认定事实并无不当。被告在作出被诉限拆决定前，向原告邮寄送达了执法告知文件，告知了原告有陈述申辩的权利，但是被告在做出被诉决定后，未能向原告及时送达文书。本案中，因直接送达不成，被告以公告方式向原告送达被诉限拆决定。但公告送达是以当事人住所不明等情形为前提，在穷尽邮寄送达、留置送达等方式后，方能采取的拟制送达方式。本案中原告住所明确，且相关文书也曾通过邮寄方式送达，即使原告拒收邮件，被告仍可以留置方式或向原告的法定代表人住所进行送达，故本案中，被告在作出被诉决定后，时隔10个月再以公告方式送达该决定，不符合行政行为程序要求。因原告在之后通过其他方式获取了被诉行政决定，送达程序违法仅延宕行政相对人救济权利的行使，故被诉行政决定无撤销的必要，应当确认违法。

【案例评析】

“送达难”是困扰城管执法部门的难题之一。常用的直接送达、留置送达、邮寄送达、公告送达等方式除了要满足各自适用的前提外，还要注意上述送达方式并不是并列可以任意选择的，而是有一定优先等级的。一般情况下，首先选用直接送达，在直接送达不成的情况下，才可以进行留置送达或邮寄送达，公告送达则要在穷尽送达方式后才能使用。本案中，法院确认违法的理由主要有两点：一是公告送达不合法，因为当事人住所是明确，且曾通过邮寄方式送达过相关法律文书，哪怕当事人拒收邮件，仍可以留置方式或向原告的法定代表人住所进行送达；二是送达时间过长，在作出被诉决定后，时隔10个月以公告方式送达不符合行政行为程序要求。《行政处罚法》第六十一条规定，“**行政处罚决定书应当在宣告后当场交付当事人；当事人不在场的，行政机关应当在七日内依照《中华人民共和国民事诉讼法》的有关规定，将行政处罚决定书送达当事人。当事人同意并签订确认书的，行政机关可以采用传真、电子邮件等方式，将行政处罚决定书等送达当事人。**”

在执法实践中，上海城管执法部门进行了有益探索，参照法院的做法（按照《最高人民法院关于以法院专递方式邮寄送达民事诉讼文书的若干规定》第11条规定，因受送达人自己提供或者确认的送达地址不准确、拒不提供送达地址、送达地址变更未及时告知人民法院、受送达人本人或者受送达人指定的代收人拒绝签收，导致诉讼文书未能被受送达人实际接收的，文书退回之日视为送达之日)，要求当事人填写《送达地址确认书》，一定程度上缓解了“送达难”的问题。

第二部分　执法程序实务

一、行政检查

目前虽然在法律层面没有具体规定，但都在积极探索，越来越成熟。比如上海市早在2004年就出台了《上海市监督检查从事行政许可事项活动的规定》，2016年出台《上海市市场监督管理行政处罚程序规定》中专门对行政检查作出了规定，2019年交通运输部发布的《交通运输行政执法程序规定》中，更是在交通运输执法领域详细规定了行政检查的各项要求。另外，国家层面也在不断推动特定的行政检查，即随机检查的方式，分别于2015年发布《国务院办公厅关于推广随机抽查规范事中事后监管的通知》(国办发〔2015〕58号)、2019年发布《国务院关于在市场监管领域全面推行部门联合“双随机、一公开”监管的意见》(国发〔2019〕5号)。通过这些规范性文件，基本能对行政检查的程序概况如下：

(一) 现场检查

1. 表明执法身份。原则上，需要2名以上执法人员，并出示执法证件。

2. 告知。向行政相对人说明检查事由。

3. 制作检查记录，如实记录检查情况。对于行政检查过程中涉及的证据材料，应当依法及时采集和保存。

(二) 随机检查

随机检查是种特殊的现场检查，除了要符合现场检查的程序外，有更特殊的要求。

1. 随机检查前，要确定抽查对象和执法检查人员名录库，确定抽查比例和抽查频次。

2. 随机检查完成后，要将随机抽查情况及查处结果及时向社会公布。

(三) 电子监控 (非现场) 检查

是随着科技进步逐步产生的一种行政检查方式，目前通常只是作为一种发现违法行为的线索或者证据进行使用。

案例三：在阳台堆放危害安全物品案

（本案例选自宁波市江北区综合行政执法局《非现场执法典型案例汇编》）

【案情简介】

2019年7月4日10时，江北区综合行政执法局接到群众举报反映，江北区甬江街道御湖花苑二期13幢南侧小庭院草坪上发现有一根长度约为1.20米、重约3公斤的铝合金金属管深深的竖插着，拔出后深坑约有30厘米，从附近业主处了解到该幢楼上没有装修队在施工，随即执法队员与物业人员进行逐层排查后，发现某户正在进行阳台装修，其切割的栏杆与坠落物件一致。执法队员对装修现场勘查和询问施工人员后确认，当事人承认阳台铝合金栏杆切割下来后堆放在阳台角落，施工时不慎坠落。执法队员当场责令整改并制作现场勘查笔录，要求当事人立即停止施工和加装防护措施，并清理掉阳台的堆放物。7月4日，当执法队员再次对该户装修现场阳台堆物复查，当事人只清理了部分物品，还留有几个铝合金构件，执法队员随即通知当事人接受调查。7月10日对当事人涉嫌在阳台堆放危害安全的物品行为予以立案调查。

【处理结果】

2019年7月17日，执法人员向当事人送达了《行政处罚决定书》，对当事人在阳台堆放危害安全物品的行为作出罚款500元的行政处罚决定，当事人自行缴纳了罚款。

【法律适用】

《宁波市文明行为促进条例》第九条第二项之规定，第九条：公民应当遵守公共秩序文明行为规范，不得实施下列不文明行为：在建筑物的阳台外、窗外、屋顶、平台、外走廊等空间堆放、吊挂危害安全的物品。《宁波市文明行为促进条例》第三十六条违反本条例第九条第二项规定，在建筑物的阳台外、窗外、屋顶、平台、外走廊等空间堆放或者吊挂危害安全物品的，由当地城市管理部门或者区县（市）人民政府确定的其他行政主管部门责令限期改正；逾期不改正的，处五十元以上五百元以下罚款。

【案例评析】

（一）本案当事人没有故意抛掷的行为，故不适用《宁波市文明行为促进条例》中关于从建筑物、构筑物内向外抛掷危害安全的物品。但经现场勘查发现，高空坠物是由于当事人将装修产生的物件堆放在高空阳台外且没有采取相关措施所致，所幸没有造成严重的危害结果。经过多次合议，本案定性确定为在建筑的阳台外堆放危害安全的物品。（二）由于法律规定必须要求当事人责令限期改正，逾期不整改的才能予以处罚。因此，在案件办理过程中从发现到责令改正以及跟进复查，固定好两次违法情形后才能立案查处。（三）高空抛物、高空坠物被称为悬在城市上空的痛，行为人一个简单的抛掷的动作，可能引起严重的危害结果。为此最高人民法院印发了《关于依法妥善审理高空抛物、坠物案件的意见》，明确不管是过失的高空坠物还是故意的高空抛物行为可按照危害公共安全罪、过失致人重伤罪、过失致人死亡罪、故意伤害罪、故意杀人罪追究刑事责任。另外《中华人民共和国侵权责任法》第八十五条也明确建筑物及其搁置物、悬挂物发生脱落、坠落造成他人损害的，所有人、管理人或者使用人不能证明自己没有过错的，应当承担民事赔偿责任。

二、行政处罚的程序

由《行政处罚法》明确规定，分为简易程序和一般程序。

（一）简易程序

简易程序是指，行政机关对符合法定条件的行政处罚事项，当场给予行政处罚的行政处罚程序。简易程序是一种独立的行政处罚程序，是相对于行政处罚一般程序而言的，是一般程序的简化。《行政处罚法》第五十一条规定，**“违法事实确凿并有法定依据，对公民处以 200 元以下，对法人或者其他组织处以 3000 元以下罚款或者警告的行政处罚的，可以当场作出行政处罚决定。”**具体程序如下：

1. 表明执法身份。执法人员发现违法行为，准备适用简易程序作出行政处罚决定的，应当向当事人出示执法证件，以证明其执法资格的合法性。简易程序可以由一名执法人员实施。

2. 当场调查违法事实，搜集必要的证据。行政处罚必须建立在违法事实确凿的基础上，为了提高行政效率，简易程序简化了一些执法环节，但是要求执法人员现场查清当事人的违法事实并依法取证，如果发现现场无法查清当事人的违法事实的，则应转入一般程序进行办理。

3. 当场告知。认为需要当场作出行政处罚决定的，应当告知当事人作出行政处罚决定的事实、理由、依据以及依法享有的陈述、申辩权。

4. 听取当事人的陈述和申辩。执法人员应当认真听取当事人的陈述和申辩，陈述申辩理由成立的应当予以采纳，不予采纳的也应当作出说明理由。

5. 当场作出行政处罚决定的，应当制作行政处罚决定书。行政处罚决定书应当当场交付当事人，并由当事人签名或者盖章。当事人拒绝签名或者盖章的，行政执法人员应当注明情况。

6. 告知当事人如对当场作出的行政处罚决定不服，可以依法申请行政复议或者提起行政诉讼。

7. 行政处罚决定书要在规定时间内（通常为两个工作日）进行备案。

由于当场处罚是在违法现场作出的行政处罚，还需注意两个方面：第一，当场处罚应当要全过程记录；第二，当场处罚应当充分利用信息化手段，比如采用 PDA 执法的方式进行。

简易程序行政处罚流程图，见图 3-1。

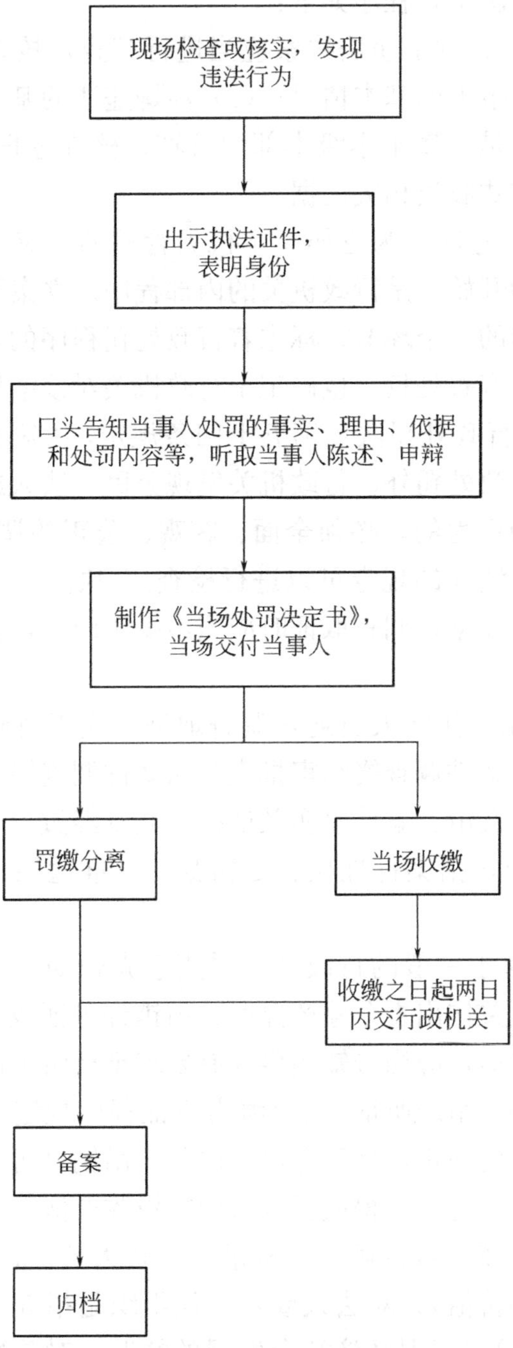

图 3-1　简易程序行政处罚流程图

（二）一般程序

一般程序是行政处罚中最完整，适用最广泛的法律程序，除一些依法可以适用简易程序的案件外，其他案件均应适用一般程序。根据《行政处罚法》的规定，适用一般程序时，必须要经过立案调查，审核，事先告知，听证决定和送达等程序。通常情况下，程序如下：

1. 违法线索核查。对于违法线索应当进行核查，核查主要体现在四个方面：（1）涉嫌违法当事人的基本情况；（2）涉嫌违法的基本事实；（3）违反法律法规的情况；（4）是否属于本级本部门管辖。核查过程中，可以采取拍照、询问、复印资料等方式收集相关证据。

2. 立案。对涉嫌违法行为且属于本机关管辖的，应当予以立案。立案是行政处罚一般程序的开始，是行政机关的内部程序。立案不是一个独立的行政行为，只是行政处罚的一个环节，标志着行政处罚程序的开始，确定了行政机关对行政处罚案件具有查处权，也确定了行政机关对该案件的调查处理时限。

3. 调查取证。《行政处罚法》第五十四条规定，**“除本法第五十一条规定的可以当场作出的行政处罚外，行政机关发现公民、法人或者其他组织有依法应当给予行政处罚的行为的，必须全面、客观、公正的调查，收集有关证据；必要时，依照法律、法规的规定可以进行检查。”**执法人员应当对违法事实进行调查，并收集相关证据，调查取证时应当不少于两人，并应当向被调查人出示执法证件。

4. 案件调查终结。执法人员通过调查取证，应当对收集的证据、案件事实进行认定，制作《案件调查终结审批表》。《案件调查终结审批表》应当写明当事人的基本情况、案由、案件事实及证据、调查经过、处理建议等；拟作出行政处罚的，还应当包括案件性质、处罚裁量基准适用、处罚依据、处罚建议等。

5. 事先告知。对于一般的行政处罚采用事先告知的程序；对于《行政处罚法》规定的行政机关作出责令停产停业、吊销许可证或者执照、较大数额罚款等行政处罚决定之前，应当告知当事人有要求举行听证的权利；当事人要求听证的，行政机关应当组织听证。《上海市听证程序规定》进一步细化了《行政处罚法》关于听证的规定，将责令停产停业、吊销许可证或者执照、较大数额罚款、较大数额没收违法所得或者较大数额没收非法财物等行政处罚决定纳入听证范围，同时就较大数额确定了标准，即较大数额，对个人是指 5000 元以上（或者等值物品价值）；对法人或者其他组织是指 5 万元以上（或者等值物品价值）。市政府可以根据经济社会发展的情况，对前述较大数额标准进行调整并予以公布。

（1）行政处罚事先告知的程序规定

《行政处罚法》第四十四条规定，**“行政机关在作出行政处罚决定之前，应当告知当事人作出行政处罚决定的事实理由及依据，并告知当事人依法享有的权利。”**此处所称的当事人依法享有的权利，不仅包括陈述申辩和申请听证权，还应包括知悉执法人员身份权，申请回避权，拒绝回答与案件无关问题的权利，提供证据权利等。

《行政处罚法》第四十五条规定，**“当事人有权进行陈述和申辩，行政机关必须充分听取当事人的意见，对当事人提出的事实理由和证据应当进行复核，当事人提出的事实理由或者证据成立的行政机关应当采纳，行政机关不得因当事人申辩而加重处罚。”**告知是行政处罚的必经程序，是行政机关的法定义务，实施行政处罚无论是适用简易程序还是一般程序，行政机关均必须事先告知。

《行政处罚法》第六十二条规定，**“行政机关及其执法人员在做出行政处罚决定之前，不依照本法第四十四条、第四十五条的规定，向当事人告知给予行政处罚的事实、理由和依据或者拒绝听取当事人的陈述、申辩，行政处罚决定不能成立；当事人放弃陈述或者申辩权利的除外。”**

（2）组织行政处罚听证会的程序规定

1）听证告知。执法人员制作并送达《行政处罚听证告知书》，告知当事人有要求听证的权利。

2）听证申请。当事人要求听证的，应当在收到《行政处罚听证告知书》之日起三日内，向行政机关提出要求听证的书面申请，当事人未如期提出书面申请的，行政机关不再组织听证。

3）听证通知。行政机关应当在收到当事人听证申请之日起 7 日内进行审查，对不符合听证条件的，决定不组织听证，并告知理由；对符合听证条件的，决定组织听证，制作并送达《行政处罚听证通知书》。

4）召开听证会。进行听证调查时，由案件调查人员提出当事人违法的事实、证据和适用听证程序的行政处罚建议；当事人进行陈述、申辩和质证。与认定案件事实相关的证据，都应当在听证调查中出示，并经质证后确认。

5）制作听证笔录并审核。听证应当制作笔录。听证结束后，听证人员应当把听证笔录交当事人和案件调查人员审核无误后签名或者盖章。当事人拒绝签名或者盖章的，由听证主持人在听证笔录上说明情况。听证笔录中有关证人证言部分，应当交证人审核无误后签名或者盖章。听证主持人应当对听证笔录进行审阅，提出审核意见并签名或者盖章。听证笔录应当作为行政机关作出行政处罚决定的依据。

6. 重大行政执法决定法制审核。重大执法决定法制审核是确保行政执法机关作出的重大执法决定合法有效的关键环节。行政执法机关作出重大执法决定前，要严格进行法制审核，未经法制审核或者审核未通过的，不得作出决定。其审核程序如下：

（1）明确审核范围。行政执法机关要结合本机关行政执法行为的类别、执法层级、所属领域、涉案金额等因素，制定重大执法决定法制审核目录清单。

（2）法制机构审核。主要审核行政执法主体是否合法，行政执法人员是否具备执法资格；行政执法程序是否合法；案件事实是否清楚，证据是否合法充分；适用法律、法规、规章是否准确，裁量基准运用是否适当；执法是否超越执法机关法定权限；行政执法文书是否完备、规范；违法行为是否涉嫌犯罪、需要移送司法机关等。

（3）审核后的处理。法制机构审核后，要根据不同情形，提出同意或者存在问题的书面审核意见。行政执法承办机构要对法制审核机构提出的存在问题的审核意见进行研究，作出相应处理后再次报送法制审核。

7. 行政机关负责人集体讨论。《行政处罚法》第五十七条对集体讨论进行了原则性的规定，**“对情节复杂或者重大违法行为给予较重的行政处罚，行政机关的负责人应当集体讨论决定。”**因此，执法实务中，具体哪些案件属于情节复杂或者重大违法行为给予较重的行政处罚由行政机关自行确定，例如《上海市城市管理行政执法程序规定》第四十六条规定了6种集体讨论的情形：（1）情节复杂的行政处罚案件；（2）对重大违法行为给予较重行政处罚案件；（3）处罚决定变更为不予处罚的；（4）处罚种类变更的；（5）罚款调整幅度超过20%的；（6）需要集体讨论的其他情形。

组织开展集体讨论的基本程序如下：（1）案件承办人陈述案件情况，包括当事人基本情况、案件调查过程、查明的违法事实、情节、后果、相关证据、法律依据；当事人陈述、申辩情况，建议处罚的内容等。（2）法制机构相关人员发表审核意见，重点围绕案件的管辖权、证据的合法性、程序的合法性、裁量的合理性等。（3）参加会议人员向案件承办人、法制机构相关人员提问并发表意见。（4）主持人提出结论性意见。（5）参加会议人员表决。（6）主持人宣布集体讨论决定。

8. 决定。行政机关应当根据案件调查结果、审核意见、复核意见、听证笔录等材料，依法作出给予行政处罚或者其他处理决定。

9. 送达。

10. 行政处罚结果公示。

11. 决定的执行。分为自动履行、行政机关主动执行和强制执行。

12. 结案归档。对于满足结案条件的，应当按照规定结案并归档。（按照

《上海市城市管理行政执法程序规定》第九十一条的规定，结案的情形有：(1) 已撤销案件的；(2) 决定不予行政处罚的；(3) 案件移送有管辖权的部门或者司法机关的；(4) 作出行政处罚等要求当事人履行义务的决定，已经执行完毕的；(5) 经人民法院判决或者裁定后，执行完毕或者终结执行程序的；(6) 其他依法应当结案的情形。

一般程序行政处罚流程图，见图 3-2。

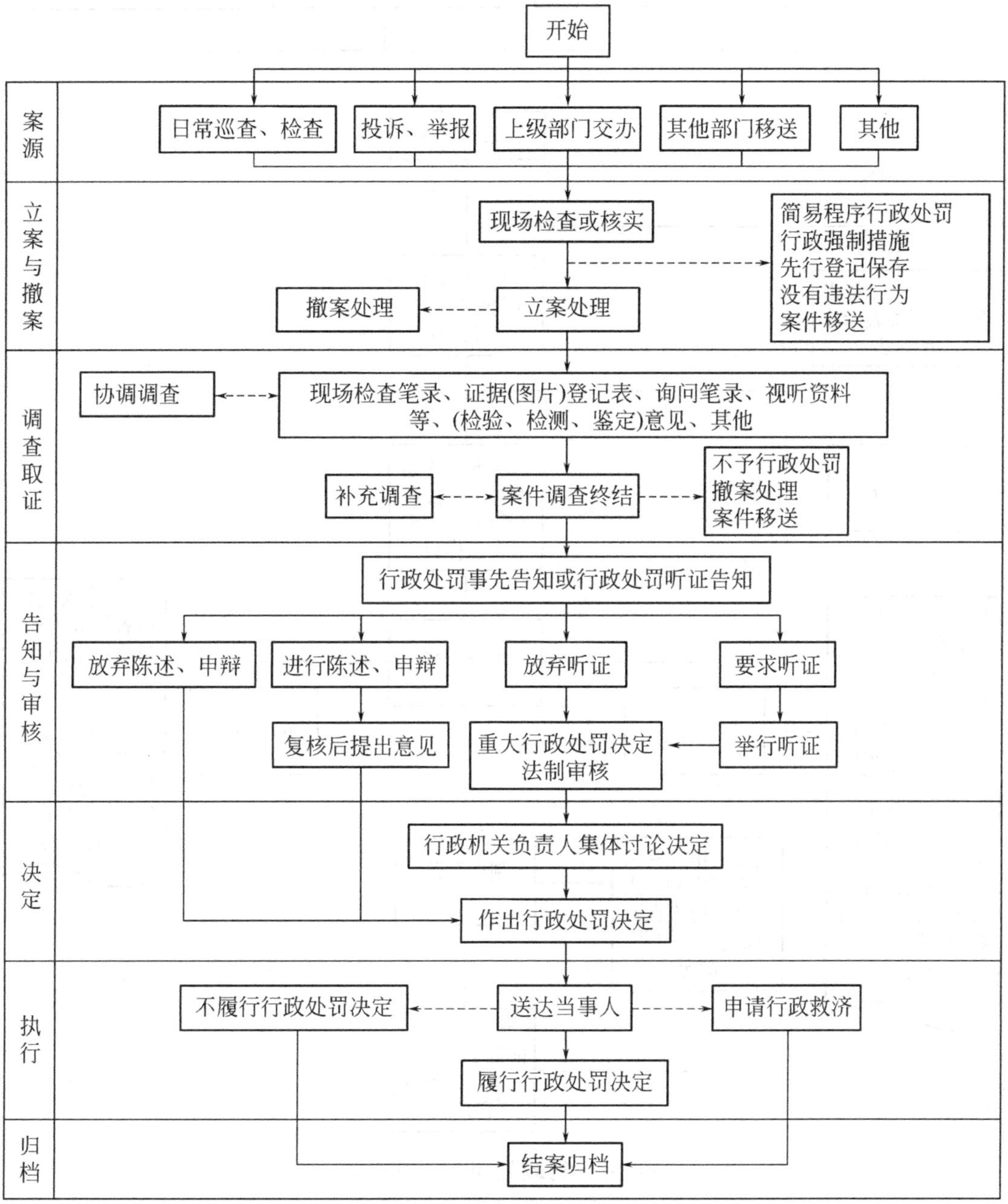

图 3-2　一般程序行政处罚流程图

行政处罚听证流程图，见图 3-3。

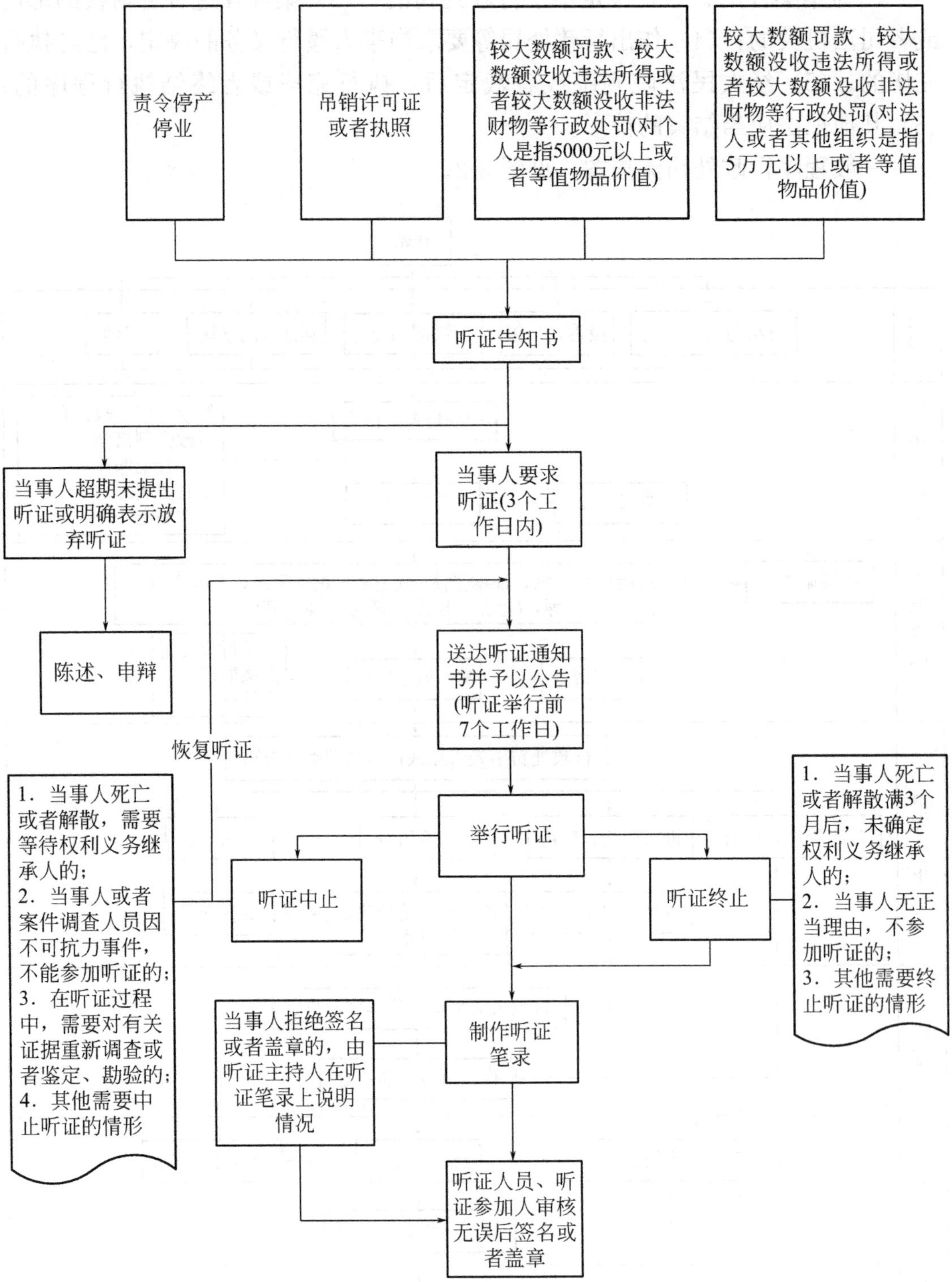

图 3-3　行政处罚听证流程图

重大行政执法法定法制审核流程图，见图 3-4。

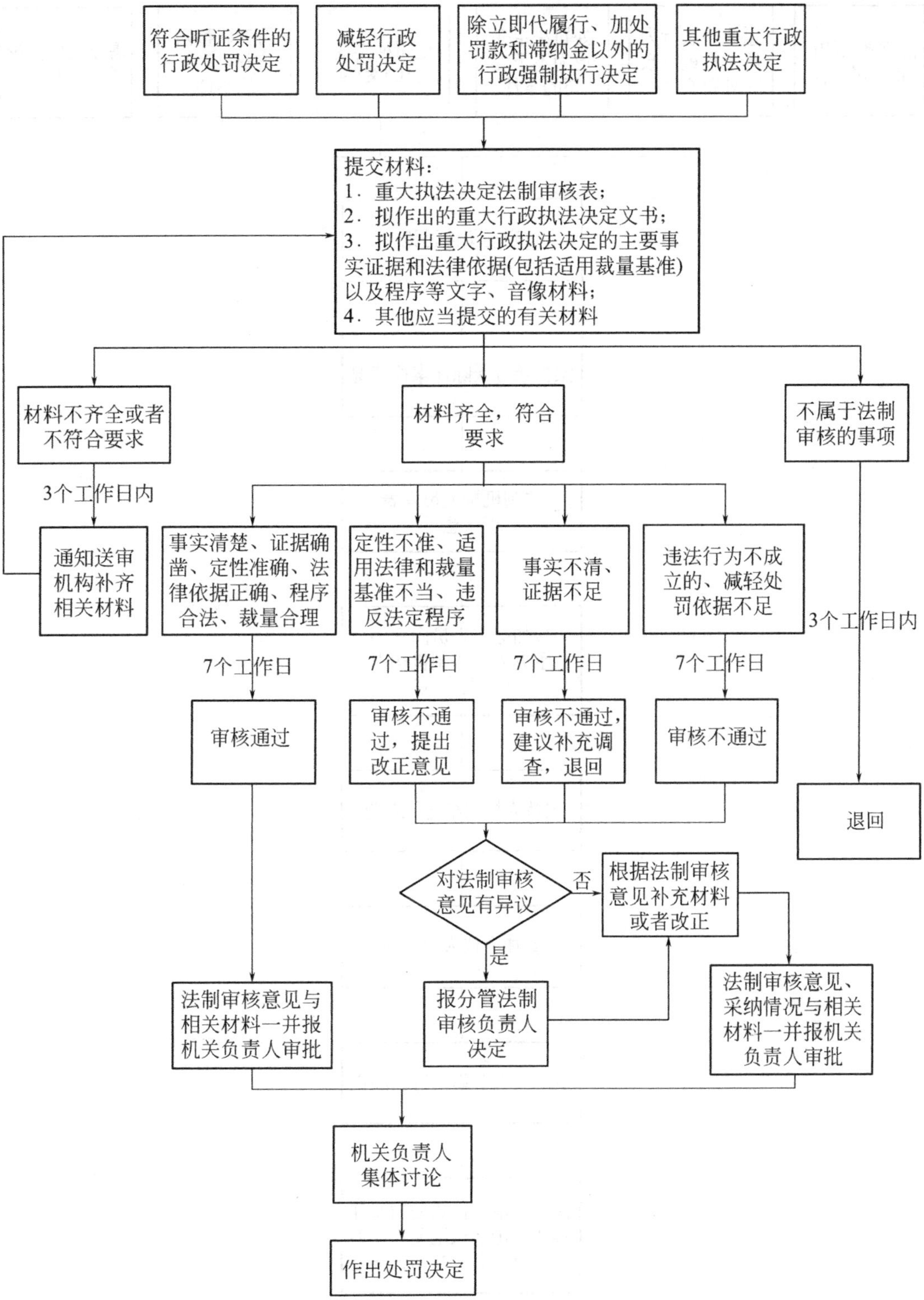

图 3-4　重大行政执法法定法制审核流程图

重大行政处罚案件集体讨论流程图，见图 3-5。

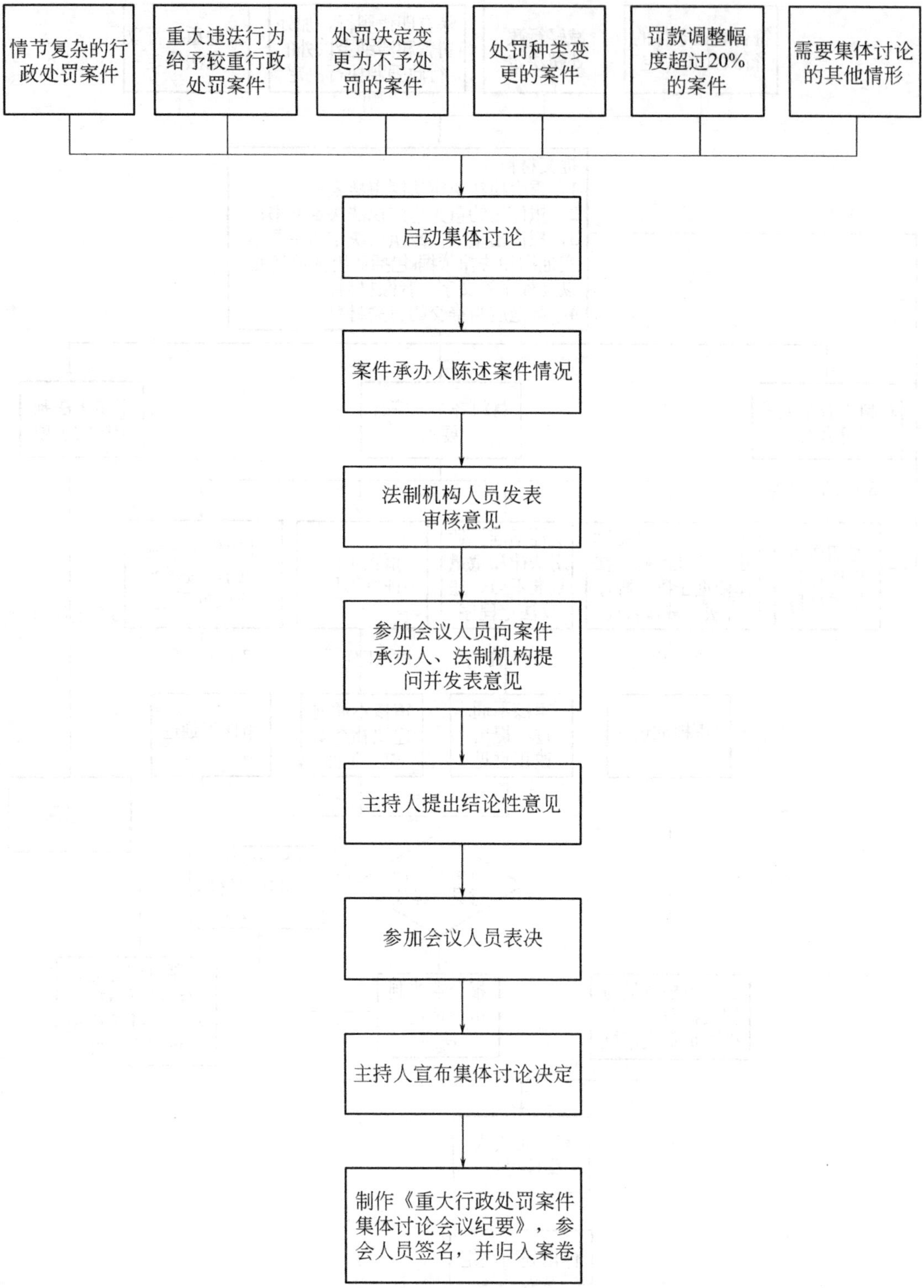
情节复杂的行政处罚案件
重大违法行为给予较重行政处罚案件
处罚决定变更为不予处罚的案件
处罚种类变更的案件
罚款调整幅度超过20%的案件
需要集体讨论的其他情形
启动集体讨论
案件承办人陈述案件情况
法制机构人员发表审核意见
参加会议人员向案件承办人、法制机构提问并发表意见
主持人提出结论性意见
参加会议人员表决
主持人宣布集体讨论决定
制作《重大行政处罚案件集体讨论会议纪要》，参会人员签名，并归入案卷

图 3-5　重大行政处罚案件集体讨论流程图

案例四：执法全过程记录是规范执法程序、科学调查取证的最佳途径

【基本案情】

2018年5月13日，上海警方在检查一辆无牌照汽车时，当事人非但拒绝警察要求，而且挺身向前挑衅警察。民警首先进行了口头传唤："请你跟我们到派出所接受调查。"白衣男子并没有配合的意思，还喊着"动手是吧?"于是民警连续三次警告："把驾驶证拿出来。"男子叫嚣自己没有驾驶证。面对当事人的不配合，现场民警随即对他喷射了警用催泪瓦斯。白衣男子数次叫嚷"我眼睛睁不开，难受。"然后，民警依据现场情况，决定使用警械并进行告知"无关人员闪开！警方将使用警械!"要求围观群众远离现场，躲避不必要伤害。最后，面对周围拍摄的市民进行告诫："拍可以，但不能断章取义，掐头去尾，否则要为造成的不良社会后果负责。"之后，该段疑似围观人员拍摄的上海某地民警执法视频走红网络，被称之为"教科书式执法"。

【案例评析】

本案中，虽然民警对当事人采取了强制措施，但其执法规范有序，网络上也都是正面评价。以往，网络上经常发布所谓的"暴力执法"的画面，让一些穿制服的城管、交警纷纷"躺枪"，使不少人潜意识地认为执法者就是欺负平民百姓的"恶人"。《关于全面推行行政执法公示制度执法全过程记录制度重大执法决定法制审核制度的指导意见》中，执法全过程记录制度就能在一定程度上避免这类问题。

要习惯在镜头下执法，无论是执法人员开启执法记录仪执法，还是在执法过程中接受民众的拍摄和监督，其实与执法的标准化、专业化、阳光化有着同一价值指向。在现实中，因执法过程不够透明，程序存有争议，会极大影响执法的公信力。将拍摄执法变为常态化，无疑是化解这种情况最有效和低成本的途径。从长远看，它应内化为城管执法理念的优化，要敢于接受监督和审视甚至是挑剔的眼光，从而自觉增加对标准化、程序化执法的价值认同与遵守。

案例五：行政处罚决定作出时间早于单位负责人审查时间属程序违法

【基本案情】

摘自：濮阳市龙华区人民法院（2015）华法行初字第38号《行政判决书》

经审理查明：2014年3月4日被告濮阳市龙华区环境保护局向原告某建设集团有限公司送达了限期排污申报通知。要求原告在规定期限内申报有关其承建的丽景上品12号楼、13号楼的污染排放申报登记事项，原告逾期未报。同年11月21日向原告送达了责令改正违法行为决定书，要求原告继续申报有关污染物排放申报登记事项，原告逾期未报。同年12月15日，被告作出行政处罚事先（听证）告知书，并于同日向原告送达。2014年12月29日，被告决定对原告单位作出华龙环罚决字（2014）第14号行政处罚决定。原告对此决定不服，诉至人民法院。

法院认为，《中华人民共和国行政处罚法》第五十七条规定："调查终结，行政机关负责人应当及时对调查结果进行审查，根据不同情况分别作出如下决定……"在本案中，从被告出示的证据中可以看出被告对原告作出的行政处罚决定，作出时间早于被告单位负责人审查时间，程序明显违法。判决如下：一、撤销华龙环罚决字（2014）第14号行政处罚决定书。二、限被告在本判决生效后60日内重新作出具体行政行为。

【案例评析】

根据《行政处罚法》和《环境行政处罚办法》等的规定，环境行政执法主体在实施环境行政处罚适用一般程序时，必须要经过立案调查、审核、事先告知、听证、决定和送达等程序，并且各个程序之间还有先后的顺序要求。本案中，虽然行政机关负责人的审查属于内部程序，但属于法定的程序，故决定时间早于审查时间就是明显的程序违法，应当予以撤销。

本案还需注意一点，执法程序虽然违法，但是因原告当事人的违法行为还是存在，需要重新按照执法程序进行处理，故法院判决在60日内重新作出具体行政行为。

三、行政强制的程序

根据《行政强制法》的规定，行政强制分为行政强制措施和行政强制执行两大类。实施行政强制都应当进行执法全过程记录。

（一）行政强制措施的程序要求

1. 实施行政强制措施的一般性程序规定

在城管日常执法工作中，通常采取的行政强制措施主要是《行政强制法》第九条第二、三项中规定的情形，即查封场所、设施或者财物以及扣押财物。《行政强制法》第十八条作了具体程序方面的规定："（一）实施前须向行政机关负责人报告并经批准；（二）由两名以上行政执法人员实施；（三）出示执法身份证件；（四）通知当事人到场；（五）当场告知当事人采取行政强制措施的理由、依据以及当事人依法享有的权利、救济途径；（六）听取当事人的陈述和申辩；（七）制作现场笔录；（八）现场笔录由当事人和行政执法人员签名或者盖章，当事人拒绝的，在笔录中予以注明；（九）当事人不到场的，邀请见证人到场，由见证人和行政执法人员在现场笔录上签名或者盖章；（十）法律、法规规定的其他程序。"

2. 紧急情况下行政强制措施的实施程序

根据《行政强制法》的规定，**“情况紧急，需要当场实施行政强制措施的，行政执法人员应当在二十四小时内向行政机关负责人报告，并补办批准手续。行政机关负责人认为不应当采取行政强制措施的，应当立即解除。”**

紧急情况下实施行政强制措施，虽然不像实施一般行政强制措施一样，有明确、具体的程序规定，但并不代表紧急情况下就不受任何程序上的限制，对此类行政强制措施主要从实施条件及事后救济来加以控制，行政机关所采取的紧急情况下的行政强制措施必须符合一般公理和情理时才具有合法性，一般应遵循以下程序：(1) 表明执法人员身份；(2) 向行政相对人说明实施行政强制措施的理由；(3) 告知行政相对人相应的救济权利；(4) 对损害相对人的合法权利进行国家赔偿或行政补偿等。

行政强制措施（查封）流程图，见图 3-6。

（二）行政强制执行的程序要求

1. 行政机关实施行政强制执行的一般性程序规定

根据《行政强制法》第十二条的规定，**“行政强制执行的方式有：(一) 加处罚款或者滞纳金；(二) 划拨存款、汇款；(三) 拍卖或者依法处理查封、扣押的场所、设施或者财物；(四) 排除妨碍、恢复原状；(五) 代履行；(六) 其他强制执行方式。”**此处，仅就一般性的程序规定进行说明。

(1) 启动条件：当事人在行政机关决定的期限内不履行义务。

(2) 催告前置：根据《行政强制法》第三十五条的规定，**“行政机关作出强制执行决定前，应当事先催告当事人履行义务。催告应当以书面形式作出，并载明相关事项。”**一般来讲，催告是行政机关强制执行的必经程序，但也有例外。如《行政强制法》第五十二条规定，**“需要立即清除道路、河道、航道或者公共场所的遗洒物、障碍物或者污染物，当事人不能清除的，行政机关可以决定立即实施代履行；当事人不在场的，行政机关应当在事后立即通知当事人，并依法作出处理。”**

(3) 陈述和申辩：根据《行政强制法》第三十六条的规定，**“当事人收到催告书后，有权进行陈述和申辩。行政机关应当充分听取当事人的意见，对当事人提出的事实、理由和证据，应当进行记录、复核。当事人提出的事实、理由或者证据成立的，行政机关应当采纳。”**

(4) 作出决定并送达：行政机关强制执行决定，在整个程序中居于核心位置。根据《行政强制法》第三十七条的规定，**“经催告当事人逾期仍不履行行政决定，且无正当理由的，行政机关可以作出行政强制执行决定。”**同时，行政强制执行决定书应当按照规定送达当事人。

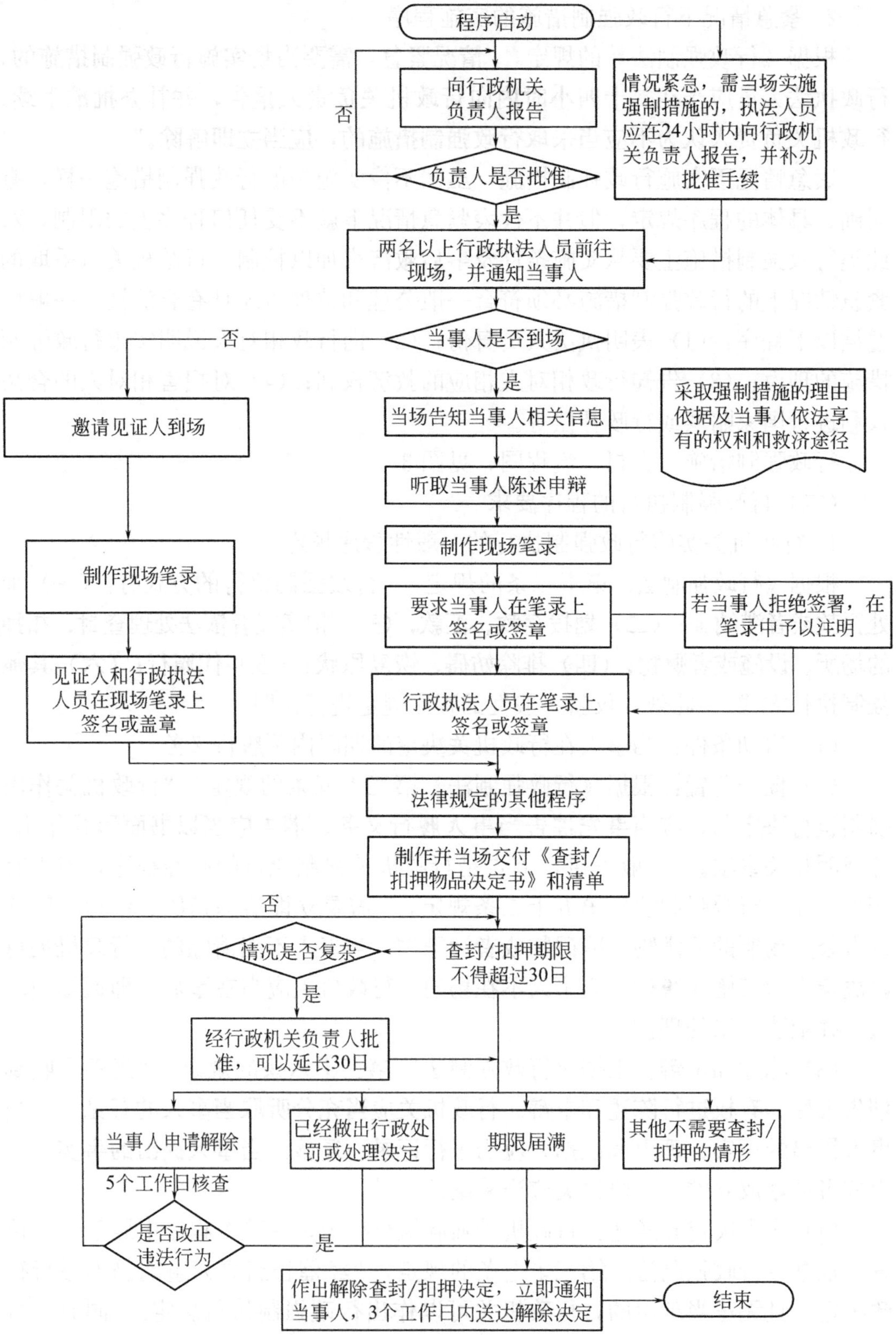
程序启动
向行政机关负责人报告
情况紧急，需当场实施强制措施的，执法人员应在24小时内向行政机关负责人报告，并补办批准手续
否
负责人是否批准
是
两名以上行政执法人员前往现场，并通知当事人
否
当事人是否到场
是
邀请见证人到场
当场告知当事人相关信息
采取强制措施的理由依据及当事人依法享有的权利和救济途径
听取当事人陈述申辩
制作现场笔录
制作现场笔录
要求当事人在笔录上签名或签章
若当事人拒绝签署，在笔录中予以注明
见证人和行政执法人员在现场笔录上签名或盖章
行政执法人员在笔录上签名或签章
法律规定的其他程序
制作并当场交付《查封/扣押物品决定书》和清单
否
情况是否复杂
查封/扣押期限不得超过30日
是
经行政机关负责人批准，可以延长30日
当事人申请解除
已经做出行政处罚或处理决定
期限届满
其他不需要查封/扣押的情形
5个工作日核查
是否改正违法行为
是
作出解除查封/扣押决定，立即通知当事人，3个工作日内送达解除决定
结束

图 3-6　行政强制措施（查封）流程图

（5）中止执行：根据《行政强制法》第三十九条的规定，“有下列情形之一的，中止执行：（一）当事人履行行政决定确有困难或者暂无履行能力的；（二）第三人对执行标的主张权利，确有理由的；（三）执行可能造成难以弥补的损失，且中止执行不损害公共利益的；（四）行政机关认为需要中止执行的其他情形。中止执行的情形消失后，行政机关应当恢复执行。对没有明显社会危害，当事人确无能力履行，中止执行满三年未恢复执行的，行政机关不再执行。”

中止执行，主要是按照人文关怀和审慎理性的要求，体恤行政相对人履行义务的实际困难，处理好行政机关与行政相对人因强制执行产生的矛盾对立关系，避免和减轻因强制执行造成难以挽回的损失和行政相对人的反抗情绪。

（6）终结执行：根据《行政强制法》第四十条的规定，“有下列情形之一的，终结执行：（一）公民死亡，无遗产可供执行，又无义务承受人的；（二）法人或者其他组织终止，无财产可供执行，又无义务承受人的；（三）执行标的灭失的；（四）据以执行的行政决定被撤销的；（五）行政机关认为需要终结执行的其他情形。”

上述情形都表明，执行没有必要或者不可能继续进行，一旦进行执行终结，也不需要或不可能进行恢复。

（7）执行回转：根据《行政强制法》第四十一条的规定，“在执行中或者执行完毕后，据以执行的行政决定被撤销、变更或者执行错误的，应当恢复原状或者退还财物，不能恢复原状或者退还财物的，依法给予赔偿。”这是维护行政相对人合法权益的基本要求。

（8）执行和解：根据《行政强制法》第四十二条的规定，“实施行政强制执行，行政机关可以在不损害公共利益和他人合法权益的情况下与当事人达成执行协议。执行协议可以约定分阶段履行；当事人采取补救措施的，可以减免加处的罚款或者滞纳金。执行协议应当履行，当事人不履行执行协议的，行政机关应当恢复强制执行。”

2. 行政机关实施行政强制执行的特殊性程序规定

在城管执法实务中，拆除违法建筑一般都是各地城管执法部门的主要工作职责。在《行政强制法》出台后，一方面将拆除违法建筑无可争议的归入行政强制执行范畴，另一方面对拆除违法建筑提出了更严格的程序要求。

（1）根据《行政强制法》第四十三条的规定，“行政机关不得在夜间或者法定节假日实施行政强制执行。但是，情况紧急的除外。行政机关不得对居民生活采取停止供水、供电、供热、供燃气等方式迫使当事人履行相关行政决定。”该条从强制执行的时间和方式列举了相关的“负面清单”。

（2）根据《行政强制法》第四十四条的规定，“**对违法的建筑物、构筑物、设施等需要强制拆除的，应当由行政机关予以公告，限期当事人自行拆除。当事人在法定期限内不申请行政复议或者提起行政诉讼，又不拆除的，行政机关可以依法强制拆除。**”意味着强制拆除违法建筑物、构筑物或者设施的，需要经过公告限期拆除、当事人逾期不履行行政救济权、当事人不拆除的才能强制拆除。

一般代履行流程图，见图 3-7。

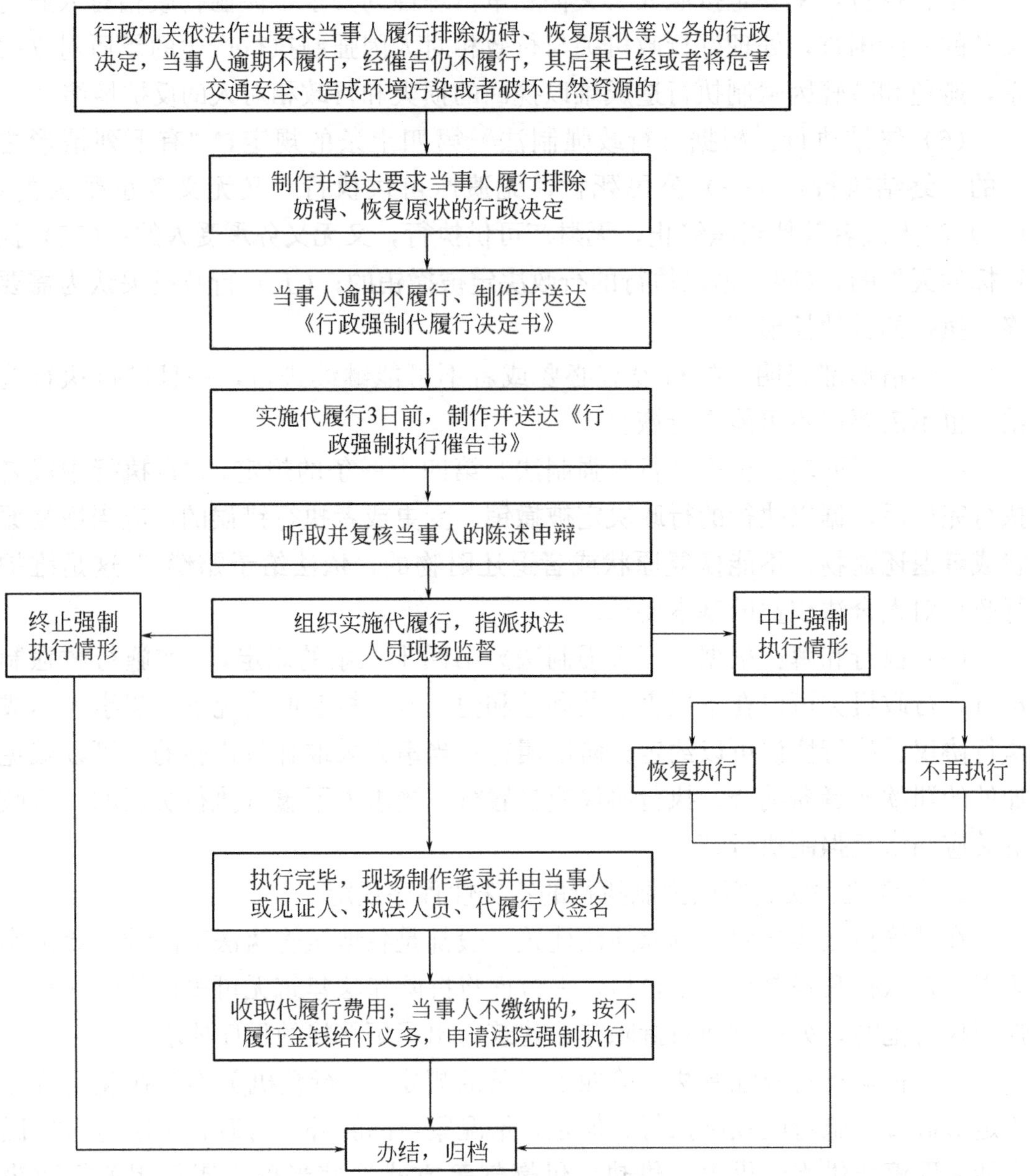

图 3-7　一般代履行流程图

3. 行政机关申请人民法院强制执行的程序规定

没有行政强制执行权的行政机关，对于当事人不履行行政决定的，应当依法申请人民法院强制执行。具体程序、期限如下：

（1）催告前置。根据《行政强制法》第五十四条的规定，**“行政机关申请人民法院强制执行前应当制作催告书送达当事人，催告其履行义务，催告书送达10日后，当事人仍未履行行政处罚决定的，才可以申请人民法院强制执行。”**

要注意这里的人民法院有两种情形，一种是向所在地有管辖权的人民法院申请强制执行，另一种对于执行对象是不动产的，向不动产所在地的人民法院申请强制执行。

（2）申请期限。当事人在法定期限内不申请行政复议或者提起行政诉讼，又不履行行政决定的，没有行政强制执行权的行政机关可以自期限届满之日起3个月内，申请人民法院强制执行。

（3）制作强制执行申请书。强制执行申请书应当由行政机关负责人签名，加盖行政机关的印章，并注明日期，并附下列材料：行政处罚决定书及作出决定的事实理由和依据；当事人意见及催告情况；申请强制执行标的情况；法律法规规定的其他材料。

（4）人民法院审查。按照《行政强制法》第五十六条、第五十七条、第五十八条的规定，人民法院接到行政机关强制执行的申请，应当在5日内受理，人民法院对行政机关强制执行的申请进行书面审查，对符合程序规定的，且行政决定具备法定执行效力的，除特别情况，人民法院应当自受理之日起7日内作出执行裁定。

这里指的特别情形主要是人民法院发现有明显缺乏事实根据的，明显缺乏法律法规依据的，或者其他明显违法并损害被执行人合法权益的，有这些情形的，人民法院应当自受理之日起30日内作出是否执行的裁定，裁定不予执行的应当说明理由，并在5日内将不予执行的裁定送达行政机关。

（5）人民法院裁定。人民法院裁定不予受理强制执行申请或者受理后裁定不予执行的，行政机关对裁定有异议的，可以自收到裁定之日起15日内向上级人民法院申请复议，对裁定无异议或者有异议但经复议维持原裁定的，行政机关应当纠正存在的问题。

申请人民法院强制执行流程图，见图3-8。

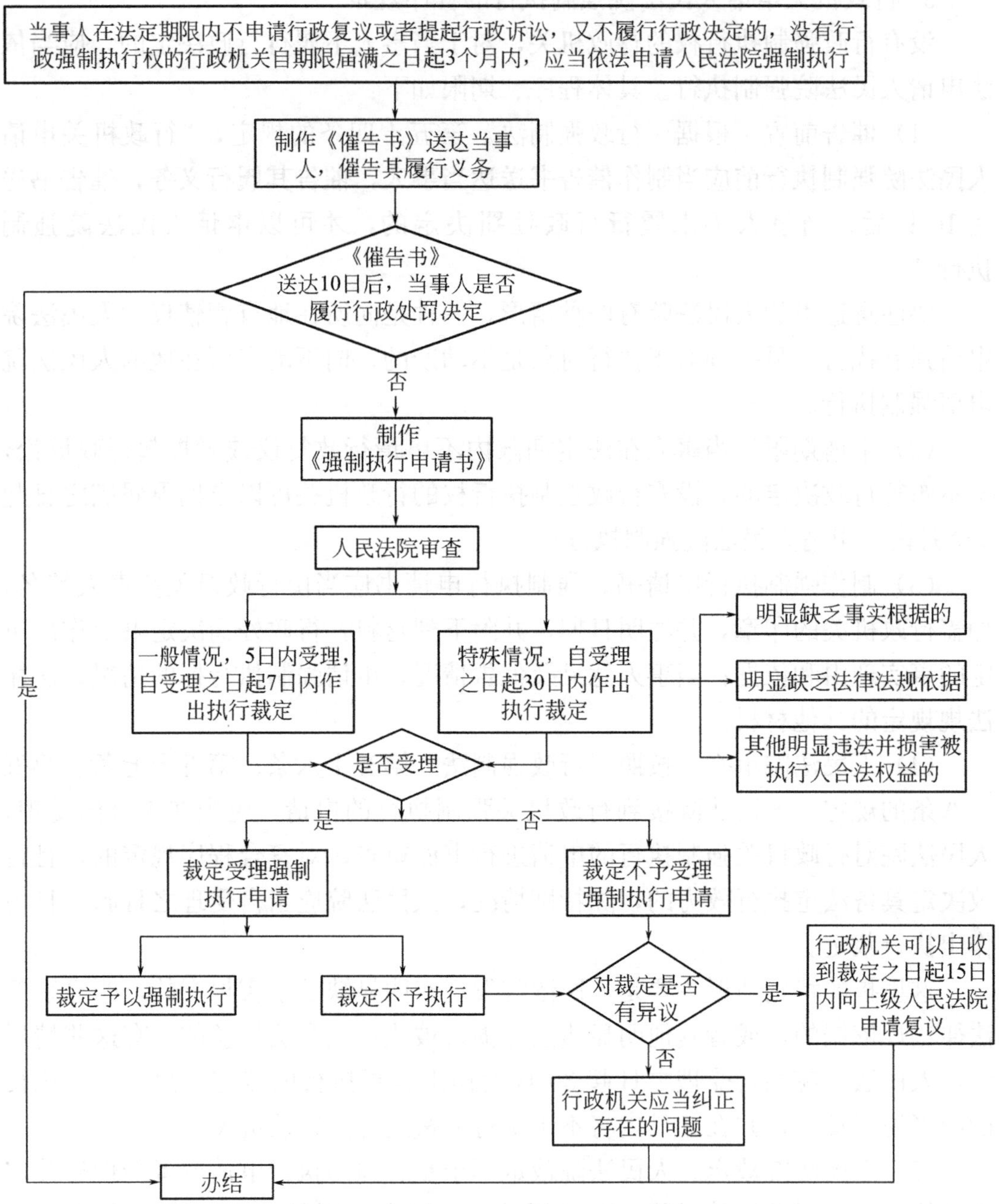
当事人在法定期限内不申请行政复议或者提起行政诉讼，又不履行行政决定的，没有行政强制执行权的行政机关自期限届满之日起3个月内，应当依法申请人民法院强制执行
制作《催告书》送达当事人，催告其履行义务
《催告书》送达10日后，当事人是否履行行政处罚决定
否
是
制作《强制执行申请书》
人民法院审查
一般情况，5日内受理，自受理之日起7日内作出执行裁定
特殊情况，自受理之日起30日内作出执行裁定
明显缺乏事实根据的
明显缺乏法律法规依据
其他明显违法并损害被执行人合法权益的
是否受理
是
否
裁定受理强制执行申请
裁定不予受理强制执行申请
裁定予以强制执行
裁定不予执行
对裁定是否有异议
是
否
行政机关可以自收到裁定之日起15日内向上级人民法院申请复议
行政机关应当纠正存在的问题
办结

图 3-8　申请人民法院强制执行流程图

案例六：正在进行违法建设的认定及查处程序

【基本案情】

摘自：江苏省南通市中级人民法院（2018）苏 06 行终 192 号《行政判决书》

上诉人蒋某某因城管行政强制及行政赔偿一案，不服南通市港闸区人民法院（2017）苏 0611 行初 327 号行政判决，向南通市中院提起上诉。

一审法院查明，被告某区城管局于2017年8月29日、9月29日在南通市悦海名邸5号楼张贴《城市规划管理提示书》，友情提示居住户禁止从事：1.房屋未批先建；2.擅自改变住宅外立面；3.擅自在建筑物楼顶、退层平台、住宅底层院内以及配建的停车场进行建设；4.擅自在设备平台、通风井等部位进行工程建设；5.其他违反城市规划的建设活动。原告蒋某某系南通市悦海名邸5号楼1单元1002室的房屋所有权人。2017年10月4日，蒋某某未经批准，在自家南侧设备平台上安装铝合金窗户。同年10月15日，被告进行现场勘查，发现包括蒋某某在内的81户在设备平台上安装了铝合金窗户。10月31日，被告将蒋某某在设备平台上安装的铝合金窗户予以拆卸。

一审法院认为：在某区城管局未针对蒋某某的行为作出任何责令停止建设或限期拆除行政决定的情况下，行对涉案铝合金窗户进行拆卸，程序违法。

二审法院根据双方当事人的诉辩意见及一审判决的内容，认为本案的争议焦点之一是原审被告某区城管局强制拆除蒋某某封闭的设备平台，程序是否合法。

二审法院认为：对于违法建筑物、构筑物实施强制拆除的程序，《中华人民共和国行政强制法》和《中华人民共和国城乡规划法》分别作出了规定。两者相比而言，行政强制法是程序法和一般法，城乡规划法是实体法和特别法。

《中华人民共和国行政强制法》对行政强制执行程序作了一般性规定，其中，第三十五条至第四十三条对行政机关依法作出行政决定后，实施行政强制执行行为应当履行的程序作出了规定。第四十四条对违法的建筑物、构筑物、设施等强制拆除的程序作了特别规定。由此可见，《中华人民共和国行政强制法》对违法建筑的拆除规定了非常严谨的程序，即行政机关应履行催告、听取陈述申辩、作出强拆决定等程序，实施强制拆除前，还要进行公告，并等待相对人复议、诉讼期限届满后方可实施。

《中华人民共和国城乡规划法》第六十八条规定，“**城乡规划主管部门作出责令停止建设或者限期拆除的决定后，当事人不停止建设或者逾期不拆除的，建设工程所在地县级以上地方人民政府可以责成有关部门采取查封施工现场、强制拆除等措施。**”从“责令停止建设”的规定内容看，该条针对的主要是正在进行中的违法建设行为，因为对于早已完工的历史建筑而言，作出责令停止建设的规定实无意义和必要。作为即时强制的强制拆除，与作为行政强制执行的强制拆除有着明显的不同，一般而言，针对正在进行的违法建设所采取的强制拆除，多为行政强制措施，对已经完成的违法建设采取的强制拆除，则属于行政强制执行。因此，根据特别法优先普通法的法律适用原则，在建建筑的处理应当依照《中华人民共和国城乡规划法》第六十八条的规定，“**对不听制止**

而继续建设的行为要进行及时处理，采取查封施工现场或者强制拆除等即时措施，不受《中华人民共和国行政强制法》规定的强制执行程序的限制。”

二审法院认为，一审判决认定事实清楚，审判程序合法，适用法律正确，应予维持。

【案例评析】

对在建违法建设的处理可以依照《中华人民共和国城乡规划法》第六十八条的规定，不受《中华人民共和国行政强制法》规定的强制执行程序的限制。

正在进行的违法建设之所以应当适用城乡规划法的特别程序予以查处，主要基于以下考虑。首先，依法行政原则是行政行为的基本原则，保障行政权有效行使，提高行政效率亦是依法行政的应有之义。违法建设一直是城市治理中所面临的痼疾，如不及时处理容易造成迅速蔓延的趋势，因此，必须确保拆违程序的便捷、及时、有效。其次，违法建筑具有搭建容易、拆除困难等突出特点，正在进行的违法建设是最好的拆除时机，一旦不能及时拆除，不仅增加行政机关后续拆违工作的难度和成本，行为人投入的人工、材料等费用也将付诸东流。再次，有的违法建筑基于成本较低，长期得不到拆除等原因，容易产生示范效应而竞相效仿，不仅对周围邻居的相邻权造成影响，还可能引发环境污染、滋生安全隐患等情况，如果查处周期过长，势必导致社会公共利益及他人正当权利长期处于受损害、受威胁的状态，这也有悖于行政强制法维护公共利益和社会秩序的立法目的。因此，对于正在进行的违法建设等特定情况，应当强调对其快速处理，以达到尽快遏制或者消除违法建设对社会秩序和公共利益所造成损害的目的。

违法建设是否正在进行，是行政机关直接适用《中华人民共和国城乡规划法》实施强制拆除及时性、必要性的重要标准。在建建筑，一般是指，尚未完工、还不具备居住、使用功能的建筑物、构筑物。实践中，有的建筑物、构筑物成本较低、面积较小、结构简单，数日甚至数小时即可完成，此类建设行为隐蔽性强，周期短，往往未被发现即已竣工。此时，如果仍然拘泥于违法建设“正在进行”的一般标准，则可能导致对此类行为的纵容。因此，行政机关在行为人实施违法建设前，已经通过适当方式提示告知，但行为人拒不听从、坚持完成建设的，或者行政机关在合理时间内即发现了行为人已实施完毕的违法建设行为，均应当视为正在进行的违法建设。换言之，对违法建设“正在进行”的认定，不能仅局限于行政机关实施强制拆除时违法建设行为正在进行，还包括，行为人不听行政机关的劝阻继续实施并完成的建设，以及行政机关在合理时间内发现行为人已经完成的建设。对上述情形，行政机关均可按在建建筑的执法程序，采取强制拆除措施。

综上，判断违法建设是否正在进行，不能仅局限于行政机关实施强制拆除时违法建设行为正在进行，还应当包括行为人不听行政机关劝阻继续实施并完成的建设，以及行政机关在合理时间内发现行为人已经完成的建设。本案中，某区城管局于2017年8月29日、9月29日在南通市悦海名邸5号楼张贴《城市规划管理提示书》，提示居住户，禁止在设备平台、通风井等部位从事违反城市规划的工程建设活动。10月4日，某区城管局发现悦海名邸5号楼的设备平台在统一安装铝合金窗户时，又通过设置条幅、播放宣传语、安排人员定点看守等方式制止违法建设行为，而蒋某某无视城管部门的宣传提示及监管，继续实施违法建设行为，应当以正在进行的违法建设行为视之。对该违法建设行为采取强制拆除措施时，行政机关应当依照《中华人民共和国城乡规划法》第六十八条的规定履行相应程序，即由城乡规划主管部门作出限期拆除的决定，如果当事人逾期不拆除的，由县级以上人民政府责成有关部门直接对当事人的违法建筑实施强制拆除。而某区城管局既未对蒋某某的行为作出书面限期拆除决定，亦未接受南通市某区人民政府的责成，在此情况下，某区城管局直接对蒋某某封闭的设备平台进行拆除，违反法定程序，依法应当确认违法。

第十一条　城市管理执法人员应当依法、全面、客观、公正调查取证。调查取证时，城市管理执法人员不得少于两人。

☞【条文解读】

本条主要是对调查取证行为进行规范。调查取证是指行政执法机关为了查明违法案件的事实真相，向公民、法人或者其他组织进行检查、调查、收集证据等一系列执法活动。是查处行政案件的重要阶段，也是行政处罚程序的重要环节。

一、依法调查取证。依法调查取证是指行政执法人员在调查取证时，必须依照法定的职权、程序、方式、步骤等进行，而不得超越法定职权调查取证或者采取非法的方式获取证据。

1. 案件调查的主体必须合法。即案件调查的主体必须是依法享有案件查处权的行政机关。城市管理执法主体除依据现行法律授权外，应结合《行政处罚法》第三十八条、《中共中央国务院关于深入推进城市执法体制改革改进城市管理工作的指导意见》（中发〔2015〕37号）和《全国人民代表大会常务委员会关于国务院机构改革涉及法律规定的行政机关职责调整问题的决定》（2018年4月27日第十三届全国人民代表大会常务委员会第二次会议通过）的有关规定确定。

（1）《行政处罚法》第十八条规定，“**国务院或者省、自治区、直辖市人民**

政府可以决定一个行政机关行使有关行政机关的行政处罚权。限制人身自由的行政处罚权只能由公安机关和法律规定的其他机关行使。”

(2)《中共中央国务院关于深入推进城市执法体制改革改进城市管理工作的指导意见》(中发〔2015〕37 号) 规定,“……(四) 匡定管理职责。城市管理的主要职责是市政管理、环境管理、交通管理、应急管理和城市规划实施管理等。具体实施范围包括:市政公用设施运行管理、市容环境卫生管理、园林绿化管理等方面的全部工作;市、县政府依法确定的,与城市管理密切相关、需要纳入统一管理的公共空间秩序管理、违法建设治理、环境保护管理、交通管理、应急管理等方面的部分工作。城市管理执法即是在上述领域根据国家法律法规规定履行行政执法权力的行为……(七) 推进综合执法。重点在与群众生产生活密切相关、执法频率高、多头执法扰民问题突出、专业技术要求适宜、与城市管理密切相关且需要集中行使行政处罚权的领域推行综合执法。具体范围是:住房城乡建设领域法律法规规章规定的全部行政处罚权;环境保护管理方面社会生活噪声污染、建筑施工噪声污染、建筑施工扬尘污染、餐饮服务业油烟污染、露天烧烤污染、城市焚烧沥青塑料垃圾等烟尘和恶臭污染、露天焚烧秸秆落叶等烟尘污染、燃放烟花爆竹污染等的行政处罚权;工商管理方面户外公共场所无照经营、违规设置户外广告的行政处罚权;交通管理方面侵占城市道路、违法停放车辆等的行政处罚权;水务管理方面向城市河道倾倒废弃物和垃圾及违规取土、城市河道违法建筑物拆除等的行政处罚权;食品药品监管方面户外公共场所食品销售和餐饮摊点无证经营,以及违法回收贩卖药品等的行政处罚权。城市管理部门可以实施与上述范围内法律法规规定的行政处罚权有关的行政强制措施。到 2017 年年底,实现住房城乡建设领域行政处罚权的集中行使。上述范围以外需要集中行使的具体行政处罚权及相应的行政强制权,由市、县政府报所在省、自治区政府审批,直辖市政府可以自行确定。”

(3)《全国人民代表大会常务委员会关于国务院机构改革涉及法律规定的行政机关职责调整问题的决定》(2018 年 4 月 27 日第十三届全国人民代表大会常务委员会第二次会议通过) 对机构改革涉及法律规定的行政机关职责调整问题作出如下决定:“一、现行法律规定的行政机关职责和工作,《国务院机构改革方案》确定由组建后的行政机关或者划入职责的行政机关承担的,在有关法律规定尚未修改之前,调整适用有关法律规定,由组建后的行政机关或者划入职责的行政机关承担;相关职责尚未调整到位之前,由原承担该职责和工作的行政机关继续承担。地方各级行政机关承担法律规定的职责和工作需要进行调整的,按照上述原则执行。二、法律规定上级行政机关对下级行政机关负有管理监督指导等职责的,上级行政机关职责已调整到位、下级行政机关职责尚未调整到位的，由《国务院机构改革方案》确定承担该职责的上级行政机关履行管理监督指导等职责。”

2. 调查的程序必须符合法律规定。严格遵守《行政处罚法》的法定程序是实现实体公正的前提，如：现场检查（勘验）应当送达《现场检查（勘验）通知书》，证据先行保存应当送达《证据先行保存通知书》《物品清单》，查封违法现场应当送达《查封违法现场决定书》《查封现场清单》《查封现场记录》并张贴封条等，否则程序违法。

3. 调查取得的证据必须符合法律规定的形式。如：现场检查（勘验）应当邀请违法行为人现场见证；违法行为人的陈述应当以书面形式存在，并经核实无误后签名或盖章；遇有不配合调查的情形应当真实记录现场情况等。否则不具有法律效力。

4. 严禁威胁、引诱、欺骗等非法手段收集证据。

5. 调查内容涉及的国家秘密、商业秘密或者个人隐私的，应当予以保密，案卷、证据要严格依法妥善保管。

6. 回避制度。《行政处罚法》第四十三条规定，**“执法人员与案件有直接利害关系或者有其他关系可能影响公正执法的，应当回避。”**所以，在调查取证时，应当告知违法行为人相关回避制度。如果执法人员与案件当事人有直接的利害关系，应当自行回避，违法当事人也有权申请该执法人员予以回避。

二、全面调查取证。全面调查取证是指行政执法人员要从不同的角度去收集能证明案件事实的证据材料，围绕证明对象和基本事实全面收集。既不能遗漏，也不能随意取舍证据材料，应该采取实事求是的科学态度，全面地调查取证并收集证据材料。

三、客观调查取证。客观调查取证是指行政执法人员在调查取证时不能从主观臆断出发，而是要从客观实际情况出发去收集客观存在的证据材料。既不能用主观猜想去代替客观事实，也不能按照主观需要去调查取证，更不能弄虚作假去伪造证据。注意书证、物证、视听资料的真实性和现场检查（勘验）笔录的客观性。

四、公正调查取证。公正调查取证是指行政执法人员调查取证时应本着法律面前人人平等的原则，保持公正的心态，不带个人偏见，排除外界的干扰和压力，既要严格执法，又要保护违法行为人的合法权益。

五、调查取证时，城市管理执法人员不得少于两人。这是依据《行政处罚法》第四十二条规定，**“行政处罚应当由具有行政执法资格的执法人员实施。执法人员不得少于两人，法律另有规定的除外。执法人员应当文明执法，尊重和保护当事人合法权益。”**保证调查取证活动的合法性。

☞【适用说明】

一、城市管理执法调查取证的内容

（一）违法行为人的基本情况。违法行为人可能是公民个人，也可能是法人单位或者其他组织。

1. 公民个人的基本情况包括：姓名、性别、年龄、国籍身份、工作单位、联系方式及号码、家庭住址（含原住址、现住址、原籍住址、暂住址）、家庭情况以及是否具有责任能力和行为能力等。

2. 法人单位或者其他组织的基本情况包括：单位全称、法人姓名、组织机构代码、单位详细地址、联系方式及号码、注册登记手续以及相关法人单位的业务情况等。

3. 基本情况进行调查的目的，是对后续可能需要进行的询问调查、文书送达、行政处罚作准备。对其责任能力和行为能力的调查则与可能存在的法定从轻、减轻以及不予处理的情形有关。

（二）违法行为是否存在。违法行为的真实存在，是立案查处案件的前提，只有调查出违法行为确实存在，才有继续调查的必要。

（三）违法行为是否为行为人实施。违法行为人的存在和违法行为必须有明确的实施关系，才能对违法行为人进行处罚和责任追究。如果违法行为不是违法行为人所实施，不仅不应追究其责任，还应该为其洗脱嫌疑，避免其不应有的罪责追究。

（四）实施违法行为的时间、地点、方式、程度、危害后果以及其他情节。对实施违法行为的时间、地点、方式、程度、危害后果以及其他情节进行调查，是收集违法证据的重要环节，通过一系列证据收集，形成证据链条，构建违法证据体系，明白、清楚、确凿的说明违法事实。

（五）违法行为人有无法定从重、从轻、减轻以及不予处理的情形。对违法行为人有无法定从重、从轻、减轻以及不予处理的情形进行调查，是为了准确、公正处理违法行为人，更好地行使行政处罚自由裁量权，保障违法行为人的合法权益。

（六）与案件有关的其他事实。调查与案件有关的其他事实主要有二方面现实意义：一是客观、全面地查清案件事实，准确、公正处理违法行为人，保障违法行为人以及其他与案件有关人员的合法权益；二是城市管理综合执法范围广、责任重，往往一个违法案件涉嫌违反多部法律法规，需要在依法查处的前提下，向有关部门移送查处。

二、城市管理执法案件的证据种类

根据《行政处罚法》《城市管理执法办法》的规定，城市管理行政案件的证据种类有：

1. 书证。书证是指以文字、符号、数字、图表等记载的内容来证明案件真实情况的一切物品。在城管执法中的书证包括：书面文件以及其他物品。城管执法中常见书证有：举报件、交办函、合同、账册、票据、证照原件或复印件（影印件、照片）、图纸、申请、批复、文件、生产（经营）记录、会议记录等。

2. 物证。物证是指以其存在状况、形状、特征、质量等物理属性等反映案件情况的物品和痕迹。在城管执法中的物证主要包括：违法工具（器具、设备）、建筑物、构筑物、建筑垃圾、生活垃圾、生产设备、经营场所及物品、标志标牌、管道设施、园林绿化设施、市政设施及其他公共设施等。

3. 视听资料、电子证据。视听资料是指以录音、照片、录像等证明案件事实的声音图像材料；电子数据，是指用电脑、U盘、硬盘等数据采集（储存）设备储存的，用来证明案件事实的各种数字、图像、文字等数据。在城管执法中的视听资料、电子证据主要包括：现场检查（勘验）视频、案件现场照片、施工（经营）活动视频、谈话（电话）录音、储存在数据收集设备（数据收集工作平台、数据库、U盘、光碟、原始录音设备）资料、传真资料、电子邮件等。

4. 证人证言。证人证言是指除案件当事人以外的其他人员就了解的案件情况向城管执法机关所作的案件情况陈述。如，附近居民的陈述、社区工作人员的陈述等。

5. 受害人的陈述。受害人的陈述，是指其合法权益受到违法行为直接侵害的人就其案件情况向城管执法机关所作的陈述。如，受害人举报记录、受害人询问笔录等。

6. 违法行为人的陈述和申辩。违法行为人的陈述和申辩是指在办案过程中，违法行为人向城管执法机关所作的有关案件事实的陈述和辩解。如，当事人的陈述申辩意见、当事人的听证会意见等。

7. 鉴定、检测结论。鉴定、检测结论是指具有鉴定、检测资质的机构运用自己的专业知识，利用专门的技术、设备和材料，并依据法定的程序，对案件中需要解决专业性、专门性问题所作的具有结论性的意见。如，违法建设认定意见、环境监测报告、水质检测报告、财产损失鉴定（评估）、房屋危险性鉴定等。

8. 检查、勘验笔录。检查、勘验笔录是指城管执法人员对案发现场或遗留有痕迹的现场进行就地检查、测量、测算、勘查所作的实况记录。如，现场检查记录、现场勘验笔录等。

9. 自动监控数据。自动监控数据是指自动监控摄像头及其他自动感应设备等计算机系统运行过程中产生的反映案件情况的电子数据。如，交通监控数据、污染源自动监控数据等。

三、调查取证重点环节的规范要求

（一）询问调查

询问调查是指城管执法人员就案件事实对违法行为人进行询问和陈述。

1. 及时询问。为了及时查清违法事实，应当及时通知违法行为人在指定时间到达指定地点，立即进行询问。即使当事人不配合询问，其送达的《接受询问调查通知书》或者因当事人询问中途离场而未完成的询问笔录，也是当事人不配合调查取证工作的证据之一。

2. 询问人数。在询问时，应当由2名城管执法人员询问，不能单独由1名城管执法人员进行询问。有利于互相监督、依法询问，防止非法询问及其诬告，有利于保护城管执法人员和被询问人的合法权益，防止意外发生。

3. 询问聋哑的违法行为人、被侵害人或者其他证人，应当有通晓手语的人提供帮助，并在笔录上注明。

4. 询问不满16周岁的违法行为人，应当通知其父母或者其他监护人到场。其他监护人是指：(1) 近亲属：祖父母外祖父母、兄姐；(2) 近亲属以外的关系密切的其他亲属愿意承担监护责任，经未成年人的父、母所在单位或者未成年人住所地的居民委员会、村民委员会同意的有监护能力的人；(3) 是没有上述监护人的，由未成年人的父、母所在单位或者未成年人住所地的居民委员会、村民委员会或者民政部门担任监护人。

5. 询问不通晓当地通用的语言文字的违法行为人、被侵害人或者其他证人，应当配备翻译人员，并在笔录上注明。

6. 询问笔录的制作要求。

(1) 询问笔录的内容要求。①题目。这部分应注明“询问笔录”。②记录询问基本情况的内容。包括询问开始和结束时间，询问人、记录人、被询问人的基本情况。③记录案件事实的内容。包括违法行为是否存在，违法行为是否为违法人实施，实施违法行为的时间、地点、手段、后果以及其他情节，违法行为人有无法定从重、从轻、减轻以及不予处理的情形，与案件有关的其他事实等案件事实情况。

(2) 制作询问笔录的法律程序要求。询问前告知被询问人事由、询问人姓名、职务、执法证号、申请回避制度和法律责任。询问结束前，应当告知被询问人“还有什么需要补充陈述的”。询问结束后，询问笔录应当交被询问人核对；对没有阅读能力的，应当向其宣读。记载有遗漏或者差错的，被询问人可以提出补充或者更正，并在更正、修改处签字或按指纹确认。被询问人确认笔录无误后，应当记录“上述记录与我所讲相符”或“上述记录内容已经向我宣读，与我所讲一致”并签名或者盖章或者按指纹确认。被询问人应当在询问起止时间和询问笔录页码逐页签名或者盖章或者按指纹确认，询问人、记录人也要分别签名，并注明时间。不配合签名确认的，需要在询问笔录上注明情况，可与询问全过程的视频资料相互验证，留存备案。

(3) 被询问人自行提供书面材料的要求。被询问人要求就被询问事项自行提供书面材料的，应当准许。必要时，城管执法人员可以要求被询问人自行书写。所谓“必要时”是指：1）根据被询问人的情况，自行书写材料更能正确表达被询问人的真实意思和案情的真实情况，不让其自行书写不利于查明案情；2）被询问人口齿不清，难以准确表达所要讲的意思的，因为方言障碍，记录人员不能准确了解和记录的。自行书写材料的，被询问人应当在所提供的书面材料上签名或者盖章或者或按指纹。

(4) 询问全过程应当音像记录。

(二) 现场检查、勘验

1. 检查、勘验的主体。《城市管理执法办法》第二十七条规定，“城市管理执法人员开展执法活动，可以依法采取以下措施：(一) 以勘验、拍照、录音、摄像等方式进行现场取证；(二) 在现场设置警示标志；(三) 询问案件当事人、证人等；(四) 查阅、调取、复制有关文件资料等；(五) 法律、法规规定的其他措施。”

2. 检查、勘验的范围。《城市管理执法办法》第八条规定，“城市管理执法的行政处罚权范围依照法律法规和国务院有关规定确定，包括住房城乡建设领域法律法规规章规定的行政处罚权，以及环境保护管理、工商管理、交通管理、水务管理、食品药品监管方面与城市管理相关部分的行政处罚权。”

3. 检查、勘验的基本要求。

(1) 人数要求。城管执法人员不得少于2人，这是要求城管执法人员不得单独对与违法行为有关的场所、物品进行检查、勘验。这样规定，有利于依法进行检查、勘验工作，执法人员互相监督，防止栽赃陷害等非法行为；也可以防止一些与案件有关人员诬告执法人员；还可以防止与案情有关人员进行报复，防止意外发生。

(2) 法律程序要求。1）应当出示执法证件。2）应当告知检查、勘验事项、事由和回避制度。3）应当邀请当事人见证。4）应当制作检查记录、勘验笔录。5）应当全过程视频记录。

（3）检查、勘验的内容。主要有检查、勘验的事项、时间、地点、经过、结果。检查、勘验笔录需要由双方当事人签名或盖章。

（三）鉴定、检测

城管执法人员在办案中遇到需要鉴定、检测的，应当报请城管执法机构委托具有资质的机构进行。

1. 城管执法机构应当向有资质的鉴定、检测机构出具书面鉴定协助函或检测委托书。

2. 鉴定、检测后，鉴定、检测机构应当出具书面结论意见并签名、盖章。

3. 鉴定、检测意见应当以复印件或者其他书面形式送达被鉴定、检测单位或个人。

【相关案例】

【基本案情】

某市城市管理综合执法局集中行使该市住建领域行政处罚权。接群众举报：某幕墙工程有限公司正在施工的某商住楼建筑外墙面工程的保温材料不符合设计要求。某市城市管理综合执法局某执法大队进行了执法检查，并对使用的聚苯乙烯泡沫塑料板现场抽样送某检测资质单位检测。经检测，该材料传热系数和密度均未达到设计文件要求。经调查取证，某幕墙工程有限公司未对进入施工现场的建筑外墙面材料进行查验，并继续使用不符合施工图设计文件要求的材料，其施工行为违反了《民用建筑节能条例》第十六条规定。某市城市管理综合执法局依据《民用建筑节能条例》第四十一条第二款的规定，责令施工单位立即改正，处10万元罚款。

【案件经过】

2018年4月9日，某市城市管理综合执法局接群众举报：某幕墙工程有限公司正在施工的某商住楼建筑外墙面工程的保温材料不符合设计要求。某市城市管理综合执法局指派某执法大队执法人员开展调查工作。

1. 根据案件线索执法人员赶赴现场，首先联系某幕墙工程有限公司法人，通知现场检查。执法人员出示执法证，告知了检查事由，送达了《施工现场检查通知书》。检查营业执照、资质证书和标书合同，用以认定违法主体和施工单位是否存在无资质或超资质施工行为。

2. 检查该工程施工许可手续、工程设计图纸及建筑节能具体要求、保温材料进场有关资料。了解该工程外墙保温做法和设计要求。

3. 对某幕墙工程有限公司法人进行询问，了解聚苯乙烯泡沫塑料板生产供应厂家、材料供应合同、有关数据指标、进场时间、数量、批次和已使用量和库存量，以及具体施工部位、施工时间、工程进度和材料进场是否检测等。制作调查询问笔录，固定该批次保温材料已施工部位，为抽取保温材料检测做准备。

4. 制作《建筑材料检测通知书》《建筑材料抽检样品清单》，邀请某幕墙工程有限公司法人现场见证并抽检（按照检测有关要求和规定，抽取现场库存聚苯乙烯泡沫塑料板和已上墙聚苯乙烯泡沫塑料板各三组），填写有关执法检查记录，制作《现场检查记录》。现场拍照、封存抽检样品，执法记录仪全程记录。

5. 某市城市管理综合执法局向某检测技术有限公司出具《建筑材料检测委托书》，执法人员将封存的抽检样品送某检测技术有限公司检测，送检过程拍照留存。经某检测技术有限公司检测，该材料传热系数和密度均未达到设计文件要求。某检测技术有限公司出具检测报告。

6. 某市城市管理综合执法局根据某幕墙工程有限公司涉嫌使用不符合设计文件要求的保温材料的行为，首先书面告知检测意见和当事人相关权利、义务；然后再次询问某幕墙工程有限公司法人并制作询问笔录，固定了施工中使用的聚苯乙烯泡沫塑料板传热系数和密度不符合设计文件要求和材料进场未进行查验的违法事实。

7. 城管执法人员向某幕墙工程有限公司送达《限期改正通知书》，要求材料退场、拆除已经施工建筑的外墙面保温材料。

8. 鉴于某幕墙工程有限公司首次违法、能配合调查且主动改正的情节，某市城市管理综合执法局依据《民用建筑节能条例》第四十一条第二款和《某省住房城乡建设系统行政处罚自由裁量权适用规则》的规定，拟处罚10万元，履行了行政处罚听证告知程序。

9. 某幕墙工程有限公司主动改正违法行为，放弃了听证权利并缴纳了罚款。

10. 举报案件办理情况反馈举报人。

【案件评析】

调查取证是依法办案的重点，也是难点。某市城市管理综合执法局执法人员在调查取证工作中有以下方面值得学习：

1. 执法人员对某幕墙工程有限公司开展检查活动，出具《施工现场检查通知书》，制作《现场检查记录》，依法行使城管执法人员的检查职责。

2. 执法人员在开展执法检查中，发挥了扎实的专业优势，带着“案情观念”对举报涉嫌案件的相关要素做了充分的问询和记录，并现场签字确认。比如，检查营业执照、资质证书和标书合同，用以认定违法主体以及是否存在无资质或超资质范围施工行为；检查该工程施工许可手续、工程设计图纸及建筑节能具体要求、保温材料进场有关资料等，用以了解该工程外墙保温做法和设计要求。摸排案件线索，为查清案件奠定了基础。

3. 执法人员邀请当事人现场见证执法检查全过程，对涉嫌违法的建筑材料及时抽检封存，防止了隐瞒、隐藏，为查清案件创造了条件。

4. 某市城市管理综合执法局向检测单位出具委托书，检测单位出具检测结论，保证了抽样检测报告的真实性和合法性。

5. 执法人员用执法记录仪对办案各个环节进行了全过程记录，保证了执法行为的公正性。

6. 正是通过上述相关疑点的专业性、系统性调查取证，才顺利建立了完整的证据体系，规避了办案的弯路和阻力，提高了办案效率。

第十二条　城市管理执法人员应当依法实施证据先行登记保存或查封场所设施、扣押财物。

对先行登记保存或扣押的财物，城市管理执法人员应当妥善保管，不得使用、截留、损毁或者擅自处置。

☞**【条文解读】**

本条是实施证据先行登记保存或查封场所设施、扣押财物行为的规范性条款，强调依法组织实施和妥善保管财物。

一、依法实施证据先行登记保存或查封场所设施、扣押财物。

（一）证据先行登记保存或查封场所设施、扣押财物的实施，必须在法定职权范围内。

1. 证据先行登记保存是的一项证据保全措施。《行政处罚法》第五十六条规定，“**行政机关在收集证据时，可以采取抽样取证的方法；在证据可能灭失或者以后难以取得的情况下，经行政机关负责人批准，可以先行登记保存，并应当在七日内及时作出处理决定，在此期间，当事人或者有关人员不得销毁或者转移证据。**”

2. 查封场所设施、扣押财物都是一种行政强制措施。查封场所设施是对场所、财产所有人的动产或不动产贴上封条，不允许任何机关和个人使用和处分，以防止转移隐匿或毁损丢失，以待进一步查处的措施；扣押财物是行政机关强制扣押当事人财物，限制其占有和处分的措施。《行政强制法》第十七条规定，“**行政强制措施由法律、法规规定的行政机关在法定职权范围内实施。行政强制措施权不得委托。**”依据《行政处罚法》第十八条规定，“**限制人身自由的行政处罚权只能由公安机关和法律规定的其他机关行使。**”《城市管理执法办法》第十条规定，“**城市管理执法主管部门依法相对集中行使行政处罚权的，可以实施法律法规规定的与行政处罚权相关的行政强制措施。**”

因此，城市管理执法人员依法实施证据先行登记保存或查封场所设施、扣押财物时，应当依据《行政强制法》《行政处罚法》和《城市管理执法办法》的相关规定，在法定职权范围内由城市管理执法人员行使，且出具城市管理执法机关的执法文书。

（二）证据先行登记保存或查封场所设施、扣押财物的实施，必须遵守法定程序。

1. 证据先行登记保存的程序要求

《行政处罚法》未对证据先行登记保存的程序作具体规定，在城市管理执法实践中出现了很多问题。为了规范实施证据先行登记保存行为，充分保障当事人的合法权益，保证证据先行登记保存的顺利开展，需要按照一定的程序组织实施：(1) 实施前须向行政机关负责人报告并经批准；(2) 由两名以上行政执法人员实施；(3) 出示执法身份证件；(4) 通知当事人到场；(5) 当场向当事人送达《证据先行登记保存通知书》，告知证据先行登记保存的理由、依据、处理期限、法律责任、保存的地点和联系人；(6) 听取当事人的陈述和申辩；(7) 制作《证据先行登记保存物品清单》并张贴封条，由当事人和行政执法人员签名或者盖章，当事人拒绝的，在笔录中予以注明；(8) 当事人不到场的，邀请见证人到场，由见证人和行政执法人员在现场记录上签名或者盖章；(9) 执法全过程记录。

2. 查封场所设施、扣押财物的程序要求

《行政强制法》对查封、扣押措施作了专门规定，《行政强制法》第十八条规定，“**（一）实施前须向行政机关负责人报告并经批准；（二）由两名以上行政执法人员实施；（三）出示执法身份证件；（四）通知当事人到场；（五）当场送达查封场所设施、扣押财物决定书，告知当事人采取行政强制措施的理由、依据以及当事人依法享有的权利、救济途径；（六）听取当事人的陈述、申辩并记录；（七）对查封场所设施、扣押财物制作清单并张贴封条；（八）制作现场记录，由当事人和行政执法人员签名或者盖章，当事人拒绝的，在现场记录中予以注明；（九）当事人不到场的，邀请见证人到场，由见证人和行政执法人员在现场记录上签名或者盖章；（十）法律、法规规定的其他程序。**”如《城乡规划法》第六十八条规定，有关部门采取查封施工现场措施必须依据县级以上人民政府的责成。另外，根据《国务院办公厅关于印发推行行政执法公示制度执法全过程记录制度重大执法决定法制审核制度试点工作方案的通知》（国办发〔2017〕14号），在查封场所设施、扣押财物时，应执法全过程记录。

（三）证据先行登记保存或查封场所设施、扣押财物，必须在法定期限内处理。

1. 证据先行登记保存或查封场所设施、扣押财物的法定处理期限。

(1) 证据先行登记保存法定处理期限:《行政处罚法》第五十六条规定,**“行政机关在收集证据时,可以采取抽样取证的方法;在证据可能灭失或者以后难以取得的情况下,经行政机关负责人批准,可以先行登记保存,并应当在七日内及时作出处理决定,在此期间,当事人或者有关人员不得销毁或者转移证据。”**

(2) 查封场所设施、扣押财物的法定处理期限:《行政强制法》第二十五条规定,**“查封、扣押的期限不得超过30日;情况复杂的,经行政机关负责人批准,可以延长,但是延长期限不得超过30日。法律、行政法规另有规定的除外。”** 查封、扣押的期限不包括检测、检验、检疫或者技术鉴定的期间。查封、扣押的期限是指自然日,既包括工作日,也包括休息日,但不包括国家规定的法定节假日。

2. 证据先行登记保存和查封、扣押财物的保管费用。

一般情况下,证据先行登记保存和查封、扣押财物保管费用属于行政管理支出费用,由行政机关承担,法律规定由当事人承担的除外。

3. 证据先行登记保存和查封、扣押的处理。

解除登记保存、查封、扣押的,应当立即退还财物或解除查封;经书面通知,当事人不在规定时间内领取返还财物的,可以书面催告返还;仍然不领取返还财物的,公告拍卖;对已依法拍卖或者变卖的,依法退回拍卖、变卖所得。

二、对证据先行登记保存或扣押的财物,城市管理执法人员应当妥善保管,不得使用、截留、损毁或者擅自处置。

《行政处罚法》第五十六条规定,证据先行登记保存期间,当事人或者有关人员不得销毁或者转移证据。第八十一条规定,**“行政机关违法实行检查措施或者执行措施,给公民人身或者财产造成损害、给法人或者其他组织造成损失的,应当依法予以赔偿,对直接负责的主管人员和其他直接责任人员依法给予行政处分;情节严重构成犯罪的,依法追究刑事责任。”**《行政强制法》第二十六条规定,**“对查封、扣押的场所、设施或者财物,行政机关应当妥善保管,不得使用或者损毁;造成损失的,应当承担赔偿责任。对查封的场所、设施或者财物,行政机关可以委托第三人保管,第三人不得损毁或者擅自转移、处置。因第三人的原因造成的损失,行政机关先行赔付后,有权向第三人追偿。”**

☞【适用说明】

一、证据先行登记保存与查封场所设施、扣押财物的区别

（一）证据先行登记保存的主体只要具有行政处罚权机关或法律法规授权的组织即可，查封场所设施、扣押财物则需法律、法规明确的授权。

（二）证据先行登记保存保存的对象只要涉案即可，查封场所设施、扣押财物的对象仅限于法律、法规的规定范围。

（三）证据先行登记保存是对涉案证据进行保存的取证方式，是行政处罚程序中的一个环节，不是独立的具体行政行为；查封场所设施、扣押财物是对财物、设施设备采取暂时控制性措施，是具体行政行为。

（四）证据先行登记保存的期限 7 日，且不得延长；查封场所设施、扣押财物的期限 30 日，可以延长 30 日。

（五）查封场所设施、扣押财物比证据先行登记保存程序严格，要告知事实理由、依据、听取陈述申辩、告知复议诉讼权利及其法律救济途径；证据先行登记保存不是具体的行政行为，可告知事实理由、依据、听取陈述申辩、不需要告知法律救济途径，其复议、诉讼权利随行政处理决定行使。

二、查封场所设施和扣押财物的区别

（一）查封场所设施主要是对不动产或其他不便移动的财产，以加贴封条的方式限制当事人对财产的移动和使用。扣押财物是城管执法部门强制留置当事人的财物，解除当事人对财物的占有，限制其对财物的占有和处分的行政强制措施。

（二）扣押财物是把被扣押物品进行必要的物理转移，查封场所设施是原地封存，不移动被查封的对象。

（三）扣押财物的对象只能是财物，查封场所设施的对象可以是财物，还包括场所和设备设施。

三、证据先行登记保存的注意事项

实施证据先行保存时，除遵守程序和处理期限的规定要求外，还需要注意以下问题：

（一）证据先行登记保存是获取证据的一个重要途径，是在证据可能灭失或者以后难以取得的情况下，收集证据的一种手段。不能将证据先行登记保存视为对相关物品的没收，也不能等同对相关物品的查封和扣押。

（二）证据先行登记保存的物品在处理期限内，依法作出没收决定的，应

当书面告知当事人，并及时履行行政处罚程序；对依法不需要没收的，应当解除“证据先行登记保存”，依法制作《解除证据先行保存通知书》《返还物品清单》送达当事人；《解除证据先行保存通知书》送达当事人后，当事人不认领证据先行登记保存的物品的，城市管理执法机关可暂时代为保管并催告；经催告当事人仍不认领的，可公告拍卖，拍卖所得专户存储，上交国库。

（三）证据先行登记保存的实施必须具备以下要件：1. 必须是在特殊、紧急情况下实施；2. 需经行政机关负责人批准，不能随意滥用。

（四）证据先行登记保存必须规范，应当制作《证据先行登记保存证据通知书》《证据先行登记保存证据清单》、张贴用于妥善保存物品的封条和执法全过程记录。制作证据先行登记保存清单时，不能漏填证据清单项目，比如证据名称、规格型号、产地、品级、单位、价格、数量等。也不能使用模糊不准确的计量单位，比如一桶、一箱等进行标记。

（五）证据先行登记保存的物品作为证明案件真实情况的证据，必须与违法行为有直接的必然联系，不能扩大先行登记证据的范围。

（六）对不宜保存的物品，主要指易溶、易腐等不便长时间保管的物品，应当采取拍照、录像、绘图等方法把证据保存下来，不应证据先行登记保存。

（七）证据先行登记保存的物品不得要求当事人承担保管费用。返还时，制作并送达《证据先行登记保存物品返还通知书》和《返还物品清单》，由当事人双方签字确认。

四、查封场所设施、扣押财物的注意事项

实施查封场所设施、扣押财物时，除遵守程序和处理期限的规定要求外，还需要注意以下问题：

（一）查封场所设施是将场所设施封闭起来，封存在原地，粘贴封条，保持物品原有的状态，任何人不得转移、损毁。扣押财物是将涉案财物扣留封存，由执法机关选择合适的地方存放，对扣押的财物负责。《治安处罚法》第六十条第（一）项规定，隐藏、转移、变卖或者损毁行政执法机关依法扣押、查封、冻结的财物的，处5日以上10日以下拘留，并处200元以上500元以下罚款。

（二）查封场所设施、扣押财物是行政强制措施，强制权不得委托。

（三）不得查封、扣押与违法行为无关的场所、设施或财物。

（四）不得查封、扣押公民个人及其所抚养家属的生活必需品。

（五）不得重复查封和要求当事人承担费用。

（六）采取查封场所设施、扣押财物措施时，应当依法送达《查封场所设

施、扣押财物决定书》《查封、扣押财物（物品）清单》和《查封场所设施、扣押财物现场记录》，需详细登记以下内容：1. 当事人的姓名或者名称、地址；2. 查封、扣押的理由、依据和期限；3. 查封、扣押场所、设施或者财物的名称、数量等；4. 申请行政复议或者提起行政诉讼的途径和期限；5. 行政机关的名称、印章和日期。

（七）对需要进行技术鉴定、检测的，应当依法履行程序并书面告知当事人，再送检验、鉴定部门进行科学鉴别或判断，查封、扣押的期间不包括检测、检验、检疫或者技术鉴定的期间；对依法应予没收的财物，应当在查封、扣押法定期限内，依法履行行政处罚程序并书面告知当事人，予以没收；对查封场所设施、扣押财物应依法移送其他有关部门处理的，应及时移送并书面告知当事人。

（八）查封场所设施、扣押财物在规定期限内作出处理决定的，应当及时解除查封、扣押措施，制作并送达《解除查封场所设施、扣押财物决定书》和《解除查封场所设施、扣押财物清单》。逾期未作出处理决定的，视为解除查封场所设施、扣押财物；对当事人造成损失的，行政机关承担赔偿及其相应的法律责任。

五、证据先行登记保存或查封场所设施、扣押财物的组织实施操作规程

证据先行登记保存或查封场所设施、扣押财物组织实施中，会遇到相对人配合和不配合的两种情况。在相对人配合的情况下，执法人员可以依法、按程序顺利实施。但因城管执法大都是“街面执法”，这种配合情况的发生概率较低，且这种理想状态是无法百分之百的准确预测。因此，执法人员在证据先行登记保存或查封场所设施、扣押财物的组织实施时，除了遵守法定程序外，还必须带着“案情发展的观念”，按照操作规程开展工作。

（一）研究决策

巡查班（组）向基层执法单位提出证据先行登记保存或查封场所设施、扣押财物的请求，基层执法单位对巡查班（组）提供的信息采集、行政指导性资料、视频音像记录和相关执法文书（如：责令限期改正违法行为通知书、现场核查记录等）、案情及当事人情况进行核实（可用格式化表格形式表述），根据具体情况快速决策。

（二）汇报备案

基层执法单位决策后，应及时向主管行政机关领导进行汇报并取得支持。主管行政机关领导作出同意执行的明确意见后，应指派公安部门派驻城管的治

安中队（大队或支队）给予执法保障。没有派驻公安警力的，主管行政机关领导应协调公安部门给予执法保障。基层执法单位主动与公安保障单位进行沟通，分析案情，统一思想，确定保障方式（随行保障或异地保障），做好准备。

（三）制定预案

基层执法单位根据相对人的基本情况、现场周边环境特点和公安保障方式制定预案。预案主要由以下内容：

1. 确定位置、地形特点：通过现场查看或现场图片、影像分析。

2. 确定拟强制标的物。

3. 根据评估的重要危险人或物，确定安全防控人员：以有效防控侵害为标准。

4. 选定现场强制执行人员：根据强制标的物的大小、规模而定。

5. 选定全程摄像人员：采取远、近距离的双摄像，即：选定一名远距离执法全过程记录人员，其他各小组配备的执法记录仪随身携带使用，保证现场执法全过程记录的全面和完整。

6. 选定现场秩序维护人员：根据现场状况预设范围，布置执法力量。

7. 确定文书制作、送达人员。

8. 确定现场宣传、安抚人员。

9. 确定车辆安排：除物品运输车辆外，现场不停留其他车辆；完成标的物的强制措施或证据保全措施后，物品运输车辆先行驶离现场。

10. 确定暴力抗法或其他突发事件的报警和处置方式。

（四）部署、动员

1. 统一部署，分组准备。

2. 集合整队，检查装备。

3. 强调特别需要注意的事项和工作纪律。

4. 鼓动词。

5. 下达行动命令。

（五）执行

1. 整队到达现场，各小组人员迅速展开，准确到达指定位置。

2. 指挥员下达执行命令。

3. 执行程序：各小组打开执法记录仪──→专职摄录人员进入最佳位置──→宣教、文书送达人员先行接触相对人──→安全防范组人员隔离执法对象和强制标的物，控制或转移危险品──→现场秩序维护人员设置安全执法区域（用安全警示带框定范围）──→强制执行人员现场劝离无关人员──→现场指挥员下达“强制执行”的命令──→强制执行人员对标的物开始执行（含现场封条、填写标的物清单）——→运输车辆及时驶离现场——→宣教人员对执法对象进行全程劝导（告知配合执法和抗法行为后果、稳定当事人情绪）。

4. 抗法情况处置：如果发生抗法行为，按照预案，根据现场情况，审时度势，灵活机动，及时控制侵害并报警或停止强制并报警，果断处置。

（六）撤离（清理）现场

1. 检查和清理现场，疏导围观群众。

2. 撤离次序：强制措施执行人员——→现场秩序维护人员——→安全防控人员——→文书书制作、宣教人员——→摄像人员和现场指挥员。

3. 整队带回。

（七）善后处理

要按照《行政处罚法》《行政强制法》的规定处理证据先行登记保存物品或查封场所设施、扣押财物，并依法处理。及时宣传报道，树立“反面典型”，形成威慑。涉及暴力抗法的，要主动向公安部门提供现场证据，跟踪处理结果，主动开展舆论宣传工作，应对舆情。有涉嫌污蔑、造谣的，应公开执法过程及视频，追究法律责任。

（八）总结经验、教训

回放现场执法视频，认真查摆问题，总结执法经验，加强协同训练，提高实践能力。

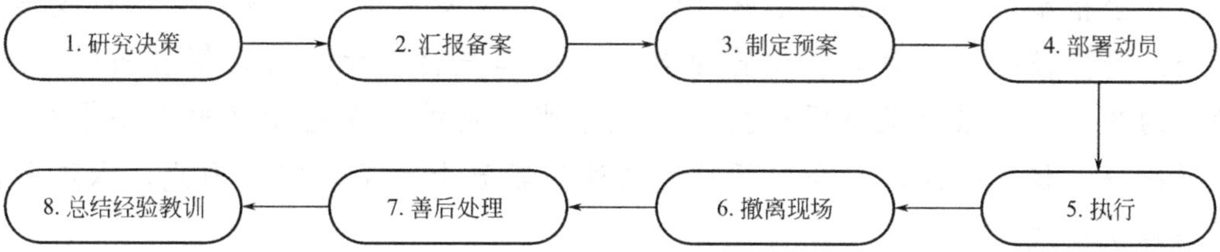

证据先行登记保存、查封场所设施、扣押财物组织实施流程图

【相关案例】

案例一：违法处置建筑垃圾证据先行登记保存案例

【基本案情】

某县城市管理综合执法局查处一起违法处置建筑垃圾案时，将违法相对人的无牌照自卸车作为证据进行先行登记保存，7 日内处理并返还后，违法相对人张某以某县城市管理综合执法局扣留无牌自卸车无正当理由，“证据先行登记保存”行为属变相扣押车辆，向某县人民法院提起行政诉讼，要求某县城市管理综合执法局退还罚款和赔偿扣押自卸车期间的经济损失。某县人民法院驳回原告诉讼请求。

【案件经过】

2018年10月，某县城市管理综合执法局接到举报，有人正在沿城郊某河堤弃放建筑垃圾。接报后，城管执法大队执法人员立即赶赴现场，发现违法相对人张某正在驾驶无牌照自卸车倾倒建筑垃圾。执法人员立即制止，并随即立案调查。在违法相对人见证下，执法人员勘测违法现场，计违法倾倒建筑垃圾230立方米。现场制作了《现场勘验笔录》并对案件现场拍照、录像，当事人未能出示任何建筑垃圾处置证件。因弃置建筑垃圾车辆无牌照，为防止事后逃逸，确保证据的完整性，经请示局领导批准，根据《行政处罚法》第五十六条规定，"决定对无牌照自卸车作为证据先行登记异地保存。当场执法人员制作了《证据先行保存通知书》和《证据先行保存物品清单》，要求当事人7日内到指定地点接受处理。"

当事人接受处理后，于2018年11月以"证据先行登记保存"措施为变相扣押为由，向某县人民法院提起行政诉讼，要求某县城市管理综合执法局退还罚款和赔偿扣押自卸车期间的经济损失。

某县人民法院受理立案后，对该案件作出如下裁定：根据《行政处罚法》第五十六条规定，"证据登记保存是指在证据可能灭失或者难以取得的情况下采取的措施。"本案涉案的无牌照自卸车，作为原告处置建筑垃圾的工具，没有在车辆管理系统注册登记，也没有特殊、特定的其他特征，如果不及时采取证据保全措施，事后容易发生原告或者第三人变更可能，影响被告的行政案件调查结论。被告及时对原告无牌照自卸车证据先行登记保存，符合当时紧急、特殊的情况，遂采取证据保全措施并无不当。且被告在行使证据保全措施时，依据充分、程序合法，符合《行政处罚法》第五十六条规定。因此，本院驳回原告诉讼请求。

【案件评析】

该案的焦点是"证据先行登记保存"违法工具是否合法。一种观点认为，某县人民法院裁定正确。另一种观点认为，涉案车辆不是易毁灭的物品，不存在证据可能灭失难以取得的情况，不应构成证据保全对象，应确认其证据先行登记保存行为违法。但本案，原告的自卸车具有"无牌照"情形，存在事后取证不确定的因素，可以视为"可能灭失或者难以取得"的紧急情况，所以，某县人民法院的裁定是正确的。

案例二：违法建设施工现场查封案例

【基本案情】

某县城市管理综合执法局执法人员巡查发现张某正在违法建设，送达《责令停止违法建设通知书》后，当事人未停止建设，县人民政府责成某城市管理综合执法局查封施工现场。查封后，违法当事人擅自撕毁封条，继续建设。某城市管理综合执法局执法人员发现后及时报警，当地公安机关给予违法当事人罚款500元，并行政拘留5日的行政处罚。事后，某县城市管理综合执法局执法人员向当事人送达了《限期拆除违法建设通知书》，当事人在规定期限内自拆完毕。

【案件经过】

2019年4月1日，某县城市管理综合执法局执法人员巡查发现张某涉嫌正在违法建设，经立案调查：张某在未取得规划建设许可证的情况下，在自家院内建设砖混结构房屋，已完成房屋基础及混凝土框架，空心砖墙体已建5个墙面，均高1.2米，建筑面积98.6平方米。为了控制违法建设速度，降低当事人违法成本，县城市管理综合执法局一边向规划部门商请认定违法建设及其是否存在可以改正的措施；一边向违法建设当事人送达《责令停止违法建设通知书》。但张某收到《责令停止违法建设通知书》后继续建设。根据案情，某县城市管理综合执法局立即报请县人民政府责成查封违法建设施工现场，经同意后，县城市管理综合执法局组织执法人员采取查封施工现场措施。执法人员当场宣读了《查封施工现场决定书》，告知了当事人相关法律权利、义务和救济途径，宣传了破坏、损毁、变动查封现场状态的法律责任及后果，在违法建设的混凝土梁柱、建筑墙体分别张贴了封条，制作了《查封物品清单》《查封施工现场记录》，并全过程由执法记录仪记录。事后，某县城市管理综合执法局在案件现场附近，设置移动监控，记录了违法当事人张某擅自撕毁封条继续建设。执法人员发现后及时报警，向当地公安机关提供了该案的卷宗（含相关法律文书）和执法视频。经公安机关调查取证，认定了违法当事人张某撕毁封条、损坏行政执法机关依法查封财物的违法事实，依据《治安管理处罚法》第六十条第（一）项规定，“给予违法当事人罚款500元，并行政拘留5日的行政处罚。”事后，执法人员对查封现场补贴了封条。

2019年4月12日，县规划部门作出了“该建筑未经规划许可，不符合城区规划要求，无法补办规划许可手续”的认定，某县城市管理综合执法局制作了《解除查封施工现场决定书》《解除查封施工现场清单》和《限期拆除违法建设通知书》，送达违法当事人张某，张某签收后自行拆除。

【案件评析】

1. 依法查封场所设施的，应制作并向当事人送达《查封施工现场决定书》《查封财物清单》和《查封施工现场记录》。送达时，注意宣读、告知内容且过程全纪录。其目的：一是履行法律程序和告知义务；二是视频记录执法人员的执法行为，证明执法的合法性；三是防范当事人不配合情形的出现，预留证据；四是为有可能需要非接触性执法的“零口供”突破，预设条件。

2. 依法查封场所设施的，必须在法定期限内处理，并制作、送达《解除查封场所设施决定书》。逾期未处理的，视为解除、扣押。

3. 依法查封场所设施时，遇有法律规定的特殊条件的，应当遵守。如本案违反的是《城乡规划法》，依据其六十八条规定，“采取查封施工现场的，需经县级以上人民政府责成。”县级以上人民政府责成是前提条件，否则就构成违法。

4. 依法查封场所设施时，遇有撕毁封条、破坏查封场所设施原状态等损坏、遗失行为以及其他的抗法行为，应及时报警处理。《治安处罚法》第五十条第（二）项规定，“阻碍国家机关工作人员依法执行职务的，处警告或者200元以下罚款；情节严重的，处5日以上10日以下拘留，可以并处500元以下罚款。《治安处罚法》第六十条第（一）项规定，隐藏、转移、变卖或者损毁行政执法机关依法扣押、查封、冻结的财物的，处5日以上10日以下拘留，并处200元以上500元以下罚款。”

案例三：无照经营物品扣押案例

【基本案情】

某市某区综合行政执法局执法队员在某路巡查时发现胡某利用小型货车在摆卖日用品。因首次发现违法行为，没有立案处罚，对其送达《首次违法提醒单》。再次发现时，向其送达《再次违法告知单》。但胡某没有改正违法经营行为，继续违法经营。当第三次违法时，区综合行政执法局决定依法采取扣押财物的强制措施。在扣押财物时违法当事人暴力抗法，执法中队按照强制预案妥善处置，公安派的驻治安中队及时出警，顺利完成扣押任务，并督促违法当事人承认错误，接受处罚。

【案件经过】

2018年10月22日，某市某区综合行政执法局执法队员在某路巡查时发现，胡某利用小型货车摆卖日用品。执法队员上前宣传劝导，该男子起初情绪激动，拒不配合。执法队员向其耐心说明未取得工商营业执照进行经营活动是违法行为，依据《无照经营查处办法》应当查处。考虑是首次发现，对其经营现场、车辆进行拍照，登记了胡某身份证、电话号码等信息，完成了《送达地址确认书》，执法记录仪全过程记录。没有立案处罚，仅向胡某开具了《首次违法提醒单》，胡某签收。

10月22日，执法队员在辖区巡查时再次发现胡某在某超市门口摆卖日用品，执法队员又一次宣传劝导和现场拍照，向胡某开具《再次违法告知单》，执法记录仪全程记录。

10月23日14时45分，执法队员巡逻至长江路与溪口北路交叉口时，发现胡某又在利用小货车摆卖日用品。执法队员对其立案调查：现场拍照取证，制作了《现场勘查笔录》，并开具了《限期改正违法行为通知书》，要求当事人于10月23日15时30分改正无证经营行为。

执法队员通过前期首次提醒、再次告知已经查清胡某的个人信息和家庭情况，且经多次宣传纠正拒不改正，具备扣押经营用品的条件。为了打击胡某无视法律、明知故犯和屡教不改的违法行为，发挥警示教育作用，执法中队报请区综合行政执法局扣押经营物品。分管局领导听取了汇报，同意中队意见，并指示公安派驻在该局的治安中队公安人员配合行动。

16时00分，执法中队与公安派驻的治安中队完成了案情对接工作，决定采取“车上待警、异地保障”的方式保障执法。

16时30分，全中队24人集合完毕，做了部署和动员。分为宣教和文书送达组3人、外围安全隔离组8人、防范控制组4人、物品暂扣执行组6人、现场执法记录2人（远、近距离摄像各一人），物品运输车辆1台驾驶员1人，现场指挥（中队长）1人。另有县公安局派驻治安中队3人在警车上待命，做好了接警处置的准备。

17时00分，整队徒步到达现场（物品运输车辆随行）。胡某正在现场摆卖，中队长命令各组按计划行动，各组根据分工快速站位，开展工作。外围安全隔离组拉起了安全隔离带，将相对人和暂扣标的物进行了隔离；防范控制安全组对现场刀具等危险品进行了转移控制，并按照前2名和后2名的方式站立在违法当事人胡某前、后，防控当事人的抗法、侵害行为；宣教和文书送达组队员接近相对人并保持安全距离，先出示了证件，表明了身份，然后向胡某宣读《扣押物品决定书》和《扣押物品清单》（内容含法律救助途经等），告知了执法过程全记录；物品暂扣执行组开始登记暂扣标的物。这时，胡某表面上很配合，说他自己开车到中队接受处理，但一转身，随即从其汽车驾驶室掏出一根长约40厘米的铁管，对我队员进行威吓：“谁敢扣我物品，我就弄死谁……”防控组人员及时控制住了胡某和铁管。

预料中的场景发生了，为避免胡某情绪过激和局面失控，队长要求各组注意防范安全，命令暂缓扣押，同时向公安派驻治安中队报警。期间，中队长和宣教组人员按照预案继续耐心宣讲，并告知胡某：“你现在的行为不仅违反了《无证无照经营查处办法》规定，而且涉嫌妨碍执行公务，依据《治安处罚法》和《刑法》的规定，造成严重后果的，公安部门将给予拘留甚至判刑；只要你配合执法，我们将依据你的违法后果给予从轻处理，请你冷静考虑下后果……”胡某见没有继续暂扣物品，情绪平稳了些。

17点15分，公安派驻治安中队民警赶到现场。询问了双方情况后，当场要求：1. 胡某不得妨碍执法，必须先行配合执法中队执行公务。如果是执法中队违法执法而造成损失、侵害的，可依据《行政复议法》《行政诉讼法》《国家赔偿法》的相关规定向有关部门申请复议或诉讼，由××区综合行政执法局承担赔偿、补偿责任；2. 关于胡某认为执法中队野蛮执法、侵犯个人权利的问题，公安人员要求双方一起到治安中队接受调查，根据调查结果会公正的处理；3. 执法中队安排办案人员提供相关执法文书和视频资料。4. 严厉告知胡某拒不配合人民警察依法执行职务的，可强制传唤，带离案件现场，并依据《治安处罚法》追究法律责任。在民警同志的说服教育下，当事人签收了《扣押物品决定书》和《扣押物品清单》，执法人员对扣押物品张贴了封条，将车辆和物品开到执法中队，配合公安人员的继续调查。

因执法中队程序合法、视频资料完整、详实，违法当事人妨碍执行公务事实清楚，某区公安分局以妨碍执行公务对其作出罚款500元，行政拘留5日的治安处罚。事后胡某后悔莫及，主动到城管中队承认错误，领回了扣押物品并接受罚款。

【案件分析】

这是一起扣押财物的典型案例，主要有以下经验：

1. 扣押财物必须有法律依据。本案中胡某无照占道经营生活用品，其占道经营行为违反了《城市市容和环境卫生管理条例》《某省城市市容和环境卫生管理办法》的相关规定；其无证无照经营行为违法了《无证无照经营查处办法》。依据《城市市容和环境卫生管理条例》《某省城市市容和环境卫生管理办法》的规定，可以立案处理，但没有可以扣押占道经营物品的规定，如果行使扣押权利，则是违法行为。依据《无证无照经营查处办法》的规定，可以立案查处，还可以扣押无照经营的工具、设备、原材料、产品（商品）等物品。因此，某市某区综合行政执法局在查处无证无照占道经营行为时，如果需要采取扣押措施，则应当依据《无证无照经营查处办法》立案查处。

2. 扣押财物要善于组织实施。城市管理执法普遍存在任务多、广、杂、重的特点，面对的人群也形形色色，特别是在行使强制措施、证据保存措施时，往往因组织无序、准备不足、保障不力等原因，造成负面影响甚至人员伤亡，给基层执法单位和执法人员带来很大的心理阴影和压力，究其原因还是随意强制和无序强制造成的。通过本案可以发现，某市某区综合行政执法局的扣押过程，(1) 程序合法。扣押财物决定前，制作了《现场勘查笔录》，送达了《限期改正违法行为通知书》；当事人未在限期内纠正违法行为时，决定扣押财物；组织实施扣押财物时，现场送达《扣押物品决定书》《扣押物品清单》；遇到暴力抗法时，及时控制侵害行为并报警处置。(2) 组织周密。每个环节、每个小组、每个队员、每个位置都井然有序。(3) 预案成熟。从请求扣押、制定预案、集合分组、现场执行、抗法处置等，都快速熟练，具备高素质的团队基础。(4) 保障到位。从风险预设（评估)、保障方式选择、出警速度效率、处警技巧和力度等，都体现了高度磨合的协调有力。因此，扣押财物还需多培训、多演练，提高组织实施能力。

第四章　装备使用规范

本章导读

本章明确了城市管理执法车辆、城市管理执法通信设备、城市管理执法音像设备的使用和管理规范。并结合各地实际经验，给出了城市管理执法车辆、通信设备、音像设备方面的适用说明。

条文理解及应用

第十三条　城市管理执法人员使用执法车辆，应当遵守道路交通安全法律法规，保持车辆完好、整洁。禁止公车私用。非工作需要，不得将执法车辆停放在公共娱乐场所、餐馆酒楼等区域。

【条文解读】

本条是关于执法车辆的使用规范。

城市管理执法人员使用执法车辆时主要用于城市管理案件处置、城市街面巡查、督察巡查及相关领导指示事宜等。执法人员驾驶或者暂时停放执法专用车辆执法时，必须严格遵守《中华人民共和国道路交通安全法》《中华人民共和国道路交通安全法实施条例》《道路交通事故处理程序规定》等相关道路交通安全法律法规，不得有躺卧、打瞌睡或将脚置于方向盘上等行为。执行公务期间，严禁酒后驾驶、疲劳驾驶、带病驾驶，因违法驾驶受到处罚或发生道路交通事故的，接受公安机关处理并追究责任。

应保持执法车辆完好、整洁，执法专用车辆应当按照住房和城乡建设部《关于印发城市管理执法执勤用车标识涂装式样的通知》（建督〔2018〕65号）的要求喷涂标志标识；执法标志标识不清晰或者残缺的，应当及时更换。同时还应加强执法车辆的日常检查、维修，按规定进行修理保养，确保车辆车况良好，行驶安全。禁止公车私用，公车私用是典型的违反中央八项规定精神问题之一，在滋生官僚主义和享乐主义的同时，将执法车辆停放在公共娱乐场所、餐馆酒楼等区域还会诱导不良的价值取向，在人民群众眼中这些就是流动的腐败广告，会极大损害城市管理执法人员的形象。

第十四条　城市管理执法人员实施执法时，应当按照规范使用通信设备，保持工作联络畅通，不得超出工作范围使用通讯设备。

☞【条文解读】

本条是关于城管执法人员实施执法时的通信设备使用规范。

城市管理执法人员实施执法时，为了确保执法人员之间联系的时效性和执法实施的时效性，需要通过执法通信设备进行沟通联络。常用的城市管理执法通信设备包括：执法记录仪、无线执法对讲机、执法终端、智能手机等。执法人员在实施执法时应根据具体选择的设备规范使用并保持工作联络的畅通。执法人员在实施执法前应明确所用通信设备的使用范围，并在设备工作范围内规范使用。

第十五条　城市管理执法人员实施执法时，应当开启音像设备，不间断记录执法过程，及时完整存储执法音像资料，不得删改、外传原始记录。

☞【条文解读】

本条是关于执法人员实施执法时的音像设备使用规范。

在当前城市管理执法环境趋于复杂，人民群众对城市管理执法人员规范执法期望值越来越高的背景下，城管执法人员在公开场所中执法使用现代科技执法装备，是城市管理执法部门的必然选择。执法记录仪是一种具有同步录音录像功能的便携式执法取证设备，对及时收集、固定证据，记录各类事件现场处置情况，实现公正执法、文明执勤，为保护城管执法人员和行政相对人合法权益，提供了重要保障，也为创新城市管理执法队伍管理工作带来了新的契机。

党的十八届四中全会审议通过了《中共中央关于全面推进依法治国若干问题的重大决定》，决定要求坚持严格规范公正文明执法，完善执法程序，建立执法全过程记录制度；明确具体操作流程，重点规范行政许可、行政处罚、行政强制、行政征收、行政检查等执法行为。

2019 年 1 月 3 日，国务院办公厅印发了《关于全面推行行政执法公示制度执法全过程记录制度重大执法决定法制审核制度的指导意见》（国办发〔2018〕118 号），《指导意见》是贯彻落实《中共中央关于全面推进依法治国若干重大问题的决定》和中共中央、国务院《法治政府建设实施纲要（2015—2020 年）》有关要求的重要举措。《指导意见》中第三部分关于全面推行执法全过程记录制度的内容，主要针对执法行为不严格、不文明及执法过程记录不全面、不标准等问题，从完善文字记录、规范音像记录、严格记录归档、发挥记录作用等四个方面，对行政执法文书基本格式标准，音像记录的定位、作用、要素、设备配置，依法归档保存执法档案，加强记录信息的调阅监督等作出规定。

推行执法全过程记录制度，规范行政执法活动，规范行政执法程序，不间断记录执法过程，实现行政执法全程留痕并及时完整存储执法音像资料，对促进严格规范公正文明执法具有基础性、整体性和突破性的作用，对于切实保障人民群众的合法权益、维护政府的公信力和营造更加公开透明、规范有序、公平高效的法治环境，具有重要意义。

☞【适用说明】

为更好落实城管执法装备使用规范，给出以下指导建议：

（一）执法车辆管理指导

加强执法车辆使用管理，严格按照规定用途使用执法车辆。车辆驾驶人员不得违规行驶，不得将执法车辆借于他人使用，否则造成后果及费用由驾驶员自行承担，并按相关规定问责。严格控制车辆运行费用和使用登记制度，如实登记车辆加油量和行驶公里数，并按进行公示。条件成熟的地方应建立数字平台管理执法车辆。

执法车辆使用范围主要包括：

1. 日常巡查；
2. 执法检查；
3. 执法办案；
4. 举报投诉处理；
5. 突发事件应急处置；
6. 送领紧急机要文件。

严禁公车私用私驾。违反者除由其自行承担所有费用外，按相关规定给予纪律处分。

本着节约公务车辆运行成本的原则，应尽量减少外出次数和科学调剂因公外出的车辆行驶时间和出车状况。执法车辆的维修也应本着节约开支的原则，科学合理维修车辆，驾驶员对车辆应勤检查、勤维护，按时进行保养，确保车容整洁、车况良好，发现问题应及时处理，严防事故发生。

（二）执法通信设备管理指导

执法人员必须熟练使用执法通信设备，使用人对执法通信设备的使用情况负责。通信设备使用人应详细了解使用说明书，熟练掌握执法通信设备的性能和系统操作流程。

执法人员到岗应及时开启执法通信设备，并保持用语规范，简明扼要，不得违反保密规定。

使用人要注意保护执法通信设备，定时清洁，注意轻拿轻放，避免挤压和撞碰，并远离水火及各类化学物品等，严禁对设备私自拆卸、抛扔、敲打。

执法通信设备实行“谁使用、谁负责”的原则，因保管不善、使用不当造成设备丢失、损坏的，按国有资产管理办法的相关规定予以赔偿；对故意损坏设备的，除原价赔偿外，还要按相关规定予以处理。

执法通信设备采用实名制登记，只能由登记人本人使用，严禁其他人员使用，如因工作需要外借使用的，须经相关领导批准。

执法通信设备出现故障造成无法接通，应于第一时间告知上级部门，并立即交专职维护人员进行故障排除。

（三）执法音像记录设备管理指导

执法人员在与行政相对人面对面沟通、处理问题时，应主动佩戴并使用执法记录仪或其他音像记录设备进行全程录音、录像，客观、真实地记录工作情况及相关证据。

执法记录仪或其他音像设备应及时充电和保持合理存储空间，每次使用前应当及时检查执法记录仪或其他音像设备的电池容量、内存空间，保证设备能正常运行工作。

执法记录仪或其他音像记录设备应佩戴在左肩部或左胸部等有利于取得最佳声像效果的位置。相关部门应负责统一保管执法记录仪记录的声像资料。

执法人员不得删减、修改执法记录仪和其他音像记录设备记录的原始声像资料，不得私自复制、保存或传播、泄露执法记录仪和其他音像记录设备记录的声像资料，不得利用执法记录仪和其他音像记录设备记录与工作无关的内容，不得故意损毁执法记录仪或声像存储设备。

☞【相关案例】

案例一：执法记录仪还城管执法人员清白，有效保障城管执法人员自身合法权益。

2018年5月，在某市某区某幼儿园门口，上演了一幕无证摊主自导自演的“城管打人”闹剧，引得过路群众和学生家长纷纷围观。现场城管执法人员的执法记录仪清晰地拍摄下了全过程，及时还原了事件的真相。

当天下午三点半左右，正值幼儿园放学的高峰期，城管执法人员在学校周边保障市容。从记录仪视频中看到，事发时城管队员试图劝离幼儿园门口道路上一名兜售小鸡仔的摊主，摊主大约50多岁，推着一辆自行车，车上有一筐小鸡。

看到城管执法人员让其离开现场，摊主眼睛瞪圆，冲向其中一名执法人员，与其发生推搡。“你打，小伙子你来打！”一边说一边抓住1名执法人员的肩膀。扭打中，城管执法人员的衣领被扯坏。随后，该名摊主又抓住城管执法人员的裤子，上半身躺倒在地上，大声嚷道，“救命啊！打人啊，救命啊！”口中还说着脏话。此时围观的前来接送孩子的家长越来越多，“老头子起来吧，人家小伙子没打你。”人群中传来几位家长的声音。摊主见无人理睬，又从地上站起来，用拳头挥向城管队员的头部和胸部，随后顺势躺倒在地，吁吁喘气，试图导演出一幕“城管打人”的场景。

此时，非机动车道内来往接送孩子的车辆逐渐增多，躺在地上的摊主让一些家长不得不缓慢通行，以免轧伤到他，城管队员了拨通110报警电话说明情况。见此状况，摊主向城管队员走近，并再次向其动手，嘴里却依然说城管小伙打了他。

“不要碰我！这么多人都看见了，我没有打你！”在冲突过程中，城管队员始终保持克制，避免与其发生身体接触，也没有出现暴力执法行为。在视频播放至9分钟时，几位围观市民忍不住站出来，为城管队员发声，“老师傅，要讲道理的，你说他打了你，证据会说话的。”

《关于全面推行行政执法公示制度执法全过程记录制度重大执法决定法制审核制度的指导意见》强调，要全面推行执法全过程记录制度，通过文字、音像等记录形式，对行政执法的启动、调查取证、审核决定、送达执行等全部过程进行记录，并全面系统归档保存，做到执法全过程留痕和可回溯管理。对查封扣押财产、强制拆除等直接涉及人身自由、生命健康、重大财产权益的现场执法活动和执法办案场所，要推行全程音像记录。

此案例说明，城管执法人员在执法过程中要正确、合理的使用执法记录仪、照相机等设备，实现执法活动全过程记录，既能对执法工作进行监督，又能固定证据，还原事件真相，避免争议，还能保障城管执法人员自身的合法权益。

案例二：现代化执法装备有效助力城管执法工作高效开展。

近年来，上海市虹口区城管执法局在虹口区委区政府的正确领导下和市城管执法局的精心指导帮助下，全力推进“智慧城管”建设，依托信息化、智能化手段，有力推动城管执法工作由末端被动处置向前端主动防范转变，为精准执法、精细管理提供有力支撑。“智慧城管”的建设不仅促进虹口区城市精细化管理，也为全国的城市管理执法工作提供了有益借鉴。截至2018年底，已有30余家兄弟省、市单位到虹口区城管执法局考察调研“智慧城管”系统建设运用情况，都给予了高度肯定。全国市长研修学院（住房和城乡建设部干部学院）授予了虹口区城市管理行政执法局“智慧城管精细化执法现场教学基地”称号。

虹口区城市管理行政执法局充分利用现代化设备强化执法力量，将城市精细化管理的责任落到实处。为执法人员配置手持数字对讲机，该对讲机支持语音对讲，群呼组呼、调度等功能；还为执法队员配备了移动执法终端，该终端以安卓6.0版本为平台，具备4G无线网络，具有NFC功能，为虹口城管推行移动勤务、移动督察等各类移动业务应用提供了良好的条件。为执法车辆配置卫星定位监控终端。

目前虹口城管已在12辆执法车辆上配备了车载视频监控，配备了10台无人机，385台执法记录仪，11台采集站。

第五章　着装规范

本章导读

城市管理执法队伍是自 1986 年 4 月国务院办公厅下发《关于整顿统一着装的通知》以来，又一支经党中央、国务院批准统一着装的行政执法队伍，规范着装意义重大。城市管理执法制服和标志标识是城市管理执法权的象征，是执法人员身份的公示，执法人员依法行使权力时应规范穿着制服和佩戴标志、标识，受人民群众监督。为加强城市管理执法队伍规范化建设，严格城市管理执法队伍管理，树立城市管理执法队伍良好形象，依据《中共中央国务院关于深入推进城市执法体制改革改进城市管理工作的指导意见》（中发〔2015〕37 号）关于各地城市管理执法部门根据执法工作需要，统一制式服装和标志标识，制定执法执勤用车、装备配备标准，到 2017 年年底，实现执法制式服装和标志标识统一的要求，《城市管理执法办法》第 21 条规定“城市管理执法制式服装、标志标识应当全国统一，由国务院住房城乡建设主管部门制定式样和标准”，结合《住房和城乡建设部关于印发全国城市管理执法队伍“强基础、转作风、树形象”专项行动方案的通知》（建督〔2016〕244 号）《住房和城乡建设部关于印发全国城市管理执法队伍“强基础、转作风、树形象”三年行动方案的通知》（建督〔2018〕37 号）等文件要求制定了有关着装规范的规定。

条文理解及应用

第十六条　城市管理执法人员实施执法时，应当穿着统一的制式服装，佩戴统一的标志标识。

【条文解读】

本条是关于城市管理执法人员执法着装的规定。

一、城市管理执法人员

城市管理人员，广义上泛指参与城市管理工作的人员，包括执法人员、街道城管科工作人员、社区城管社工、协管员、市容信息采集员、停车管理人员等，而城市管理执法人员应仅指在城市管理行政执法主体编内专门从事执法工作的公职人员。在现行的行政处罚制度下，行政处罚的主体主要有：1. 行政机关，这里不但包括法律规定行使国家行政管理职能的行政机关，宪法、组织法中所规定的各级政府行政职能管理部门，也应包括国务院行政法规或省、市地方法规所授权的部门或组织，即“拟定的行政机关”，如某市城市管理行政执法局；2. 依法由行政机关授权的组织，指特定的国家机关按照法定形式把某些行政处罚权授权给行政机关以外的组织行使，被授权的组织具备主体资格，独立承担法律责任。如，《森林法实施细则》第二十四条规定“县级以上林业主管部门或其授权的单位”，《公路法》第八条规定“县级以上地方人民政府交通主管部门可以决定由公路管理机构依照本法规定行使公路行政管理职责”，这里的组织包括行政机构（派出所、税务所等）、事业单位、行业协会；3. 行使相对集中处罚权的机关或组织，根据《行政处罚法》第十八条的规定，行政机关或组织依照国务院或者国务院授权的省、自治区、直辖市人民政府决定，行使其他行政机关的行政处罚权，如城市管理行政执法局集中行使规划管理方面的行政处罚权；4. 被委托的组织，具体依据《行政处罚法》第二十条、第二十一条的规定，如城市管理行政执法局委托城市管理行政执法大队代为行使行政处罚权。

综上，城市管理行政执法局、（城市管理）综合行政执法局、城市管理行政执法大队的行政编或事业编执法岗位工作人员为城市管理执法人员。

二、实施执法时

行政执法包括实施检查、调查、行政强制措施、行政处罚、行政强制执行等一系列行为。以城市管理执法中对擅自占道摆摊设点的查处为例，具体为发现违法行为后对摆摊设点的面积、经营时长、对市容环境的影响、是否屡犯等情况进行调查，制作相关检查/勘验笔录、调查询问笔录等；根据现场情况和法律、法规规定，对涉案物品进行证据先行登记保存或扣押，制作证据先行登记保存单或扣押决定书、物品清单、现场笔录；根据调查结论，制作并向相对人送达《行政处罚告知书》《行政处罚决定书》；相对人逾期不缴纳罚款时，加处罚款，这些都属于行政执法行为。行政执法行为由行政执法人员依据相应职权，根据相关法律、法规的规定作出，具有职务性和强制性。城市管理执法人员作出的如劝说、教育、宣传、信息采集、执勤、巡查等一般工作行为不属于行政执法行为，其他城市管理人员作出的协助或辅助管理行为也不属于行政执法行为。

三、城市管理执法的制式服装和标志标识

根据《城市管理执法制式服装和标志标识供应管理办法》（建督〔2017〕31号）第3条的规定，住房和城乡建设部负责对全国城市管理执法制式服装和标志标识工作的指导监督协调，制定制式服装和标志标识的式样与标准。各省、自治区、直辖市城市管理部门负责监督本办法及式样标准的落实。各级城市管理部门负责本级制式服装和标志标识的采购、配发以及日常管理等工作。同时，确定了城市管理行政执法制式服装和标志标识式样标准。

在此基础上，为指导各地有序开展采购工作《住房和城乡建设部城市管理监督局关于印发城市管理执法制式服装和标志标识技术指引（试行）的通知》（建督政函〔2017〕12号）进一步对制服和标志标识制作的执行标准、样式、结构、型号与规格、材料等进行了规范和说明。

☞【适用说明】

一、城市管理执法制式服装和标志标识配发范围

根据《城市管理执法制式服装和标志标识供应管理办法》第6条、第7条、第8条的规定，地方各级城市管理部门从事一线城市管理执法工作的在编在职人员，应当在执行公务时穿着统一制式服装和标志标识；直辖市和市、县（含县级市、市辖区）城市管理部门从事一线执法工作的在编在职人员，按照供应标准配发制式服装和标志标识；省、自治区城市管理部门从事一线执法工作的在编在职人员，按照供应标准减半配发制式服装。非在编在职人员不应配发制式服装和标志标识。

二、对城市管理执法制式服装的管理

1. 工作变动时的制服管理。城市管理执法人员调离、辞职、退休时，应根据不同情况收回全套制服或标志标识。在城市管理部门内调动，继续从事执法工作的，应对胸号进行调整。《城市管理执法制式服装和标志标识供应管理办法》第25条规定，（一）在城市管理部门内部调动时，由调入单位根据本单位的供应标准以及调离单位出具的制式服装供应证明继续供应制式服装。其中，调离胸号号段范围的，应当交回胸号，由调入单位重新配发。（二）退休以及调离城市管理部门的人员，应收回所有标志标识。着装后任职不满一年调离城市管理部门的，除收回所有标志标识外，还应加收制式服装工料费的20%，或者交回制式服装。（三）被开除、辞退及辞职人员，应收回所有制式服装和标志标识。《上海市城市管理行政执法人员行为规范》第14条规定，执

法人员退休、辞职、调离城管执法部门或者被辞退、开除公职的，由所在单位统一收回制服和标志标识，并由所在单位统一处理。

2. 非公务时的制服管理。任何人不得在公务时间和场所之外随意使用城市管理执法制服和标志标识，《城市管理执法制式服装和标志标识供应管理办法》第26条规定，影视制作单位和文艺团体因拍摄、演出需要，使用制式服装和标志标识的，应当报省级城市管理部门批准，并严格保管，非拍摄、演出时不得使用。各级城市管理部门及城市管理执法人员不得擅自赠送、出借制式服装和标志标识。《上海市城市管理行政执法人员行为规范》第12条规定，执法人员应当妥善保管制服及标志标识，不得仿制、拆改、抵押、出租和买卖制服及标志标识；不得转借、赠送制服及标志标识给非执法人员；非公务需要不得穿着制服出入饭店、商场、娱乐场所等地。《北京市城市管理执法制式服装和标志标识供应管理办法》第13条规定，"城市管理执法人员违反本规定，擅自赠送、出借或者出卖制式服装及标志标识的，由所在单位责令改正；拒不改正或造成不良影响的，将追究责任。"

3. 根据气候、工作环境等因素规范换装。各地应在市、县范围内按季统一组织换装。《上海市城市管理行政执法人员行为规范》第11条规定，"执法人员穿着制服应当随季按套着装，不得混穿。"一般情况下，每年3月15日换春秋装，5月1日换长袖夏装，6月15日换穿短袖夏装，10月1日换穿长袖夏装，11月1日换穿春秋装，12月15日换穿冬装。季节换装过渡时间为10天(具体时间由各区统一确定)，如遇特殊气候由市城管局另行通知换装时间。

4. 建立制服和标志标识管理台账。为细致掌握制服和标志标识的使用、损耗等情况，应实施痕迹化、精细化管理，对制服和标志标识的发放、补领、更新、回收等情况制作台账。《北京市城市管理执法制式服装和标志标识供应管理办法》第8条规定，"各级城市管理执法部门要加强制式服装和标志标识的供应管理工作，指定专人负责，建立统一台账。"这种市、区、街（乡、镇）三级管理，层层监控的模式值得借鉴。街（乡、镇）城管执法队根据区城管执法局要求，按时整理、上报本辖区执法人员制式服装和标志标识的管理信息及人员变更情况。由区城管执法局按时汇总、上报本辖区执法人员制式服装和标志标识的使用和管理信息，并将人员变更情况报送市城管执法局。由市城管执法局按照制式服装换发年限，统一安排或组织招标、采购、配发工作。

三、执法制服的功能运用

（一）一线执法人员

1. 春秋（冬）季节训练、执勤、巡查（巡逻）、劳动、执行活动时，着春秋（冬）执勤服；

2. 夏季执勤、训练、执勤、劳动、执行活动时，着长（短）制式常服；

3. 参加集会、仪式等活动，以春秋（冬）制式常服为主，特殊情况以通知要求统一着装。

（二）机关、内勤、文职等人员

1. 日常着春秋（冬）制式常服为主；

2. 参加训练、执勤、巡查（巡逻）、劳动、执行活动时，按一线执法人员的着装要求着装；

3. 参加集会、仪式等活动，以春秋（冬）制式常服为主，特殊情况以通知要求统一着装。

第十七条　城市管理制式服装应当成套规范穿着，保持整洁完好，不得与便服混穿，不得披衣、敞怀、挽袖、卷裤腿。

☞【条文解读】

本条是关于城市管理执法人员成套规范着装的规定。

一、成套规范穿着制式服装

根据《住房和城乡建设部 财政部关于印发城市管理执法制式服装和标志标识供应管理办法的通知》（建督〔2017〕31号）所附制式服装和标志标识样式标准，城市管理执法制式服装按套分为：春秋（冬）常服、春秋夹克式执勤服、冬夹克式执勤服、短袖制式衬衣、长袖制式衬衣、防寒大衣（短款或长款）。

参加仪式、宣誓、阅队、重大会议等活动时，应着常服，穿着春秋（冬）常服时，应内着制式衬衣，系领带；春、秋季戴卷檐帽（女）、大檐帽（男），夏季戴卷檐凉帽（女）、大檐凉帽（男），冬季可选配布（皮）面裁绒防寒帽或皮面直毛皮防寒帽；可根据气候和天气选穿单皮鞋、皮凉鞋、棉（毛）皮靴；雨、雪天气套雨衣、雨靴。如图5-1所示。

二、制式服装应保持整洁完好

整洁完好的制服是良好队容风纪的表现，执法人员应注意及时更换、清洗制服。城市管理执法工作多为户外工作，工作环境特殊，工作强度大，制服易污损，难及时替换，建议相关单位可配两套以上夏季制服以便替换，并为加班人员提供清洗、晾晒制服的设备和场所。

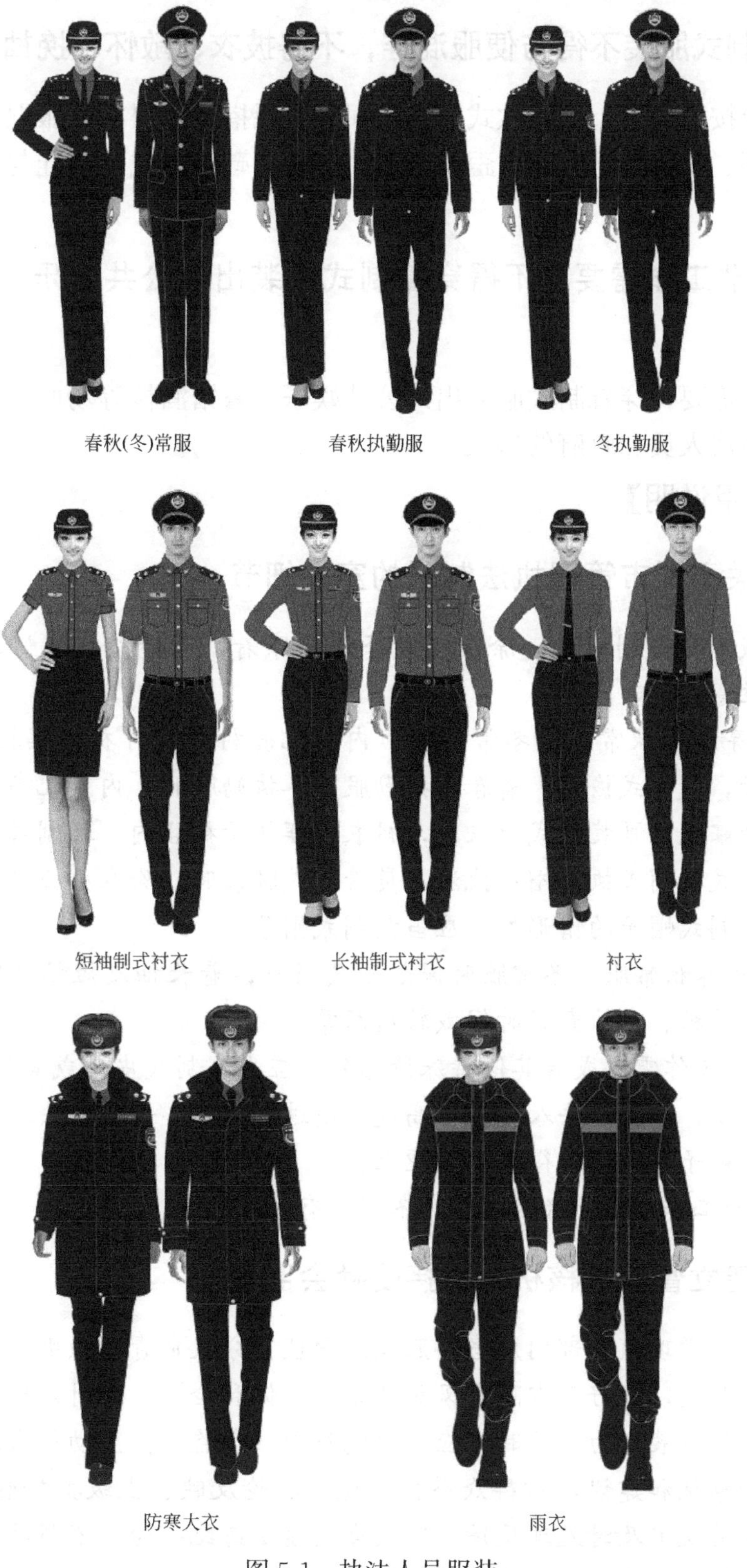
春秋(冬)常服
春秋执勤服
冬执勤服
短袖制式衬衣
长袖制式衬衣
衬衣
防寒大衣
雨衣

图 5-1　执法人员服装

三、制式服装不得与便服混穿，不得披衣、敞怀、挽袖、卷裤腿

制服应按套穿着，不同款式的制服间不宜混搭，不得与便服混穿，更不得披衣、敞怀、挽袖、卷裤腿、歪戴帽子，赤脚穿鞋，佩戴、系挂与工作无关的物件或装饰。

四、非工作需要，不得穿着制式服装出入公共娱乐、餐馆酒楼等场所

非工作需要，穿着制式服装出入公共娱乐、餐馆酒楼等场所，会极大损害城市管理执法人员和政府的形象。

☞【适用说明】

一、关于城市管理执法制服的穿戴细节

穿戴城市管理制服时，除应当成套规范穿着，保持整洁完好，文明着装外，还应注意细节，建议：

（一）穿戴春秋常服、冬常服时，内着配套衬衣，衬衣下摆扎于裤腰内，系制式领带，戴制式檐帽；着春秋执勤服、冬执勤服时，内着配套衬衣或内衬衣物不得外露；着夏装制式衬衣时，衬衣下摆扎于裤腰内，扎制式腰带，不系领带，戴制式檐帽或执勤帽；执法人员着制式服装时，除在办公区、室内或者其他不宜戴制式帽子的情形外，应当戴制式帽子。

（二）着春秋常服、冬常服时佩戴硬质肩章；着长袖或短袖夏服时佩戴软质肩章；着春秋、冬执勤服时佩戴软质肩章。

（三）除工作需要或者其他特殊情形外，应当穿制式皮鞋或其他黑色皮鞋，内着深色袜子，男性执法人员鞋跟高度不超过 3 厘米，女性执法人员着裙装时应着近肤色袜子，鞋跟不得高于 4 厘米。

（四）除工作需要或者眼疾外，不得戴有色眼镜。

二、建立督察考核机制，接受社会监督

各级城市管理执法部门应当按照属地管理、分级负责的原则，建立队容风纪督察考核制度，抓好日常队容风纪建设的督促和检查，及时发现、纠正执法人员不规范的着装行为。同时，应当自觉接受社会监督，主动征求人民群众和社会各界的意见和建议，对群众举报、媒体舆论反映、上级批转督办的问题，应当按照相关规定及时处理反馈，坚决查处违法违纪行为，不断改进行政执法工作，不断提高规范执法、文明执法水平。

在督察考核中成绩突出的单位可以按照相关规定给予表彰。对违反本章相关规定的个人，应当根据情节轻重给予批评教育、取消评先资格、调离执法岗位、取消执法资格等处理。情节严重的，依法给予行政处分。

第十八条　城市管理执法人员应当按规定佩戴帽徽、肩章、领花、臂章、胸徽、胸号等标志标识，不得佩戴与执法身份不符的其他标志标识或饰品。

【条文解读】

本条是关于城市管理执法人员规范佩戴帽徽、肩章、领花、臂章、胸徽、胸号等标志标识的规定。

一、帽徽、肩章、领花、臂章、胸徽、胸号等标志标识的样式

城市管理执法的帽徽由国徽、盾牌、飘带、牡丹花、橄榄枝等元素组成，国徽象征国家，以飘带组成“人”字代表人民，体现了为人民管理城市的理念，盾牌象征依法行政，牡丹花和橄榄枝组成装饰图案，表示城市让生活更美好，五朵牡丹花表示构建权责明晰、服务为先、管理优化、执法规范、安全有序的城市管理体制。如图 5-2 所示。

图 5-2　帽徽

肩章、臂章、胸徽、胸号均为藏青色底。

肩章由金色牡丹花与橄榄枝组成。如图 5-3 所示。

臂章（图 5-4）由金色“中华人民共和国城市管理执法”字样、牡丹花、牡丹叶、橄榄枝组成。

硬肩章　软肩章　套式肩章

图 5-3　肩章

图 5-4　臂章

胸徽由长城、盾牌、牡丹花、橄榄组及省、自治区、直辖市名称字样组成。胸号（图 5-5）由八位数字组成，其中第 1、2 位为省、自治区、直辖市编号，第 3、4 位为城市编号，末四位为人员编号。

硬胸徽　软胸徽

硬胸号　软胸号

图 5-5　胸号

二、按着装规定佩戴帽徽、肩章、领花、臂章、胸徽、胸号等标志标识

执法人员应严格按照着装规定佩戴、缀订帽徽、肩章、领花、臂章、胸徽、胸号牌等标志标识，佩戴位置要准确、端正，臂章佩戴于外衣左上臂处，胸徽佩戴于外衣右胸处，胸徽号佩戴于外衣左胸处。不同制式标志标识不得混戴，着春秋常服、冬常服时佩戴硬质肩章，着长袖、短袖夏服、春秋、冬执勤服时佩戴软质肩章，着防寒大衣时佩戴套式肩章。不得佩戴与执法身份不符的其他标志标识或饰品。

☞【适用说明】

一、城市管理执法制式服装和标志标识与城市管理执法辅助人员的工作服饰应有明显区别

任何行业的工作服饰都不得与中国人民解放军、人民武装警察和人民警察、市场、税务、城市管理等执法机关以及人民法院、人民检察院公职人员的制式服装、标志标识相似。城市管理执法辅助人员的工作服饰也应与城市管理的制式服装有明显区别，具体可体现在肩章、臂章、胸徽、胸号及服饰颜色等。目前，各地普遍的做法是改臂章“城市管理执法”为“协管”或“城市管理”，胸号前加“XG”或辖区地名的拼音缩写。

二、建立执法人员及执法辅助人员胸徽、胸号管理机制

胸号是执法人员及执法辅助人员的身份编号，具有标记和公示人员身份的作用，应编码唯一，相互区别。执法人员及执法辅助人员应当爱护和妥善保管胸徽、胸号，不得出让或者擅自拆改、涂改，不得转借他人使用。因工作调动、退休等原因离开执法岗位时，胸徽、胸号牌等应当按照规定上交。市、区、街（乡、镇）应加强制式服装和标志标识的供应、管理工作，指定科室专门负责标志标识丢失、污损、回收、补发、换发等情况的记录和管理，并定期向上级归集相关台账。

附：基层执法人员对制式服装样式标准及配发种类进行调整的建议

“统一着装”在推动城市管理执法队伍规范化建设、严格城市管理执法人员队伍管理、树立城市管理执法良好形象、加强城市管理执法队伍荣誉感和向心力等方面发挥了积极且显著的作用。基层执法人员对制式服装“爱不释手”的同时，反馈建议调整目前制式服装样式标准及配发种类，以增强制式服装的实用性：

1. 增加配发作训帽，以便户外执法。城市管理执法人员多从事长时间户外工作，大檐帽虽显庄重，但不分场景地使用存在以下不便：（1）易从头上滑落，对执法造成干扰；（2）不便于随身或随车携带、摆放，不便于及时清洗；（3）频繁使用易变形，换发成本高。因此，建议参照公安、交通执法等单位，增加配发便帽（作训帽）。

2. 改束腰式短袖制式衬衣为带袢式，或增加配发带袢式夏季短袖执勤服。按着装规范，目前使用的束腰式短袖制式衬衣应塞于长裤内，但城管执法有户外工作、时间长、强度大等特点，这种样式标准和着装规定，给执法工作造成了不便：（1）户外高强度工作时，束缚行动，稍不留意，服装即不平整，甚至

脱出裤腰，影响执法形象；（2）在夏季户外执法时，使执法人员感到更加闷热，特别是在南方高温期长、气候潮湿的地区，甚至干扰正常执法。因此，建议参照公安、交通执法等单位配发带袢式夏季短袖执勤服，此项建议基层反映尤为强烈。

3. 建议改进反光背心样式。目前配发的反光背心，样式宽大，执法人员穿着时，普遍显得邋遢、散漫，基层戏称“黄包车夫”，影响执法形象。因此，建议将反光背心改进为更为贴身、庄重的样式。

第六章　仪容举止和语言规范

本章导读

基层城市管理执法人员的仪容举止和语言规范是反映政府执政水平的一个指标。规范行为举止，要从城管执法人员的着装、仪容、举止、行为、礼节等抓起，使城管执法人员举止端正、行为规范，形成良好的职业形象和精神风貌。

本章从城管执法人员仪容仪表、行为举止、敬礼、语言方面进行了规范，注重人员内在素质和外在形式的有机结合，与城管系统“强基础、转作风、树形象”三年专项行动一脉相承，为进一步加强作风纪律建设、规范队伍管理、树立城管良好形象提供了规范依据。

条文理解及应用

第十九条　城市管理执法人员应当保持头发整洁，不得染彩发。男性城市管理执法人员不得留长发、烫卷发、剃光头和蓄胡须。女性城市管理执法人员实施执法时应当束发，发垂不得过肩。

【条文解读】

本条是关于城市管理执法人员仪容仪表规范方面的规定。

执法人员仪容仪表是反映管理水平的重要组成部分，是个人素质的直接展现，产生一定的社会效果。反映出人员个性修养、工作作风、生活态度等，直接决定对方的心里接受程度，继而影响进一步管理沟通。

【适用说明】

一、仪容仪表规范的必要性、意义

树立良好形象，注重仪容仪表，反映出队伍整体形象，在执法人员形象中，仪容仪表是最重要的表现，在一定程度上体现了政府服务形象，而服务形象是政府文明执法的第一标志。注重仪容仪表，有利于维护自尊自爱，每一名执法队员都有自我尊重的需求，也需要获得他人的关注与尊重。从个人形象上反映出良好的修养和蓬勃向上的生命力，才有可能受到称赞和尊重，成为工作的动力，体现自尊自爱。如果衣冠不整、不修边幅，给人生活懒散、作风拖沓、责任感不强、不尊重他人之感。

仪容仪表整齐美观是礼貌、是尊重，能够引起市民群众和管理对象强烈的感情体验，使对方感到自己的身份地位也得到了应有的承认和尊重。

二、仪容仪表规范的原则、适用范围

仪容仪表规范的基本原则是在着装统一的基础上，头部发型、发色、胡须整洁干净。仪容修饰时，做到庄重文雅、朴素大方，符合国家工作人员身份形象，忌讳标新立异，“一鸣惊人”。

对仪容仪表的规范应适用于全体城市管理执法人员和协管人员，适用于从事内勤和外勤的所有岗位，适用于工作时间、工作岗位及需要穿着制式服装的场合。

三、仪容仪表规范的具体要求

（一）男性执法人员

要求个人卫生整洁干净，发式不得染彩发、留长发、烫卷发，以前不遮额、侧不盖耳、后不触领为宜；面容不得蓄胡须，养成经常剃须的好习惯，保持面部清洁。

（二）女性执法人员

要求个人卫生整洁干净，发式简洁，不染彩发，短发要合拢于耳后，长发梳理整齐，必要时应挽起成发髻，不得使发垂过肩；面部清洁，妆容淡雅清新。

四、仪容仪表禁忌

在身着统一制式服装的场合下，头部发型、胡须等不应当出现影响统一形象的造型或颜色。

第二十条　城市管理执法人员实施执法时，应当举止端庄、姿态良好、行为得体。不得边走边吃东西、扇扇子；不得在公共场所或者其他禁止吸烟的场所吸烟；不得背手、袖手、插兜、搭肩、挽臂、揽腰；不得嬉笑打闹、高声喧哗。

☞ **【条文解读】**

本条是关于城市管理执法人员行为举止规范方面的规定。

☞【适用说明】

一、行为举止规范的必要性、意义

城管执法人员实施执法时保持正确得体的行为举止，对加强作风建设、塑造新时代城管执法人员崭新形象、推动建立新型公共关系、促进城管执法规范化建设、提高城管队伍整体素质方面都具有重要意义。有利于加强精神文明建设，密切群众关系，提高城管队伍战斗力，培养和造就合格的人民公仆。

二、行为举止规范的原则、适用范围

城市管理执法人员行为举止规范是由城管执法工作性质和职能决定的，带有明显的职业特点，接受社会公共道德礼仪的制约和影响，并对社会公共礼仪起到一定的补充作用。既有在社会交往中应遵守的日常礼仪，又有执行公务必要的表现程度和手段，以此反映出对公民合法权益的尊重和保护，同时积极维护执法公正。在履行职务过程中的行为举止不仅是城管执法人员与公众交往的外在形式，也是其内在思想品德和综合素质的具体表现，只有内在素质和外在形式结合起来，才能真正树立起城管队伍的正面形象。

三、行为举止规范的原则和具体要求

执法人员行为举止基本原则是以尊重为本，一方面要自尊自重，另一方面要尊重他人。要高度重视与群众沟通的作用，在履行职务和与管理对象、周围群众的沟通过程中，必须严格按照规范要求形式，使自身言行举止与城管执法人员礼仪规范相一致。

（一）站姿挺拔

站姿要领：从正面看，全身笔直，头正目平，两眼正视，两肩平齐，挺胸收腹，两臂自然下垂，两腿相靠站直，两脚跟并拢，两脚尖张开60度角，身体中心落于两腿正中，肌肉略有收缩感；从侧面看，两眼平视，下颌略收，挺胸收腹，腰背挺直，手中指贴裤缝，整个身体庄重挺拔。

（二）坐姿端正

坐姿要领：上身端正，头、肩平正，目光平视，腰背应不靠或稍靠椅背，两腿自然弯曲，两脚平落于地面，两手自然放在大腿上。

（三）行姿稳健

行姿要领：抬头挺胸，两肩持平，双眼平视，两臂放松，双臂以身体为中心前后自然摆动，手掌朝向体内，两腿步幅适中均匀，两脚部位正直朝前。行走时应保持步幅节奏的干净利落、鲜明均匀。

四、行为举止禁忌

在工作岗位或着制服的场合，不得边走边吃东西、扇扇子；不得在公共场所或者其他禁止吸烟的场所吸烟；不得背手、袖手、插兜、搭肩、挽臂、揽腰；不得嬉笑打闹、高声喧哗。

城管人员是国家公权力的实施者，与群众发生关系的频次最多，是群众日常感受政治权利影响的主要载体，也是最易遭受群众质疑、反对与对抗的主体，这要求基层执法人员体现较多的文明、理性、容忍与涵养，发扬优良作风，杜绝行为禁忌。

☞【相关案例】

河南省城市管理文明执法规范（试行）第三章　仪容举止规范

第十条　城市管理执法人员应当仪容端庄，仪表整洁，并遵守下列要求：

（一）保持头发整洁，不得染彩发。男性不得留长发、大鬓角、烫卷发、蓄胡须，非身体原因不得剃光头。女性应当束发，发垂不得过肩。

（二）不得文身、留长指甲，女性不得化浓妆、染指甲。

（三）着制式服装时，不得戴耳环、项链、手链、手镯、领饰等饰物。

（四）除工作需要或眼疾外，不得佩戴有色眼镜。

第十一条　城市管理执法人员执法时应当举止文明、姿态良好、行为得体，保持良好形象，并遵守下列要求：

（一）精神振作，注意力集中。避免在执法对象面前打哈欠、伸懒腰、挖耳朵，以及使用夸张的手势和动作。

（二）严格遵守公共秩序和社会公德。带头维护市容环境卫生，不得在公共场所或者其他禁止吸烟的场所吸烟。遵守交通规则，乘坐公共交通工具时，应当主动给老、幼、病、残、孕等人员让座。

（三）不得边走路边吃东西、扇扇子，不得背手、袖手、插兜、搭肩、挽臂、叉腰、揽腰，不得嬉笑打闹、高声喧哗，不得使用电子娱乐产品、玩手机。

（四）严禁酒后上岗执法。

第十二条　城市管理执法人员在办公室办公或坐岗执勤时应当姿态端正，不得斜靠坐凳、跷脚、打瞌睡、聊天、吃零食、玩手机、上网玩游戏或从事与工作无关的事。

第十三条　城市管理执法人员徒步外出执勤、巡查时，应当两人成行、三人成列，正规有序。驾车巡查时，应文明行车，不得违反交通安全法规；在执法车辆内，不得有躺卧、打瞌睡、将脚置于方向盘或中控台上等行为；停车固守时不得影响交通；执法车辆不得搭乘与工作无关的人员。

第十四条　城市管理执法人员应当尊重当事人的权利和人格，维护其合法权益，并遵守下列要求：

（一）实行首问负责制。按照谁接待、谁受理、谁回复的原则，及时妥善处理群众举报投诉问题。

（二）不准倨傲漠视、颐指气使、简单粗暴、横冷硬推、搞特殊、耍特权，损害群众利益，严禁辱骂、殴打当事人。

（三）遇到与执法事项有利害关系的，应当主动回避。

（四）依法保守国家秘密、商业秘密和个人隐私。

第二十一条　城市管理执法人员实施执法时，应当先向行政相对人敬举手礼。

☞【条文解读】

本条是关于城市管理执法人员敬礼规范方面的规定。住房和城乡建设部发文明确了城市管理执法人员实施执法时，应当行举手礼。

☞【适用说明】

一、敬礼的意义

城管执法人员在实施执法时敬礼，是执行公务中使用的严肃礼节，以表示对行政相对人的尊重，有利于缓解对立情绪。敬礼体现城管人员文明素养，帮助建立起自我约束、激励、鞭策的导向，从而提高管理和执法水平。

二、敬礼的场合、对象、要领

城管执法人员应当在着制服时行举手礼，敬礼的场合主要是在实施行政执法的现场，对象主要是行政相对人。城管执法人员的敬礼，更强调在面对行政相对人时，给予对方尊重，展现严格文明执法的形象。

敬礼的要领为上体正直，右手取捷径迅速抬起，五指并拢自然伸直，中指微接帽檐右角前约2厘米处（戴卷檐帽、无檐帽或者不戴帽时微接太阳穴，约与眉同高），手心向下，微向外张（约20度），手腕不得弯曲，右大臂略平，与两肩略成一线，同时注视受礼者。

三、不敬礼的时机和场合

（一）着便服时。

（二）位于驾驶位置时。

（三）进行体力劳动时。

（四）其他不便于敬礼的时机和场合。

【相关案例】

西固区城管20多个敬礼感动违章商户

每日甘肃网5月23日讯 据鑫报报道 在执法人员当中广泛开展换位思考，鼓励执法人员文明执法；主动登门帮扶困难商户……今年以来，西固区城市管理行政执法局结合“治转提”专项行动，进行了一系列有益尝试，从人性化管理入手，解开了城市管理这道难解的多元方程式。

“几年前，城管人员工作态度不好，我们那时觉得他们很野蛮。”日前，在西固区执法局开展的“治转提”监管服务对象大走访活动中，辖区商户代表王大姐，没有隐瞒自己以前的想法。“后来的一次经历，让我彻底改变了这种看法。”王大姐在福利路上开了个水果店，为了使招牌突出招揽顾客，她将招牌放在马路边，既影响行人通行，又碍市容。城管队员发现后，没有采取粗暴、简单的执法方式，而是主动上门做思想工作。“执法人员一次一次地来店里，只要我不同意将招牌挪走，他们就一个接一个地给我敬礼，让我心里过意不去。”王大姐说，执法人员先后十多次来做她的思想工作，先后敬礼20多次。“他们敬礼可真把我给敬怕了!”王大姐笑着说，她被执法队员的耐心和诚心感动，从此再也没有违章。（来源：每日甘肃网-科技鑫报。记者：吴少华，通信员：王建军。）

第二十二条　城市管理执法人员应当礼貌待人，语言文明规范，不得对行政相对人使用粗俗、歧视、训斥、侮辱以及威胁性语言。

【条文解读】

本条是关于城市管理执法人员语言规范方面的规定。

执法语言贯穿于执法全过程，语言的互动是现场执法的关键内容，没有语言的运用，执法活动就无法开展。当前，我国仍处于社会主义初级阶段，正处于全面建成小康社会决胜期，改革进入攻坚期和深水区，城管执法工作面临的形势和环境发生了复杂而深刻的变化。执法语言文明规范是全面推进依法治国的基本要求，是维护社会公平正义的重大举措，是提升城管执法公信力的重要途径。执法语言的组织和运用，既是对执法者与执法对象间法律关系的表达，也是法治思维、执法能力和文明素质的体现，对执法效果起着至关重要的作用。执法人员倘若对语言不加以选择、不认真组织或者肆意乱用，不但可能词不达意，妨碍沟通，还有可能损害自身形象，计划矛盾冲突；而规范、文明的执法语言，不仅有利于构建平和的沟通平台，塑造良好的职业形象，更有助于执法活动的有效开展，提高行政执法的可接受度和相对人的自动履行程度。

一、执法语言规范的原则

（一）礼貌待人原则

城市管理执法人员要树立管理就是服务，在服务中实现管理的理念，在执法过程中应礼貌待人，语言文明、耐心细致，表达通俗准确，严禁使用生、冷、横、蛮、硬的执法语言。

（二）有理有据原则

执法人员的言行代表公权力，对群众的解释、宣传必须有理有据，不能随意使用不规范不文明的语言。执法人员要熟悉城市管理领域专业术语，善于运用道德规范、乡规民约等进行说服教育。

（三）讲“法言法语”原则

法言法语是执法部门或法律工作者表述的程式化的法律专业用语，其特点是注意含义精确。城管执法人员在执法过程中对违法行为人要讲“法言法语”，针对流动商贩、店外经营、乱搭乱建等违法行为实地讲解其中危害，发挥普法教育的作用。

（四）刚柔并济原则

刚柔并济。城管执法队员要根据不同的情境决定是将柔的一面放在前，还是把刚的一面摆在先。所谓柔或刚，都是由执法语言、面部表情、肢体语言、执法者站立的距离或姿态等决定的。柔一般指以平缓问候性的语言与相对人对话，有点像熟人之间相互交流。使用这种语言时，一定要注意体现出相对强硬的因素，包括指出这样做的后果：违背初衷、影响情绪、物品损失以及扰乱秩序等。城管执法队员在与相对人正面交锋时，一定要注意柔性执法与坚持原则的最佳结合，达到一种武戏文唱、重话轻说、缓中有急的艺术执法高度。

二、执法语言规范的要求

坚持以人民为中心的发展思想，解决城市管理领域的主要矛盾就要树立为人民管理城市的理念，强化城市管理宗旨意识和服务意识，以群众满意为标准，切实解决社会各界最关心、最直接、最现实的问题。城市管理执法人员在受理、接访、巡查、执法过程中，应当礼貌待人，语言文明，态度诚恳。

（一）执法现场语言规范

常规语言规范

（1）首句用语：“您好”。

（2）礼貌用语：“请”“谢谢”“对不起”“再见”。

（3）称谓用语：“同志”“先生”“女士”等。

（4）告知用语：出示证件，表明身份：“我们是××（单位名称）执法人员××（姓名）和××（姓名），请看证件。”

（5）履行职务用语。

① 宣传纠正的：同志，请支持（配合）我们工作＋说明理由（指出其违章事实）＋提出要求（处理意见、建议），最后是“谢谢配合。”

② 调查取证的：“同志，根据《××××》（法律名称）规定，现在对您（或单位）××方面的情况进行检查（勘验），请现场参与、配合。”

③ 采取强制措施的：“同志，根据××（单位名称）决定，现对你的××（强制标的物名称）进行××（措施名称）”＋“法律规定当事人享有的权利、救济途径，请你配合工作。”

④ 送达法律文书：“同志，文书内容（宣读）＋告知当事人享有的权利、救济途径＋宣读完毕，如无异议请签收。”

⑤ 行政告诫处理的：“同志，请您立即（或在××期限内）清理违章现场（或恢复原状）后再离开，谢谢。”

⑥ 适用简易程序的：“同志，您的××行为违反了《××××》（法律名称）第×条第×款第×项的决定，现责令您立即改正。”

⑦ 告知行政相对人法律权利：“您有权陈述、申辩、申请回避或者要求听证的权利。”

⑧ 警戒当事人改正错误：“希望您以后增强守法意识，不要再违反××法律法规，谢谢。”

⑨ 执法工作失误时：“很对不起，刚才是由于××原因，造成错误，我马上为您改正，请您原谅。”

⑩ 当事人要求减免处罚时：“很对不起，我们这是按××规定处理的，我们无权对您的违法行为减免处罚，请您谅解。”

（二）接待群众来访语言规范

1. 招呼。例如：“您好，请问有什么需要帮助”“您好，请进”等。

2. 交谈。例如：“请问您有什么事”“您请坐，别着急，慢慢说”等。

3. 倾听、记录。例如：“您慢慢说，我马上记录”“我很理解您的心情，正在详细记录”等。

4. 适当提醒。例如：“请您尽量讲述要点，便于我准确记录”等。

5. 婉言相告。例如：“您的意见我们会认真处理，请您留下电话便于及时回复”等。

（三）接待群众来电语言规范

1. 接听。“您好，这里是××（单位名称），请问您有什么需要帮助”等。

2. 记录。“请稍等，我记录一下”“请您慢慢说，我正在记录”等。

3. 婉言相告。“您反映的问题，我已做好记录，马上汇报处理，感谢您的信任”等。

（四）走访语言规范

1. 接触寒暄。“请问，××同志在家吗？我是××（单位名称）的××（姓名），可以走访以下吗？”等。

2. 诚恳交谈。“我们走访是为了××（事由），请您支持我们的工作，我们会做好保密工作，对您负责”等。

3. 礼貌告别。“谢谢您的支持（配合）”等。

（五）窗口语言规范

1. 受理。“您好，请问需要办理什么业务”等。

2. 审查、审核。“请核对您的凭证，请收好”；“对不起，您办理的事项不属于我们职能范围，请您到××办理，依据是××”等。

三、城管执法的禁忌语言

城管执法中粗俗、歧视、训斥、侮辱以及威胁性语言的肆意乱用不但妨碍执法人员与群众之间的沟通，还损害城市形象，激化矛盾冲突，甚至危害政府公信力。为加强城管执法队伍建设，进一步规范城管执法人员的行政行为，提高工作效率，树立廉洁高效、勤政务实的城市管理执法队伍形象，禁止城管执法人员使用以下语言：

1. 称呼年纪大的人：老头、老太婆、老家伙、老东西。

2. 称呼妇女：长舌妇、贱货。

3. 称呼从农村来的人：乡下人、“土鳖”。

4. 称呼小孩：小兔崽子。

5. 纠正违章人员时：赶紧滚。

6. 纠正违章时对方一时没有反应：聋了吗？

7. 对方整改动作慢时：你怎么要死不活的，还不快点。

8. 纠正店外经营等违章行为：喂，东西还要不要，不要的话，我给你拉走。

9. 对方违章拒不改正，发生争吵或暂扣违章物品，对方阻拦时：少啰嗦，我就是要扣你了，怎么样？

10. 暂扣物品，对方阻拦时：找打啊？找死啊？

11. 当对方因对执法依据不了解要求解释时：哪来那么多废话，老子想扣就扣。

12. 对方违章被纠正后再犯时：你还有完没完啊！

13. 纠正违章行为，对方讨价还价时：我说行就行，不行就不行，少啰哩啰嗦。

14. 群众说自己执法态度不好时：我就这个态度，怎么样？你有本事就告我去，随你到哪告去。

15. 警戒违章人时：下次再来，我可就对你不客气了。

16. 向对方说服教育时：我们也不想管，领导要求的，没办法。

17. 当对方未经同意进入办公室：你干什么？没看到我正在忙吗？等我叫你再进来。

18. 当事人未带相关证件时：你没带东西，跑来干什么？

19. 当违章户对处罚额度难以接受时：嫌多，你早干嘛去了？

20. 接听值班投诉电话：找哪个？有什么事快讲。

21. 对方投诉举报说话太快：讲那么快，你是不是不想让我记呀？

22. 当对方电话咨询时：不知道，这不是我们管的，你找其他人去。

23. 当对方打错电话时：神经病。

24. 当群众要求举报的问题尽快处理时：你急什么急，你以为就为你一个人服务？

25. 当群众为举报某事再三打来电话时：怎么又是你？你烦不烦？我不是已经告诉你了吗？

26. 向对方耐心解释而又听不懂时：我都已经给你解释了，你弱智啊？怎么还听不懂？

27. 当群众有意见时：我就这个样，你想怎样？

☞【相关案例】

关于城管执法人员不文明执法的情况说明

【基本情况】

6月29日上午，融水苗族自治县市容管理局城管大队副中队长黄某等4人在汽车站、商贸城一带对县城主要街道占道经营、乱摆乱卖现象进行综合整治。10时许，该城管大队执法队员巡查至汽车站时，发现商贸城西面桥上存在占道经营行为，执法队员立即下车对占道经营摊贩进行劝离，多数占道经营摊贩经执法人员劝离后，陆续离开现场。但执法队员在对视频中摊主进行劝离时，摊主非但不理睬并出言侮辱执法队员。经劝离无效后，执法队员决定对其占道物品进行暂扣处理。但在执法人员暂扣占道经营物品时，摊主情绪激动，一再阻拦、推搡谩骂执法人员，并爬上执法车辆抢夺被暂扣物品。局城管大队副中队长黄某情急之下做出了不文明执法行为，并被网友拍摄后发布到网络上，造成了不良影响。

事情发生后，该局第一时间进行调查和处置，鉴于执法过程出现不文明执法行为，决定停止黄某副中队长职务，责令其进行深刻反思检讨。同时，该局就此次不文明执法行为向公众致歉。（融水苗族自治县市容管理局 2018 年 6 月 29 日）

【案例评析】

1. 城管执法人员和相对人双方都要学会换位思考。首先摊贩占道经营的确是不合法的，街道是公共的，而不是个人的，摆摊的前提是不能够违反相关法律法规，不能堵塞交通、制造垃圾不处理，不能影响市容市貌，不能给其他人带来不便。在执法人员劝离的时候，那是工作职责，请摊贩们积极配合。其次，无论在任何情况下，执法人员都要做到严格规范公正文明执法，作为执法人员，即便是平常的一些小失误都能够被放大，这既是维护干群的良好关系，也是在保护自己。

2. 转变执法方式，以法治思维和法治办法解决问题。近年来，商贩暴力抗法或城管不文明执法情况并不少见，如何避免，根本出路在于转变执法方式。柳州市城管执法局组织各城区（新区）城管人员培训并下发《柳州市城市管理行政执法局非接触执法证据适用规则及操作指引》，其中，对于商贩占道经营行为明确：首次发现跨槛、占道经营行为的，视频取证，执法人员对违法人员下达《责令改正通知书》，限期整改。填写《承诺改正书》采集个人信息。违法当事人拒不改正的，视频取证，对违法当事人下发《调查通知书》，告知其享有的权利和义务，并依法进行处罚。对于占道经营行为，执法部门按照《城市道路管理条例》相关规定，责令违法人员限期改正，可以处以 2 万元以下的罚款。当事人拒不接受调查，也不履行义务的，未提出复议、诉讼的前提下，进行催告，催告后拒不履行义务的，申请人民法院强制执行。城管部门将采取视频取证、“零口供办案”的手段，有效化解“管贩摩擦”。同时，“非接触执法”还运用在车窗抛物、乱涂乱画、违法发送广告、违法停车（船）、扬尘治理等 6 类违法行为中，进一步提升管理水平。

第二十三条　城市管理执法人员实施执法时，一般使用普通话，也可以根据行政相对人情况，使用容易沟通的语言。

☞【条文解读】

本条对城市管理人员实施执法时使用的语言做出了规定和建议。

本条规定了城市管理人员执法中在与行政相对人进行沟通时，使用语言要符合一定标准，即尽量使用普通话，或者根据情况，使用更容易沟通的语言，使执法实施行为更顺畅。

一、关于公务人员使用普通话的法律法规规定

语言是最重要的交际工具和信息载体，普通话是全国通用的语言。《中华人民共和国宪法》第19条规定："国家推广全国通用的普通话。"使用普通话是每个公民应当履行的义务，对于行政执法人员来说，以普通话作为工作用语体现了执法行为的严肃性和规范性。

根据《中华人民共和国国家通用语言文字法》的规定，"国家通用语言文字是普通话和规范汉字，地方各级人民政府及其有关部门应当采取措施，推广普通话和推行规范汉字。""国家通用语言文字的使用应当有利于维护国家主权和民族尊严，有利于国家统一和民族团结，有利于社会主义物质文明建设和精神文明建设。""国家机关的工作人员执行公务时确需使用的，可以使用方言。"

2012年教育部国家语言文字工作委员会印发《国家中长期语言文字事业改革与发展规则纲要（2016—2020年）》强调"语言文字事业具有基础性、全局性、社会性和全民性特点，是国家文化建设和社会发展的重要组成部分……事关国民素质提高和人的全面发展，在国家发展战略中具有重要地位和作用。""要建立和完善语言文字工作的长效机制。将语言文字工作要求纳入各级政府及教育行政部门年度工作总结、相关干部考核和教育督导范围……要努力推动将语言文字规范要求纳入精神文明建设、普法宣传教育、机关行文规范、新闻出版编校质量、广播影视制作播出质量、工商行政监管和城市市容管理等范围。"

二、城市管理执法部门应带头使用和协助推广普通话

党政机关、行政执法等各部门都应该营造规范化语言文字的工作环境。公务、公文、交谈、网络宣传、媒体等，都要规范运用语言文字，有条件的可以建立语言文字规范管理制度，有利于提高工作人员文化素质。各地城市管理执法工作者可以定期开展普通话推广活动，和地方语言文字工作委员会联合组织相关宣传、评比活动，弘扬祖国优秀文化传统和爱国主义精神，加强社会主义精神文明建设，营造良好市容市貌氛围。

三、城市管理执法人员使用规范语言的必要性

语速、语调、口齿清晰度也会影响与行政相对人沟通情况，尤其当行政相对人不熟悉执法人员的语言时，放慢语速，平和的语调和清晰的表达，更容易

让行政相对人理解执法人员的意图，甚至适当使用行政相对人熟悉的方言进行沟通，能提高执法效率，可根据情况，适当调整语言环境。

☞【相关案例】

各地在规范执法用语中的要求和规定

《杭州市城市管理行政执法用语规范（试行）》第42条：执法语言应当使用普通话。但在公序良俗的前提下，执法人员在少数场合使用方言，亦不在禁止之列。

《内蒙古自治区城市管理执法人员行为规范》第30条：执法人员应当使用普通话，执法时也可根据相对人的情况，使用民族语言或地方容易沟通的语言。接听投诉电话或电话回复办理结果时，必须使用普通话。

上海市城市管理执法局执法总队在推广使用普通话活动中，邀请语言文字工作委员会专家对队员进行指导和培训，提高城市管理执法人员在语言文字工作中的执法业务水平。

恩施市城市管理执法局规范执法，要求牢固树立“讲普通话、写规范字”的理念，在接传电话、接待来客、规范执法、文明劝导、窗口行政许可等用语用字领域，严格执行语言文字工作制度，坚持讲普通话、规范用字，树立城管队伍良好形象。

云南泸水县城市管理综合行政执法局建立健全语言文字相关制度，营造人人都说普通话、个个使用规范字的浓厚氛围，在接传电话、接待来客、城管队员文明劝导、办理行政审批业务等，坚持讲普通话，严格执行语言文字工作制度。

第七章　实施和监督

本章导读

近年来，城市管理执法因不规范执法、暴力执法倍受舆论的关注，严重影响了城管队伍形象，产生这些问题的原因很多，但最根本的原因是对依法行政缺乏深刻的认识和有效的监督。《城市管理执法行为规范》的实施和监督是指城市管理执法主体要按照规定的程序和方式，从执法规范的特点出发，使执法各个环节得以执行和落实，并对执行落实情况予以检查和督促，从而保障法律法规得以有效实施的活动。实施和监督是依法行政的必要内容和重要组成部分，将有效增强执法人员严格公正规范文明执法的自觉性，对执法规范化建设具有重要意义，也是公民利益的重要保障措施。本章条款共计五条，分别规定了组织实施、监督检查、公众监督、处理规定、激励约束等。

条文理解及应用

第二十四条　市县人民政府城市管理执法部门是本规范实施的责任主体，应当组织辖区内城市管理执法人员学习、训练，在实施执法时严格执行本规范。

【条文解读】

本条是关于城市管理执法行为规范组织实施的规定。

党的十八大以来，以习近平同志为核心的党中央对城市建设管理工作提出了一系列新理念、新思想、新战略，城市管理执法受到高度重视，执法队伍执法能力和水平得到有效提升，但是仍存在一些执法队员对依法行政的重要性缺乏认识，法制素养不高，执法不严，执法随意性大，甚至滥用执法权利的问题。为贯彻习近平总书记重要指示精神，落实《中共中央国务院关于深入推进城市执法体制改革改进城市管理工作的指导意见》（中发 2015〔37〕号）要求，住房和城乡建设部特制定《城市管理执法行为规范》，规范执法人员行为，提升执法人员精神面貌，树立执法人员良好形象，推进严格公正文明执法。中发 2015〔37〕号文中规定，“严格执法人员素质要求，加强思想道德和素质教育，着力提升执法人员业务能力，打造政治坚定、作风优良、纪律严明、廉洁务实的执法队伍”，明确了严格执法队伍管理。《城市管理执法办法》第四条规定“城市、县人民政府城市管理执法主管部门负责本行政区域内的城市管理执法工作”，明确了城市管理执法工作的责任主体，其中重要的一项工作内容就是对执法人员的培训和管理。该规范从普遍适应的角度出发，明确规定了市县人民政府城市管理执法部门履行职责时，必须遵守的、最基本的行为准则。通过学习训练，深入严格公正规范文明执法，不断端正执法理念，改进执法作风，规范执法行为，努力打造执法队伍的良好形象。

☞【适用说明】

各地区、各部门应坚持以马克思列宁主义、毛泽东思想、邓小平理论和“三个代表”重要思想、科学发展观、习近平新时代中国特色社会主义思想为指导，依据《中华人民共和国公务员法》《干部教育培训工作条例（试行）》《公务员培训规定（试行）》《2010—2020年干部教育培训改革纲要》，根据自身特点和实际需要制定相应的实施办法，本着全员覆盖，讲求实效的原则，围绕城市管理执法工作的重点，组织人员进行培训，针对执法骨干人员进行强化培训，不断提高行政执法队伍的综合素质。

市县人民政府城市管理执法部门要高度重视城市管理执法队伍学习训练工作，将此项工作列入重要议事日程，明确责任，制定计划，精心组织实施，做到思想发动到位、组织协调到位、措施落实到位、评比考核到位。一般采取经常性、集中式和自学相结合的方式进行学习训练。大力开展业务知识学习和工作经验交流，定期开展军事队列训练和体能锻炼。建立学习训练的考核、激励、竞争机制，参加学习训练情况、考核成绩应当纳入执法队伍继续教育内容，作为执法人员申办行政执法证、年终考核、评先和任职、晋升的重要依据。

☞【相关案例】

各地纷纷就执法行为规范组织相关培训工作

黄石市以2018年度全市城管执法队伍集中教育培训为契机，在队伍培训期间，实行全封闭军事化管理，邀请部队三名教官，开展军事和队列训练，培养令行禁止的作风。全市1280名城管队员和协管员全部完成换装，执法人员实施执法时，着统一的制式服装，仪容举止文明、语言规范。调整城市管理考核方式，高标准地建立城市管理考评机制。将执法队伍建设情况纳入考核内容，每月将城市管理考核排名情况在黄石日报上刊登公布。依托数字化城市管理监督平台，聘请第三方对各城区市容执法管理情况和队风队纪情况进行监督考核。（来源于黄石市人民政府法制办公室网站）

2018年10月，福州市闽侯县城管组织大队内设中队及各乡镇中队中队长在大队会议室传达学习了《城市管理执法行为规范》，同时下发了《闽侯县城乡建设管理监察大队贯彻落实城市管理执法行为规范实施方案》，要求全体干部职工应该充分认识规范城管执法行为的重要意义，结合深入推进“强基础、转作风、树形象”专项行动和“规范执法行为年（2018年）”主题活动，将有关精神传达到每个执法人员和协管人员，让行为规范入脑入心，确保执法人员能够文明执法，做到着装规范、用语规范、行为规范、程序规范，依法规范行使行政检查权和行政强制权，自觉维护城管执法良好形象。（来源于福州市城市管理委员会网站）

2019年3月河南省住房和城乡建设厅印发《“强基础 转作风 树形象 打造人民满意城管”制度化法治化建设年工作实施方案》，在“主要任务”中提到“强化执法队伍教育培训。依托大专院校和团队，制定年度培训计划，分层次加大执法骨干和一线执法力量的培训力度，实行培训全覆盖。通过法律知识竞赛、优秀案卷评查、现场应急演练、军事化训练等形式，系统提升城管执法队伍依法行政能力、综合分析能力、沟通协调能力、突破创新能力。开发城管执法微信公众号，完善在线学习培训课程目录，针对执法热点、难点开展互动评论，增强培训的应用性、时效性”。（来源于河南省住房和城乡建设厅网站）

第二十五条　市县人民政府城市管理执法部门应当加强城市管理执法人员执行规范情况的监督检查，纠正违反本规范的行为，视情节轻重对违反规范的有关人员进行处理。

省级人民政府城市管理执法部门应当加强市县城市管理执法部门组织实施规范情况的监督，定期开展监督检查和考核评价。对组织实施不力的，视情况给予通报批评或实施约谈。

国务院城市管理主管部门负责监督全国城市管理执法部门落实本规范工作情况。

☞【条文解读】

本条是关于城市管理执法行为规范监督检查的规定。

国家权力构成中，行政权，特别是行政执法权是对公民基本权利和切身利益影响较为直接、较为重大的一种权力类型，它很容易对公民权利和利益造成损害，也很容易被滥用并滋生腐败。要促使行政执法达到预期目标，就必须预防和制止执法过程中的滥用职权和违法渎职行为，行政执法监督是一种必不可少的手段。广义的行政执法监督是指国家机关、政党、社会组织、公民等作为监督主体，对作为监督对象的行政执法主体及其工作人员的相关行政执法行为展开的监察和督促的活动；狭义的行政执法监督是指行政机关系统内部为提高效率及法治程度而进行的监察和督促的活动。建立行政执法监督制度，旨在有效防止行政机关及其行政执法人员滥用手中的权力，破坏法治运行的秩序。对其进行规制的核心是监督行政权力的运行，基本路径是通过制定规则来规范机关及其公务员的执法行为，积极接受国家机构、社会组织及人民的各种监督。

实现依法治国，必须把实现依法行政作为重点，依法行政的关键点在于进行有效的行政监督。要实现这个目标，行政机关需要在执法活动中进行自我约束，更重要的是通过各种途径和方法，加强对行政执法活动的监督和控制，公正有序的行政执法离不开行之有效的执法监督。在依法治国的要求下，根据现代行政法治理念，城市管理执法部门依法行政的发挥有赖于高效合理的监督机制。只有建立起良好运行的监督体系，法治轨道才可能良性运转，城市管理执法过程中的不良行为才能得以制止。此条文规定的是城市管理执法部门内部监督制约机制，是指行政机关内部对自己的机构及其公务员的不良行政行为所实施的监察和督导，此条文对行政监督检查和行政层级监督进行了规定。

2004 年国务院印发《全面推进依法行政实施纲要》，在总结以往行政监督制度经验的基础上，提出了“创新层级监督新机制，强化上级行政机关对下级行政机关的监督”的要求，对于顺利推行依法行政具有重要意义。行政机关层级监督是指在行政机关系统内，负有行政监督职能的上级行政机关监督下级行政机关是否依法行使职权的一种监督制度。从法律意义上说，行政机关的层级监督是一种自我纠错制度，如果说国家权力机关监督是党外监督的话，行政机关层级监督则是一种党内监督。这种内部监督具有较高的效率，给行政机关一个自我纠错的机会，从而提高行政机关在社会公众面前的权威，从而进一步提高行政机关行使职权的有效性。行政层级监督的主要形式有行政复议监督、行政监察监督、审计监督、规章和规范性文件备案监督、行政执法监督、信访监督等。

2019 年 5 月中共中央办公厅、国务院办公厅印发了《法治政府建设与责任落实督察工作规定》，第八条第五款规定“深化行政执法体制改革，推进综合执法，全面推行行政执法公示制度、执法全过程记录制度、重大执法决定法制审核制度，严格执法责任，加强执法监督，支持执法机关依法公正行使职权，推进严格规范公正文明执法”。第六款规定“自觉接受党内监督、人大监督、民主监督、司法监督、社会监督、舆论监督，推动完善政府内部层级监督和专门监督，加强行政复议和行政应诉工作，尊重并执行生效行政复议决定和法院生效裁判”。

2019 年 6 月实施的《中华人民共和国公务员法》第五十七条规定“机关应当对公务员的思想政治、履行职责、作风表现、遵纪守法等情况进行监督，开展勤政廉政教育，建立日常管理监督制度”。行政监督检查是指行政主体依法定职权，对相对方遵守法律、法规、规章，执行行政命令、决定的情况进行检查、了解、监督的行政行为。行政监督检查的方式一般包括检查、审查、调查、检验、鉴定等，对监督检查中发现的问题，应予以及时纠正和处理。2018年5月住房和城乡建设部印发《全国城市管理执法队伍“强基础、转作风、树形象”三年行动方案》中提出“一是加强执法督察。围绕全面提升城市管理执法队伍履职尽责能力，坚持日常督察与专项督察相结合、明察与暗访相结合，不断提升执法督察质量和水平。领导干部要定期带队检查，对违反纪律规定的，通过纠正、约谈、通报批评、调离岗位等方式，及时处理，自我监督、自我净化。二是加强考核评优。要以规范执法行为、提高执法水平、树立良好执法形象为目标，将‘强基础、转作风、树形象’专项行动开展情况纳入绩效考核，细化考核标准，对考核对象进行考核评比，奖优罚劣”。

【适用说明】

为加强城市管理行政执法工作，保障和监督城市管理行政执法人员依法行使职权、履行职责，保护行政执法相对人合法权益，必须完善行政执法机关内部监督机制，强化监督检查力度，创新监督方式方法，督促执法人员严格依法行使权力、履行职责，确保执法行为合法规范。一是建立执法约束机制，规范执法行为。随着城市管理综合执法工作的深入开展，执法队伍要进一步加大制度建设力度，不断创新和健全完善各项规章制度，全面规范各项执法活动和队伍的执法行为。进一步严明政治纪律、执法纪律、财经纪律、廉政纪律和群众纪律，对不服从上级决议和命令，玩忽职守，贻误工作，或者滥用职权，侵犯群众利益，损害政府和人民群众关系的人和事，要坚决严肃处理，并用制度的形式进行规范，努力形成用制度规范执法行为、靠制度管人、按制度办事的工作机制。二是要建立权力制衡机制，强化集体决策。实行决策制衡。按照《党内监督条例》的要求，建立健全《党委议事规则》《民主生活会制度》《干部人事管理》等制度，使集体领导原则具体化和制度化，确保重大事项由领导班子集体研究决定。实行制度制衡。进一步规范各项执法工作的程序，完善操作流程，推行网上办案，建立健全案件审批权限、查处分离、会审、备案等制度，提高办案透明度，规范自由裁量权，分解和制约执法人员的手中权力。三是建立跟踪监督机制，确保监督到位。要建立完善执法督察制度，强化对队伍日常执法活动和履行职责、队容风纪、礼节礼貌、遵章守纪等日常行为的监督检查，防止权力失控和行为失范。要建立完善执法检查考核制度，做到每月有检查、季度有考核、年中有考评、年度有评比；综合运行各种监督手段，采取提前介入、跟踪参与、明察暗访等方法，加大监督检查频率，提高监督检查覆盖面。要建立完善谈话制度，采取谈话、诫勉、打招呼、亮黄牌等方式，勉励和警诫执法人员保持清醒头脑，自觉做到勤政廉洁。四是做好执法工作，关键在队伍，要进一步完善选人用人机制，建立并完善行政执法人员的考核评价机制，明确考核标准和奖惩办法，将执法行为规范同执法人员的考核、奖惩以及提拔任用结合起来，调动和激发执法人员争先创优的热情。积极开展争先创优活动，进一步完善评选先进集体、先进个人、执法能手、文明执法标兵、勤政廉洁先进典型的具体办法，大力宣扬先进典型事迹，激励先进，弘扬正气，努力营造崇尚先进、学习先进、争当先进的良好氛围。要建立奖励机制，完善各项奖励规定，对认真负责、依法行政、执法成绩突出的单位和个人，给予表彰和奖励，并作为评先评优、提拔使用的重要依据。五是建立并完善党风廉政建设责任制。建立健全党风廉政建设责任制领导小组，加强廉政监督，坚决纠正以权谋私、吃拿卡要等不正之风，严肃查处违纪违法行为。督促各级领导转变工作作风，主动发现和纠正下属在执法活动中存在的违法违纪问题。又要明确一般队员的执法监督责任，认真抓好责任分解、责任考核、责任追究三个关键环节，督促队员依法办事、公正执法。同时，充分发挥政府监察部门的监督作用，通过监察部门的有效监督，及时纠正和严肃查处不良行为。

国务院城市管理主管部门应当对全国城市管理执法部门落实本规范工作情况建立监督检查机制，建议设立督察工作制度，负责对各级城管执法队伍及其执法人员依法履行职责、行使职权和遵守纪律的情况进行监督。县级以上地方各级城管执法队伍督察机构，负责对本级城管执法队伍所属单位和下级城管执法队伍及其执法人员依法履行职责、行使职权和遵守纪律的情况进行监督，对上一级城管执法队伍督察机构和本级城管执法队伍行政首长负责。督察机构可以向本级城管执法队伍所属单位和下级城管执法队伍派出督察人员进行督察，也可以指令下级城管执法队伍督察机构对专门事项进行督察。县级以上地方各级城管执法队伍督察机构查处违法违纪行为，应当向上一级城管执法队伍督察机构报告查处情况；下级城管执法队伍督察机构查处不力的，上级城管执法队伍督察机构可以直接进行督察。2019 年 10 月中央纪委国家监委机关牵头、会同 15 个中央国家机关制定了《在“不忘初心、牢记使命”主题教育中专项整治漠视侵害群众利益问题的实施方案》，住房和城乡建设部布署开展对 4 个方面 14 项突出问题的专项整治，其中包括坚决纠治行政执法机关执法不公、选择性执法、随意性执法等问题。

☞【相关案例】

案例一：市级城市管理执法部门的主要做法

2008 年《南京市深化城市管理行政执法体制改革工作方案》中规定：

“（四）加强对行政执法工作的监督。市政府法制办、市监察局等有关部门应当加强对行政执法局和相关移权部门依法履行职责情况、行政执法情况和工作协调机制运行情况的监督。市行政执法局应当加强对区行政执法局行政执法活动的指导、监督、考核，以保障我市城市管理行政执法体制改革取得成效。（五）加强对下级政府城管与城管执法工作的考核。将城市管理目标考核与城管执法工作考核相结合，对区政府实行绩效挂钩奖惩制和效能监察问责制，对区政府主要领导和分管领导实行风险抵押的考核制度。考核工作由市城市管理领导小组办公室具体负责。”自 2014 年以来，江苏省南京市城市管理局按照城管执法队伍“规范化、制度化、标准化、正规化”的目标要求，在推进城管队伍规范化建设等方面进行了积极探索和尝试。自 2017 年 5 月 1 日起，南京市城市管理局专门下发通知，要求全市执法人员在开展城市管理执法工作时必须佩戴、使用执法记录仪，做好执法全过程记录，并将佩戴执法记录仪情况纳入长效管理督察考核内容中。同时，建立健全执法全过程记录信息收集、保存、管理、使用工作制度，积极接受监督。在使用记录仪全过程记录执法过程中，加强数据统计分析，充分发挥全过程记录信息在案卷评查、执法监督、评议考核、舆情应对、行政决策等工作中的作用，进一步规范执法行为。（来源于南京市城市管理局经验交流材料）

上海市虹口区城市管理行政执法局加强日常监督制度，推广交叉督察、联合督察模式，强化督察结果运用，严格落实过错责任追究，促进队伍履职尽责、主动作为。区城管执法局利用“智慧城管”系统建立了一套科学智能绩效考核机制，考核分为勤务督察、法制办案、政工工作、后装工作及组织评价等五部分。一线队员个人考核机制通过系统实时生成的岗段签到、问题处理、网上办案、诉求办理等大量基础数据，自动生成队员一天的工作量，从及时率、任务量、实效性等三个方面进行自动量化考核，由过去凭主观印象评价变为以客观数据评价，强化目标管理，突出执法实效，构建完善评价体系，将其与执法队员的绩效考核、评优评先、晋级晋升直接挂钩，激发一线执法队员干事创业的积极性。“网上考核”制度于 2018 年 3 月正式实施，局考核领导小组每月就“智慧城管”系统自动算出的队员得分和排名情况进行汇总、整理、分析，形成多角度的综合智能化考核评价系统，实现考核公平、公正、公开。2019 年 3 月虹口区城市管理行政执法局印发《虹口区城市管理行政执法局 2019 年督察工作实施意见》中要求“行为规范督察：开展街面随机督察和进中队督察，对执法队员着装、仪容、装备携带、行为举止、文明用语等进行督察”。具体实施为“机动中队对所有街道中队行为规范、内务管理督察每月应全覆盖一次，至少完成 50 人次行为规范督察。督察标准严格按照《上海市城市管理行政执法人员行为规范》《上海市城市管理行政执法系统内务管理规定（试行》及《上海市城管执法人员着装规定（暂行）》相关要求执行督察人员完成督察后应在移动执法终端APP内予以记录，或在中队督察单中记录，对存在问题的应当在移动执法终端APP开具《行为规范督察单》，或在中队督察单内注明。行为规范督察单整改时限一般为1天，并由相关中队针对问题出具书面整改报告或情况说明”。（来源于上海市虹口区城市管理行政执法局经验交流材料）

案例二：省级城市管理执法部门的主要做法

省级人民政府城市管理执法部门应当加强市县城市管理执法部门组织实施规范情况的监督，2016年《广东省行政执法监督条例》在广东省人大常委会上获得表决通过。该条例的前身是1998年施行的《广东省各级人民政府行政执法监督条例》。相比原条例，新修订的《条例》将各级政府、行政执法部门和法律、法规授予行政执法权的组织，依法履行行政处罚、行政许可、行政强制等行政职责的行为全部纳入监督范围，还将人大常委会、司法机关以及公民、社会组织等纳入了监督主体。《广东省城市管理综合执法条例（送审稿）》第62条规定：“城市管理和综合执法部门应当建立和完善行政执法监督机制，通过评议考核，案卷评查，督办督察，专项执法检查等方式加强对下级城市管理和综合执法部门执法活动的监督检查。监督检查应该包括下列内容：（一）城市管理和综合执法部门、机构及其执法人员依法行政、依法履行职责的情况；（二）城市管理综合执法队容风纪情况；（三）城市管理综合执法规范执法、文明执法情况；（四）城市管理综合执法标志标识和执勤车辆的使用情况；……”（来源于广东省政府法制网站）

2019年5月30日，河北省十三届人大常委会第十次会议通过了《河北省行政执法监督条例》，该条例已于7月1日正式施行。条例共6章、32条，分别为总则、监督内容、监督程序、监督措施、法律责任和附则。《条例》对行政执法监督队伍和人员提出具体要求，规定自行回避、申请回避、指定回避等回避制度，为行政执法监督提供保障；明确日常监督、专项监督等方式，以及抽查、暗访、大数据监测分析、委托第三方评估等手段，并细化各环节的时间限制，促进监督高效、有序、能落地；规定行政执法监督机关可以采取的要求报告有关执法情况、询问有关人员、查阅相关资料、组织实地调查勘验、召开听证会论证会等七项监督措施，便于行政执法监督机关更好地开展监督活动。条例的出台，将行政执法监督工作纳入了法治轨道，对促进严格规范公正文明执法、构建权责统一、透明规范、权威高效的行政执法体系具有重要作用。（来源于河北人大网站）

第二十六条　市县人民政府城市管理执法部门应当采取设立举报电话、信箱等方式，畅通群众投诉举报城市管理执法行为的渠道。

☞【条文解读】

本条是关于城市管理执法行为规范公众监督的规定，即建立外部监督制约机制。公众监督主要是指公民通过批评、建议、检举、揭发、申诉、控告等基本方式对国家机关及其工作人员权力行使行为的合法性与合理性进行监督。

一、公众监督是发扬民主，约束执法行为的有效方式

从群众中来，到群众中去，是我们党的优良传统。公众监督是党的群众路线在实际工作中的贯彻和运用。公众监督作为民主监督的一种重要形式，是人民群众对国家行政机关及其工作人员的工作所进行的监督。公众监督是广泛、直接、有效的监督，是党外监督的主要渠道，是党内监督的有益补充。习近平总书记指出，要“发挥人民监督作用”，强调“只有织密群众监督之网，开启全天候探照灯，才能让‘隐身人’无处藏身。各级党组织和党员、干部的表现都要交给群众评判”。充分肯定人民群众在监督工作中的重要地位，重视人民群众监督的热情和斗志，建立和健全人民群众参与监督的机制，对于加强党的执政能力建设，保持党的先进性，具有十分重要的意义和作用。同时执法部门把自己的事情做好、做扎实、做透明了，接受公众监督就更有胆量、更有魄力、更能体现公信力。

二、移动互联时代运用多种方式畅通公众监督

《中共中央国务院关于深入推进城市执法体制改革改进城市管理工作的指导意见》（中发2015〔37〕号）文中规定，“强化外部监督机制，畅通群众监督渠道、行政复议渠道，城市管理部门和执法人员要主动接受法律监督、行政监督、社会监督”。2018年5月住房和城乡建设部印发《全国城市管理执法队伍“强基础、转作风、树形象”三年行动方案》中提出“拓宽公众监督。扩宽网站、微信、微博、手机应用程序（APP）、便民服务热线等公众参与渠道，开展行风效能评议，接受群众监督。开展‘城管体验日’活动，邀请媒体、公众全程参与观摩现场执法活动，适当开展网络直播，促进队伍规范执法、高效服务。”移动互联时代，公众更倾向于用自己的“传声筒”直接表达意见，建设服务型政府，必须紧跟这一时代特点，积极建设交流畅通的平台，切实倾听公众的意见建议，自觉规范执法行为，不断提升依法行政的能力和水平。

☞【适用说明】

公众对行政执法的监督是社会监督的重要组成部分。目前，公众监督已取

得了一定的成就，但公众监督的作用远没有得到发挥。完善公众监督，应当加大普法宣传的力度，强化对公众监督的法律保障，完善公众监督的有效途径，实行政务活动公开化，完善听证制度。首先要调动公众参与监督的积极性，正确引导群众参与监督的愿望和行为，在知识、方法、技巧等方面为群众监督提供指导。对来自群众的批评、意见、要求、控告等，应立即接受并处置，在法定时限内按法定方式做出明确答复。同时城管执法部门应当加大对行为规范的宣传力度，制定鼓励公众举报办法，完善公众参与制度，及时准确披露各类城管执法信息，扩大公开范围，保障公众知情权和监督权，提高群众知晓度，及时履行对举报人告知调查处理结果的法律义务，维护公众参与城市管理的正当权益，从而更加有效地监督执法行为；其次是畅通公众监督的渠道，《城市管理执法办法》第七条规定，“城市管理执法主管部门应当积极为公众监督城市管理执法活动提供条件”，现代社会科技发达，信息通畅，要充分运用现代化科学技术，拓宽公众监督的渠道。利用网络公共平台、微信公众号，结合举报电话、举报邮箱等方式让群众足不出户就可对权力运行情况进行监督。城管执法部门要及时公布典型执法案件的查处情况，增强公众对城管执法的信心，鼓励公众积极参与城管执法，进一步夯实城管执法的群众基础，凝聚更多的社会力量参与城市管理执法。

☞【相关案例】

多种方式保障公众监督渠道畅通

《环境保护公众参与办法》有类似规定，如第十一条规定，“公民、法人和其他组织发现任何单位和个人有污染环境和破坏生态行为的，可以通过信函、传真、电子邮件、‘12369’环保举报热线、政府网站等途径，向环境保护主管部门举报。”城市管理执法部门也应当制定类似的鼓励公众举报办法，完善公众参与制度，及时准确披露各类城管执法信息，扩大公开范围，保障公众知情权和监督权，及时履行对举报人告知调查处理结果的法律义务，维护公众参与城市管理的正当权益。城管执法部门还要及时公布典型执法案件的查处情况，增强公众对城管执法的信心，鼓励公众积极参与城管执法，进一步夯实城管执法的群众基础，凝聚更多的社会力量参与城市管理。（来源于生态环境部网站）

公安部 2017 年举办全国公安机关规范执法视频演示培训会，全国百万民警进行集中培训，要求民警执法时面对群众围观拍摄，既要增强自觉接受监督的意识，习惯在“镜头”下执法，又要坚持依法依规正常执法，维护执法权威。对交警道路交通执法、民警治安巡逻、一般性执法等公开执法，群众可以拍摄，但拍摄者不得干扰民警执法，也不得影响他人正常的工作、学习和生活，拍摄者与现场需保持一定安全距离，一般情况下应保持 3 米以上距离，最近不能少于两臂距离（约 1.5 米），不得越过警戒线拍摄，不得进入巡逻检查中心区域进行拍摄。自媒体时代，城管执法也一样会面临类似公安机关镜头下执法的考验，城管执法过程处于被公众检视的状态，这是城管执法接受公众监督绕不过的关口。镜头下执法是城管执法者和被执行对象共同的法治保护层，既能让被执行人的合法权益得到有效保障，又能保障公众对执法行为的直接监督，实际上也是对执法者规范执法的有效保护。（来源于公安部网站）

2017 年株洲市天元区、荷塘区的城管相继在网上开设了“执法直播”，获网民点赞好评，在无官方宣传的情况下，仅靠当地网友们口耳相传，首播就能达到过千人的观看人数，各类媒体争相主动报道。“执法直播”之所以能引起社会广泛关注，一方面是公众可通过网络直播，实时了解相关职能部门执法动态；另一方面是职能部门主动接受公众监督，是政府新常态期的一种新思维体现。近年来，公众对知情权的诉求不断增强，随着网络上层出不穷的城管负面新闻，公众对城管执法过程进行监督的欲望也越来越高。城管“直播执法”有利于公众监督自己的执法行为，不同于传统电视、网络视频等手段，网络直播难以篡改，实时的向公众传播正在发生的执法行为，这对镜头下的城管执法人员形成了有效的约束，因自己的执法过程正通过网络向公众展示，文明执法，依法依规执法便成了一个自觉行为。同时对所有城管执法人员来说有着很好的警示效应，哪怕不处于直播过程中，也会考虑到普通群众的手机拍摄习惯，在执法过程中会更多的规范行为。（来源于株洲晚报　汤星宇）

第二十七条　城市管理执法人员有违反本规范情形的，由市县人民政府城市管理执法部门责令改正，给予批评教育；其中，违反执法纪律、办案规范、装备使用规范应予处分的，由处分决定机关根据情节轻重，给予处分；构成犯罪的，依法追究刑事责任。

☞**【条文解读】**

本条是关于城市管理执法行为规范的处理规定。2019 年 6 月实施的《中华人民共和国公务员法》第五十七条规定，“**对公务员监督发现问题的，应当区分不同情况，予以谈话提醒、批评教育、责令检查、诫勉、组织调整、处分。对公务员涉嫌职务违法和职务犯罪的，应当依法移送监察机关处理。**”处理处分包括公开道歉、告诫、通报批评、诫勉谈话、暂停执法活动、限期离岗、离岗培训、暂扣行政执法证件直至吊销、行政处分、经济处分等措施，其中行政处分包括警告、记过、记大过、降级、撤职、留用察看、开除等。经济处分包括扣发岗位津贴或奖金、工资；赔偿因执法过错造成的部分或全部经济损失等。行政执法机关或相关行政执法人员不履行法定职责的，移送行政监察机构进行责任追究，行政执法人员或者辅助人员涉嫌违反廉政工作纪律的，移送纪检部门进行查处，构成犯罪的，依法追究刑事责任。各个地方城管部门在贯彻落实执法行为规范方面，都有可借鉴的做法，比如将执法行为规范细化为考核标准，定期通报考核结果，对个人得分低于基准分60%的工作人员进行诫勉谈话，考核结果作为工作人员年度考核和人事任免的重要依据；确定过错责任后，除要追究直接责任人的责任外，还要追究所在部门责任和部门领导的责任，取消其所在科室、中队的年度评先资格，其所在科室、中队的负责人年终考核不能评为优秀等。

☞【相关案例】

案例一：《广东省行政执法监督条例》中的相关规定

2016年7月1日起施行的《广东省行政执法监督条例》为进一步强化责任追究，增加了借执法牟取私利的，粗暴、野蛮等不文明执法的两种情形。条例施行后，城管执法人员若有粗暴执法，执法证可能会被吊销。按照规定若有粗暴、野蛮等不文明执法等情形，行政执法主体及其工作人员对负有直接责任的主管人员和其他直接责任人员责令书面检查、批评教育、通报批评、离岗培训或者暂扣行政执法证；情节严重的，依法撤销行政执法证。在追究责任上，行政执法主体及其工作人员在行政执法中不履行或者不正确履行法定职责，破坏行政管理秩序或者损害行政相对人合法权益，造成不良后果的，按照行政过错责任追究以及相关问责规定，通过责令公开道歉、停职检查、引咎辞职、责令辞职、罢免、处分等方式，追究行政执法主体及其工作人员的行政过错责任。"公开道歉、停职检查、引咎辞职、责令辞职、罢免、处分"这些处罚都是原条例所没有的，属于《条例》新增内容。当然，更严重的就是涉嫌犯罪的，依法移送司法机关追究刑事责任。（来源于南方都市报 记者薛冰妮 实习生邓晶晶）

案例二：执法过程不规范 西安市高新区多名城管执法人员被处理

2019年4月6日上午，西安市高新区城管执法局一大队执法队员刘某、董某等人在处理逸翠园四期渣土车违规清运建筑垃圾的投诉时，未开启执法记录仪对执法过程进行记录，且两人交叉单独对现场100余米内发现的两辆渣土车进行单人执法。同时，两人在执法检查中未能认真履职，没有及时发现其中一辆渣土车已违规装有部分建筑垃圾，从而未对该车辆进行查处。以至于午班执法队员在继续接到该投诉时，前往现场对该车辆进行暂扣处罚后，反映人对城管执法标准产生异议。根据相关规定，高新区城管执法局经研究决定，给予一大队队员刘某开除处理，一大队队员董某扣除当月绩效工资，并责令其在全局大会作出书面检查。给予一大队副大队长刘某行政警告处分，一大队副大队长李某诫勉谈话，一大队大队长张某诫勉谈话。高新区城管执法局相关负责人表态称，将会以此为契机，正风肃纪，提高认识，加强执法管理工作，认真梳理工作中存在的问题和漏洞，并在全系统开展为期一个月的以案促改活动，打造出一支纪律严明，作风过硬的城管执法队伍。（来源于华商报 卿荣波文）

第二十八条　对执行本规范表现突出的单位和个人，应当给予表扬，同等条件下优先推荐评选先进集体、青年文明号、文明单位或先进工作者、劳动模范等。

评选国家园林城市、中国人居环境奖，同等条件下优先考虑执行本规范表现突出的城市。近两年发生违反本规范行为并造成恶劣社会影响的城市，不纳入评选范围。

国务院城市管理主管部门在参与评选文明城市工作中，应当综合考虑参选城市执行本规范情况，对近两年发生违反本规范行为并造成恶劣社会影响的城市，应当提出否定意见。

☞【条文解读】

本条是关于城市管理执法行为规范激励约束的规定。

各级城市管理主管部门都应注重树立行业先进典型或劳动模范，以起到表率和激励作用。推选先进集体、青年文明号、文明单位或先进工作者、劳动模范等需要地方根据执法行为规范制定具体实施细则。评选国家园林城市、中国人居环境奖，同等条件下优先考虑执行本规范表现突出的城市。近两年发生违反本规范行为并造成恶劣社会影响的城市，不纳入评选范围。如果发生城管执法恶性事件，造成恶劣影响，并且处置不善，国务院城市管理主管部门有权在文明城市的评选中提出否定意见，但我们认为此项规定不应作为省级、市级考核监督的评分依据，例如有的城市在文明城市政府部门序列考核中，单就城管执法不规范问题实施扣分是不合理的，其他部门执法不规范问题也应一并给予相应规定。

第八章 附则

本章导读

附则一般是法律文本的附属部分，主要规定实施日期、解释权等。本章为《城市管理执法行为规范》的附则条款，分三条，一是规定本规范由住房和城乡建设部解释，二是规定城市管理执法协管人员参照执行，三是明确了实施时间。

条文理解及应用

第二十九条 本规范由住房和城乡建设部负责解释。地方各级人民政府城市管理执法部门可以根据本规范制定实施细则。

【条文解读】

本条是关于本规范解释权的规定。

本条规定了本规范行政法定解释权在住房和城乡建设部。只有住房和城乡建设部对本规范所作的解释，才是法定解释，才能形成行政法定解释性文件，由其制定的法定解释性文件才具有与行政法规和规章相同的效力。该规定可以防止出现由于地方差异导致的规范差别过大难统一管理等现象，确保各级地方人民政府城市管理执法部门根据此规范制定各地详细准则有据可依。

第三十条 城市管理执法协管人员从事辅助性执法活动，参照本规范执行。

【条文解读】

本条是关于城市管理执法协管人员参照执行的规定。

一、本读本所称城市管理执法协管人员，是指行政执法机关以及依法委托行政执法的组织按照规定的招聘条件和程序招用的，在特定权限内从事与行政执法活动相关的辅助业务的非在编工作人员。

二、城管执法协管人员依法协助城管执法人员在辖区内开展城市管理与执法工作，受法律保护。城管执法协管人员不具有执法资格。城管执法协管人员履行指派公务时所产生的后果由各市、镇（区、街道）政府、用人单位承担。①

三、城市管理执法工作历来繁重，城市管理执法协管人员是城管执法主体不可或缺的辅助力量。目前全国城管执法协管人员的数量远超过正编队伍，城市管理队伍的缺口巨大，由协管人员这样一个“临时工”群体补充。城市协管人员通常由“4050”人员、待业青年和社会闲杂人员三部分构成。协管人员群体的复杂多样性，人员素质参差不齐，由于协管人员中少数害群之马不当行为，抹黑了城管和协管人员队伍的形象。因此，加强城市管理执法协管人员的管理机制十分必要。

协管人员主要承担行政执法辅助性事务，在城管执法人员的指挥和监督下，主要履行以下工作职责：

1. 参与城市管理日常工作，文明执勤，规范管理，宣传城市管理有关的法律、法规、规章和政策。

2. 做好信息采集、受理、派遣方面的工作。

3. 对所辖区域实行动态巡查，对违反城市管理法律法规行为进行文明劝导、制止，督促整改。对劝阻无效的及时与区域城管执法人员联系，并协助做好现场执法处置工作，维护好辖区城市管理秩序。

4. 及时反映辖区内单位和个人对城市管理工作提出的建议、意见。

5. 完成用人单位交办的其他工作任务。

6. 其他可协助开展的城市管理工作。

城管辅助执法人员不得从事行政许可、行政强制、行政处罚等行政执法工作，也不得单独从事涉法的调查取证、文书送达等工作。

城市管理辅助人员不得从事以下工作：

1. 办理涉及国家秘密的事项；

2. 作出行政处理决定；

3. 单独执法或以个人名义执法；

4. 法律法规规定必须由城市管理部门工作人员从事的工作。

四、随着我国城市化的快速发展，从事城市管理执法工作的协管人员的数量迅速增加。他们在城市管理的一线辛勤工作，为我国的城市管理出了巨大贡献。他们直接地、广泛地接触民众，一言一行关乎城市治理水平的提升。城市管理执法协管人员对于维护城市环境、保障城市秩序、促进和谐社会建设都起到了非常积极的作用。协管人员队伍的规范化管理是协管人员队伍发展提高的重要基础，影响到城市管理部门维护城市的整体形象和城管执法效率。城市管

---

① .《北京市行政执法人员及辅助人员管理办法》（征求意见稿）

理执法协管人员的服务对公民的影响更直接，一旦政府对其缺乏监管，则引起的负面影响也就更大。制定城市管理执法协管人员管理办法，对城市管理工作具有重大的意义。[①]

五、城市管理执法协管人员不是正式的执法人员，不能也不宜按照正式执法人员的规定要求他们。目前，协管人员在执行辅助勤务过程中行为失当的情况较城管执法人员本身更为突出，他们的行为往往会影响城市管理执法队伍的形象，因此，对他们的行为也应当予以规范。规范城市管理执法协管人员的目标是理顺管理体制、明确岗位职责、完善管理制度、健全职业保障、改善队伍形象、提升能力水平，实现城市管理辅助人员管理制度化、规范化、法制化，为提升城市管理水平提供有力的人力资源保障。对协管人员群体，既要强化其职业素养培训，也要落实各项管理规定。在目前全国尚未统一的协管人员管理规范的情况下，各地应结合实际制定具体的协管人员管理规范。

☞【相关案例】

案例一：行政执法协管员滥用职权受刑事处罚

没有办理报建手续，就为老村平房加层，陈老汉想不到，拿了2000元给执法局巡查人员，事情就摆平了。前日上午，某市中院上网通报案情，某县行政执法局原协管员王某某因受贿6.7万元，终审获刑3年6个月。

2012年至2013年间，王某某在担任某县行政执法局协管员时，利用查处（巡查、制止、上报）某县7个村的违法占地、违法建设（以下简称“两违”建设）的职便，单独非法收受邱某等人贿送的现金计人民币61000元和购物卡价值计1000元，并伙同他人非法收受刘某等人贿送的现金计5000元，接受邱某、杨某等人的请托，放纵他们的违法占地建设行为。

当地法院一审以受贿罪，判处王某某有期徒刑3年6个月，并责令其退出违法所得。王某某上诉称，原审共同受贿部分未以其实际分得的款项认定为受贿数额有误，具有自首、退赃情节，请求对其减轻处罚并适用缓刑。

市中院认为，王某某多次实施受贿犯罪行为，且部分受贿犯罪系索贿，情节较为恶劣，王某某请求改判较轻刑罚并适用缓刑的上诉理由不能成立，不予采纳。

案例二：“城管暴力执法”：2人停职4协管员被开除

5月8日，一则城管人员野蛮暴力执法视频在网络引起网友关注。某市某区某街道一处饭店门前，几名身穿城管制服人员强行赶走在占道经营摊档用餐的学生，抡铁锤反复打砸桌椅、摔碎餐具，周边学生被吓后退。

---

① 《城管执法辅助人员管理存在的问题及对策研究——以深圳市西丽街道为例》，黄伟乐，深圳大学，2017。

该市委书记对此高度重视并迅速作出批示，要求对暴力执法行为大加谴责，对相关责任人严肃问责，并要求市作风办立即介入调查。

5月8日晚，该市作风办召开约谈会，约谈了相关人员。该区纪委、区作风办对涉事人员进行约谈，严肃批评谴责，教育其认识过激行为的错误影响，并决定对某街道城管执法中队长、副队长予以停职处理，对当事4名协管员予以开除处理。

据城管执法人员介绍，该街市实验学校路段是各门店占道经营现象突出的地段。一直以来，城管工作人员经常对沿街商户进行宣传、教育，也对其做过相应的处罚，不少商户还写过“保证书”。但管理效果不佳，商贩占道经营的现象屡屡发生。

城管执法人员的说法得到商户经营者的印证。视频中被砸掉餐桌的素食店经营者田先生接受采访时说，8日中午，他把3张餐桌摆到了店门口。与此同时，旁边蚝烙店的经营者刘先生也把4张餐桌摆在了店外。田先生和刘先生都承认，他们确实常有占道经营的行为。

案例三：城管执法协管员按程序执法，遭恶意砍伤

某市发生一起严重的城管受袭流血案件，年仅24岁的某街城管执法队协管员邹某某前日在劝导占道时，被店铺一名员工从背后持刀偷袭，身中两刀，因失血过多送至ICU抢救，经过8小时手术，输血2000毫升，才脱离生命危险。经初步调查，该案件涉嫌报复袭击城管队员。

案件发生在下午3时30分，邹某某驾驶城管执法车正常巡逻执法，他行至站西路某服装市场时，发现19档店铺将货物摆到了机动车道上，涉嫌违反占道经营。邹某某按照程序上前劝导，规劝档主将货物摆回店铺里。但档主置之不理，拒绝将货物搬回店铺里。

这时邹某某开始拨打电话向周边其他城管执法人员通报情况并请求支援，而就在邹某某转身拨打电话的时候，该档一名店员林某突然转身冲入店铺里，手持一把20厘米长的菜刀重新冲出来，并且在没有任何预警下猛然挥向正在打电话的邹某某的背部，毫无防备的邹某某出于本能转身，而就在这时，林某的第二刀也已经举起来，朝着邹某某正面袭来，邹某某抬起右手挡刀，刀锋从右手手臂划过，留下一道长长的口子。之后，林某立即弃刀逃跑。而这时其他支援的城管队员也赶到现场，立即报120将邹某某送至省妇幼医院抢救。但由于邹某某失血过多，又从省妇幼医院转院至陆军总医院抢救。

据悉，该路段之前的乱摆卖、占道经营等问题一直都很严重，城管部门对此多次整治，对部分档铺采取了暂扣物品、发整改通知的整治措施。就在上周，该区还对此路段进行了大规模整治，多家档铺被要求整改。而这次袭击邹某某的店员所属档铺也曾经被查处占道经营而收到过整改通知，因此怀疑档铺店员怀恨在心对城管队员予以报复。

近年来发生城管队员遭遇报复袭击的案件有增多趋势，城管队员的人身安全问题受到关注，城管执法队伍的士气也因此受到了影响。有城管部门负责人认为，如果城管队员人身安全不能得到保护，最终会影响执法效率，受损的只会是广大群众的利益。

该市城管执法局执法处副处长刘某某认为最大的问题是目前的法制环境比较薄弱。他表示城管执法人员必须依法办事，但是也希望呼吁广大个体商家要守法经营。据悉，下一步该市城管执法局将要求所有执法队加强队员执法安全，加强自防能力。

案例四：积极落实人性化执法，引导残障人士合法经营

某街道执法队积极把“人性化执法”真正落实到实际行动中，为解决乱摆卖问题，该队队员协管人员多次深入到沿街商店、市场摊贩中，在严格执法的同时，积极帮助他们解决实际困难。对一些家庭困难、身体残疾的经营业主，该对给予特殊照顾，专门为他们安排位置合适又不影响交通的地段进行经营。六联市场一水果摊档主卢某便是其中一位，因为生活所迫，身体残疾的他只能摆小摊维持生计，在一次查处乱摆卖行动中，他在走投无路的情况下向执法人员道出了自己的苦衷，除自身残疾外，家里还有一位身患重病的妻子，全家就依靠这家水果摊档艰难维持生活。得知情况后，该队领导高度重视，积极与市场管理人员联系，为卢某安排了位置合适且减免了部分租金的摊位，执法队员还经常帮助其搬运水果。卢某感动地说：“过去自己总是躲着执法队，生怕他们端了我的饭碗，没想到他们这么帮我，我要对得起他们，一定服从配合他们的管理！”①

第三十一条　本规范自 2018 年 10 月 1 日起实施。

☞【条文解读】

本条是关于本规范实施时间的规定。

法律的实施时间就是法律生效的时间。根据本条的规定，《城市管理执法行为规范》自 2018 年 10 月 1 日起实施。法律法规公布时间和实施时间是两个不同的概念。根据《住房和城乡建设部关于印发城市管理执法行为规范的通知》(建督〔2018〕77 号)，本规范是 2018 年 09 月 05 日公布的。本规范自公布之日起经过一段时间后再正式施行，主要原因是本规范是城市管理执法方面

① 城管执法典型案例，https：//max.book118.com/html/2017/1004/135794513.shtm

第一个部颁规范，有很多具有创新意义的内容，需要一个学习、宣传的过程。

☞【适用说明】

本规范自2018年10月1日起实施，各级政府和城市管理执法部门应当做好本规范的实施的相关准备工作、培训工作和宣传工作。要注意的是本规范很多方面只是确定最重要的原则性要求，将具体操作性的规范留给地方去规定。因此，地方各级人民政府城市管理执法部门还可以根据本规范制定实施细则，以方便指导工作。

附录

一、中华人民共和国行政处罚法（2021版）

2021年1月22日，《中华人民共和国行政处罚法》由中华人民共和国第十三届全国人民代表大会常务委员会第二十五次会议于2021年1月22日修订通过，自2021年7月15日起施行。

目录

全文

第一章　总则

第一条　为了规范行政处罚的设定和实施，保障和监督行政机关有效实施行政管理，维护公共利益和社会秩序，保护公民、法人或者其他组织的合法权益，根据宪法，制定本法。

第二条　行政处罚是指行政机关依法对违反行政管理秩序的公民、法人或者其他组织，以减损权益或者增加义务的方式予以惩戒的行为。

第三条　行政处罚的设定和实施，适用本法。

第四条　公民、法人或者其他组织违反行政管理秩序的行为，应当给予行政处罚的，依照本法由法律、法规、规章规定，并由行政机关依照本法规定的程序实施。

第五条　行政处罚遵循公正、公开的原则。

设定和实施行政处罚必须以事实为依据，与违法行为的事实、性质、情节以及社会危害程度相当。

对违法行为给予行政处罚的规定必须公布；未经公布的，不得作为行政处罚的依据。

第六条　实施行政处罚，纠正违法行为，应当坚持处罚与教育相结合，教育公民、法人或者其他组织自觉守法。

第七条　公民、法人或者其他组织对行政机关所给予的行政处罚，享有陈述权、申辩权；对行政处罚不服的，有权依法申请行政复议或者提起行政诉讼。

公民、法人或者其他组织因行政机关违法给予行政处罚受到损害的，有权依法提出赔偿要求。

第八条　公民、法人或者其他组织因违法行为受到行政处罚，其违法行为对他人造成损害的，应当依法承担民事责任。

违法行为构成犯罪，应当依法追究刑事责任的，不得以行政处罚代替刑事处罚。

第二章　行政处罚的种类和设定

第九条　行政处罚的种类：

（一）警告、通报批评；

（二）罚款、没收违法所得、没收非法财物；

（三）暂扣许可证件、降低资质等级、吊销许可证件；

（四）限制开展生产经营活动、责令停产停业、责令关闭、限制从业；

（五）行政拘留；

（六）法律、行政法规规定的其他行政处罚。

第十条　法律可以设定各种行政处罚。

限制人身自由的行政处罚，只能由法律设定。

第十一条　行政法规可以设定除限制人身自由以外的行政处罚。

法律对违法行为已经作出行政处罚规定，行政法规需要作出具体规定的，必须在法律规定的给予行政处罚的行为、种类和幅度的范围内规定。

法律对违法行为未作出行政处罚规定，行政法规为实施法律，可以补充设定行政处罚。拟补充设定行政处罚的，应当通过听证会、论证会等形式广泛听取意见，并向制定机关作出书面说明。行政法规报送备案时，应当说明补充设定行政处罚的情况。

第十二条　地方性法规可以设定除限制人身自由、吊销营业执照以外的行政处罚。

法律、行政法规对违法行为已经作出行政处罚规定，地方性法规需要作出具体规定的，必须在法律、行政法规规定的给予行政处罚的行为、种类和幅度的范围内规定。

法律、行政法规对违法行为未作出行政处罚规定，地方性法规为实施法律、行政法规，可以补充设定行政处罚。拟补充设定行政处罚的，应当通过听证会、论证会等形式广泛听取意见，并向制定机关作出书面说明。地方性法规报送备案时，应当说明补充设定行政处罚的情况。

第十三条　国务院部门规章可以在法律、行政法规规定的给予行政处罚的行为、种类和幅度的范围内作出具体规定。

尚未制定法律、行政法规的，国务院部门规章对违反行政管理秩序的行为，可以设定警告、通报批评或者一定数额罚款的行政处罚。罚款的限额由国务院规定。

第十四条　地方政府规章可以在法律、法规规定的给予行政处罚的行为、种类和幅度的范围内作出具体规定。

尚未制定法律、法规的，地方政府规章对违反行政管理秩序的行为，可以设定警告、通报批评或者一定数额罚款的行政处罚。罚款的限额由省、自治区、直辖市人民代表大会常务委员会规定。

第十五条　国务院部门和省、自治区、直辖市人民政府及其有关部门应当定期组织评估行政处罚的实施情况和必要性，对不适当的行政处罚事项及种类、罚款数额等，应当提出修改或者废止的建议。

第十六条　除法律、法规、规章外，其他规范性文件不得设定行政处罚。

第三章　行政处罚的实施机关

第十七条　行政处罚由具有行政处罚权的行政机关在法定职权范围内实施。

第十八条　国家在城市管理、市场监管、生态环境、文化市场、交通运输、应急管理、农业等领域推行建立综合行政执法制度，相对集中行政处罚权。

国务院或者省、自治区、直辖市人民政府可以决定一个行政机关行使有关行政机关的行政处罚权。

限制人身自由的行政处罚权只能由公安机关和法律规定的其他机关行使。

第十九条　法律、法规授权的具有管理公共事务职能的组织可以在法定授权范围内实施行政处罚。

第二十条　行政机关依照法律、法规、规章的规定，可以在其法定权限内书面委托符合本法第二十一条规定条件的组织实施行政处罚。行政机关不得委托其他组织或者个人实施行政处罚。

委托书应当载明委托的具体事项、权限、期限等内容。委托行政机关和受委托组织应当将委托书向社会公布。

委托行政机关对受委托组织实施行政处罚的行为应当负责监督，并对该行为的后果承担法律责任。

受委托组织在委托范围内，以委托行政机关名义实施行政处罚；不得再委托其他组织或者个人实施行政处罚。

第二十一条　受委托组织必须符合以下条件：

（一）依法成立并具有管理公共事务职能；

（二）有熟悉有关法律、法规、规章和业务并取得行政执法资格的工作人员；

（三）需要进行技术检查或者技术鉴定的，应当有条件组织进行相应的技术检查或者技术鉴定。

第四章　行政处罚的管辖和适用

第二十二条　行政处罚由违法行为发生地的行政机关管辖。法律、行政法规、部门规章另有规定的，从其规定。

第二十三条　行政处罚由县级以上地方人民政府具有行政处罚权的行政机关管辖。法律、行政法规另有规定的，从其规定。

第二十四条　省、自治区、直辖市根据当地实际情况，可以决定将基层管理迫切需要的县级人民政府部门的行政处罚权交由能够有效承接的乡镇人民政府、街道办事处行使，并定期组织评估。决定应当公布。

承接行政处罚权的乡镇人民政府、街道办事处应当加强执法能力建设，按照规定范围、依照法定程序实施行政处罚。

有关地方人民政府及其部门应当加强组织协调、业务指导、执法监督，建立健全行政处罚协调配合机制，完善评议、考核制度。

第二十五条　两个以上行政机关都有管辖权的，由最先立案的行政机关管辖。

对管辖发生争议的，应当协商解决，协商不成的，报请共同的上一级行政机关指定管辖；也可以直接由共同的上一级行政机关指定管辖。

第二十六条　行政机关因实施行政处罚的需要，可以向有关机关提出协助请求。协助事项属于被请求机关职权范围内的，应当依法予以协助。

第二十七条　违法行为涉嫌犯罪的，行政机关应当及时将案件移送司法机关，依法追究刑事责任。对依法不需要追究刑事责任或者免予刑事处罚，但应当给予行政处罚的，司法机关应当及时将案件移送有关行政机关。

行政处罚实施机关与司法机关之间应当加强协调配合，建立健全案件移送制度，加强证据材料移交、接收衔接，完善案件处理信息通报机制。

第二十八条　行政机关实施行政处罚时，应当责令当事人改正或者限期改正违法行为。

当事人有违法所得，除依法应当退赔的外，应当予以没收。违法所得是指实施违法行为所取得的款项。法律、行政法规、部门规章对违法所得的计算另有规定的，从其规定。

第二十九条　对当事人的同一个违法行为，不得给予两次以上罚款的行政处罚。同一个违法行为违反多个法律规范应当给予罚款处罚的，按照罚款数额高的规定处罚。

第三十条　不满十四周岁的未成年人有违法行为的，不予行政处罚，责令监护人加以管教；已满十四周岁不满十八周岁的未成年人有违法行为的，应当从轻或者减轻行政处罚。

第三十一条　精神病人、智力残疾人在不能辨认或者不能控制自己行为时有违法行为的，不予行政处罚，但应当责令其监护人严加看管和治疗。间歇性精神病人在精神正常时有违法行为的，应当给予行政处罚。尚未完全丧失辨认或者控制自己行为能力的精神病人、智力残疾人有违法行为的，可以从轻或者减轻行政处罚。

第三十二条　当事人有下列情形之一，应当从轻或者减轻行政处罚：

（一）主动消除或者减轻违法行为危害后果的；

（二）受他人胁迫或者诱骗实施违法行为的；

（三）主动供述行政机关尚未掌握的违法行为的；

（四）配合行政机关查处违法行为有立功表现的；

（五）法律、法规、规章规定其他应当从轻或者减轻行政处罚的。

第三十三条　违法行为轻微并及时改正，没有造成危害后果的，不予行政处罚。初次违法且危害后果轻微并及时改正的，可以不予行政处罚。

当事人有证据足以证明没有主观过错的，不予行政处罚。法律、行政法规另有规定的，从其规定。

对当事人的违法行为依法不予行政处罚的，行政机关应当对当事人进行教育。

第三十四条　行政机关可以依法制定行政处罚裁量基准，规范行使行政处罚裁量权。行政处罚裁量基准应当向社会公布。

第三十五条　违法行为构成犯罪，人民法院判处拘役或者有期徒刑时，行政机关已经给予当事人行政拘留的，应当依法折抵相应刑期。

违法行为构成犯罪，人民法院判处罚金时，行政机关已经给予当事人罚款的，应当折抵相应罚金；行政机关尚未给予当事人罚款的，不再给予罚款。

第三十六条　违法行为在二年内未被发现的，不再给予行政处罚；涉及公民生命健康安全、金融安全且有危害后果的，上述期限延长至五年。法律另有规定的除外。

前款规定的期限，从违法行为发生之日起计算；违法行为有连续或者继续状态的，从行为终了之日起计算。

第三十七条　实施行政处罚，适用违法行为发生时的法律、法规、规章的规定。但是，作出行政处罚决定时，法律、法规、规章已被修改或者废止，且新的规定处罚较轻或者不认为是违法的，适用新的规定。

第三十八条　行政处罚没有依据或者实施主体不具有行政主体资格的，行政处罚无效。

违反法定程序构成重大且明显违法的，行政处罚无效。

第五章　行政处罚的决定

第一节　一般规定

第三十九条　行政处罚的实施机关、立案依据、实施程序和救济渠道等信息应当公示。

第四十条　公民、法人或者其他组织违反行政管理秩序的行为，依法应当给予行政处罚的，行政机关必须查明事实；违法事实不清、证据不足的，不得给予行政处罚。

第四十一条　行政机关依照法律、行政法规规定利用电子技术监控设备收集、固定违法事实的，应当经过法制和技术审核，确保电子技术监控设备符合标准、设置合理、标志明显，设置地点应当向社会公布。

电子技术监控设备记录违法事实应当真实、清晰、完整、准确。行政机关应当审核记录内容是否符合要求；未经审核或者经审核不符合要求的，不得作为行政处罚的证据。

行政机关应当及时告知当事人违法事实，并采取信息化手段或者其他措施，为当事人查询、陈述和申辩提供便利。不得限制或者变相限制当事人享有的陈述权、申辩权。

第四十二条　行政处罚应当由具有行政执法资格的执法人员实施。执法人员不得少于两人，法律另有规定的除外。

执法人员应当文明执法，尊重和保护当事人合法权益。

第四十三条　执法人员与案件有直接利害关系或者有其他关系可能影响公正执法的，应当回避。

当事人认为执法人员与案件有直接利害关系或者有其他关系可能影响公正执法的，有权申请回避。

当事人提出回避申请的，行政机关应当依法审查，由行政机关负责人决定。决定作出之前，不停止调查。

第四十四条　行政机关在作出行政处罚决定之前，应当告知当事人拟作出的行政处罚内容及事实、理由、依据，并告知当事人依法享有的陈述、申辩、要求听证等权利。

第四十五条　当事人有权进行陈述和申辩。行政机关必须充分听取当事人的意见，对当事人提出的事实、理由和证据，应当进行复核；当事人提出的事实、理由或者证据成立的，行政机关应当采纳。

行政机关不得因当事人陈述、申辩而给予更重的处罚。

第四十六条　证据包括：

（一）书证；

（二）物证；

（三）视听资料；

（四）电子数据；

（五）证人证言；

（六）当事人的陈述；

（七）鉴定意见；

（八）勘验笔录、现场笔录。

证据必须经查证属实，方可作为认定案件事实的根据。

以非法手段取得的证据，不得作为认定案件事实的根据。

第四十七条　行政机关应当依法以文字、音像等形式，对行政处罚的启动、调查取证、审核、决定、送达、执行等进行全过程记录，归档保存。

第四十八条　具有一定社会影响的行政处罚决定应当依法公开。

公开的行政处罚决定被依法变更、撤销、确认违法或者确认无效的，行政机关应当在三日内撤回行政处罚决定信息并公开说明理由。

第四十九条　发生重大传染病疫情等突发事件，为了控制、减轻和消除突发事件引起的社会危害，行政机关对违反突发事件应对措施的行为，依法快速、从重处罚。

第五十条　行政机关及其工作人员对实施行政处罚过程中知悉的国家秘

密、商业秘密或者个人隐私，应当依法予以保密。

第二节　简易程序

第五十一条　违法事实确凿并有法定依据，对公民处以二百元以下、对法人或者其他组织处以三千元以下罚款或者警告的行政处罚的，可以当场作出行政处罚决定。法律另有规定的，从其规定。

第五十二条　执法人员当场作出行政处罚决定的，应当向当事人出示执法证件，填写预定格式、编有号码的行政处罚决定书，并当场交付当事人。当事人拒绝签收的，应当在行政处罚决定书上注明。

前款规定的行政处罚决定书应当载明当事人的违法行为，行政处罚的种类和依据、罚款数额、时间、地点，申请行政复议、提起行政诉讼的途径和期限以及行政机关名称，并由执法人员签名或者盖章。

执法人员当场作出的行政处罚决定，应当报所属行政机关备案。

第五十三条　对当场作出的行政处罚决定，当事人应当依照本法第六十七条至第六十九条的规定履行。

第三节　普通程序

第五十四条　除本法第五十一条规定的可以当场作出的行政处罚外，行政机关发现公民、法人或者其他组织有依法应当给予行政处罚的行为的，必须全面、客观、公正地调查，收集有关证据；必要时，依照法律、法规的规定，可以进行检查。

符合立案标准的，行政机关应当及时立案。

第五十五条　执法人员在调查或者进行检查时，应当主动向当事人或者有关人员出示执法证件。当事人或者有关人员有权要求执法人员出示执法证件。执法人员不出示执法证件的，当事人或者有关人员有权拒绝接受调查或者检查。

当事人或者有关人员应当如实回答询问，并协助调查或者检查，不得拒绝或者阻挠。询问或者检查应当制作笔录。

第五十六条　行政机关在收集证据时，可以采取抽样取证的方法；在证据可能灭失或者以后难以取得的情况下，经行政机关负责人批准，可以先行登记保存，并应当在七日内及时作出处理决定，在此期间，当事人或者有关人员不得销毁或者转移证据。

第五十七条　调查终结，行政机关负责人应当对调查结果进行审查，根据不同情况，分别作出如下决定：

（一）确有应受行政处罚的违法行为的，根据情节轻重及具体情况，作出行政处罚决定；

（二）违法行为轻微，依法可以不予行政处罚的，不予行政处罚；

（三）违法事实不能成立的，不予行政处罚；

（四）违法行为涉嫌犯罪的，移送司法机关。

对情节复杂或者重大违法行为给予行政处罚，行政机关负责人应当集体讨论决定。

第五十八条　有下列情形之一，在行政机关负责人作出行政处罚的决定之前，应当由从事行政处罚决定法制审核的人员进行法制审核；未经法制审核或者审核未通过的，不得作出决定：

（一）涉及重大公共利益的；

（二）直接关系当事人或者第三人重大权益，经过听证程序的；

（三）案件情况疑难复杂、涉及多个法律关系的；

（四）法律、法规规定应当进行法制审核的其他情形。

行政机关中初次从事行政处罚决定法制审核的人员，应当通过国家统一法律职业资格考试取得法律职业资格。

第五十九条　行政机关依照本法第五十七条的规定给予行政处罚，应当制作行政处罚决定书。行政处罚决定书应当载明下列事项：

（一）当事人的姓名或者名称、地址；

（二）违反法律、法规、规章的事实和证据；

（三）行政处罚的种类和依据；

（四）行政处罚的履行方式和期限；

（五）申请行政复议、提起行政诉讼的途径和期限；

（六）作出行政处罚决定的行政机关名称和作出决定的日期。

行政处罚决定书必须盖有作出行政处罚决定的行政机关的印章。

第六十条　行政机关应当自行政处罚案件立案之日起九十日内作出行政处罚决定。法律、法规、规章另有规定的，从其规定。

第六十一条　行政处罚决定书应当在宣告后当场交付当事人；当事人不在场的，行政机关应当在七日内依照《中华人民共和国民事诉讼法》的有关规定，将行政处罚决定书送达当事人。

当事人同意并签订确认书的，行政机关可以采用传真、电子邮件等方式，将行政处罚决定书等送达当事人。

第六十二条　行政机关及其执法人员在作出行政处罚决定之前，未依照本法第四十四条、第四十五条的规定向当事人告知拟作出的行政处罚内容及事实、理由、依据，或者拒绝听取当事人的陈述、申辩，不得作出行政处罚决定；当事人明确放弃陈述或者申辩权利的除外。

第四节　听证程序

第六十三条　行政机关拟作出下列行政处罚决定，应当告知当事人有要求听证的权利，当事人要求听证的，行政机关应当组织听证：

（一）较大数额罚款；

（二）没收较大数额违法所得、没收较大价值非法财物；

（三）降低资质等级、吊销许可证件；

（四）责令停产停业、责令关闭、限制从业；

（五）其他较重的行政处罚；

（六）法律、法规、规章规定的其他情形。

当事人不承担行政机关组织听证的费用。

第六十四条　听证应当依照以下程序组织：

（一）当事人要求听证的，应当在行政机关告知后五日内提出；

（二）行政机关应当在举行听证的七日前，通知当事人及有关人员听证的时间、地点；

（三）除涉及国家秘密、商业秘密或者个人隐私依法予以保密外，听证公开举行；

（四）听证由行政机关指定的非本案调查人员主持；当事人认为主持人与本案有直接利害关系的，有权申请回避；

（五）当事人可以亲自参加听证，也可以委托一至二人代理；

（六）当事人及其代理人无正当理由拒不出席听证或者未经许可中途退出听证的，视为放弃听证权利，行政机关终止听证；

（七）举行听证时，调查人员提出当事人违法的事实、证据和行政处罚建议，当事人进行申辩和质证；

（八）听证应当制作笔录。笔录应当交当事人或者其代理人核对无误后签字或者盖章。当事人或者其代理人拒绝签字或者盖章的，由听证主持人在笔录中注明。

第六十五条　听证结束后，行政机关应当根据听证笔录，依照本法第五十七条的规定，作出决定。

第六章　行政处罚的执行

第六十六条　行政处罚决定依法作出后，当事人应当在行政处罚决定书载明的期限内，予以履行。

当事人确有经济困难，需要延期或者分期缴纳罚款的，经当事人申请和行政机关批准，可以暂缓或者分期缴纳。

第六十七条　作出罚款决定的行政机关应当与收缴罚款的机构分离。

除依照本法第六十八条、第六十九条的规定当场收缴的罚款外，作出行政处罚决定的行政机关及其执法人员不得自行收缴罚款。

当事人应当自收到行政处罚决定书之日起十五日内，到指定的银行或者通过电子支付系统缴纳罚款。银行应当收受罚款，并将罚款直接上缴国库。

第六十八条　依照本法第五十一条的规定当场作出行政处罚决定，有下列情形之一，执法人员可以当场收缴罚款：

（一）依法给予一百元以下罚款的；

（二）不当场收缴事后难以执行的。

第六十九条　在边远、水上、交通不便地区，行政机关及其执法人员依照本法第五十一条、第五十七条的规定作出罚款决定后，当事人到指定的银行或者通过电子支付系统缴纳罚款确有困难，经当事人提出，行政机关及其执法人员可以当场收缴罚款。

第七十条　行政机关及其执法人员当场收缴罚款的，必须向当事人出具国务院财政部门或者省、自治区、直辖市人民政府财政部门统一制发的专用票据；不出具财政部门统一制发的专用票据的，当事人有权拒绝缴纳罚款。

第七十一条　执法人员当场收缴的罚款，应当自收缴罚款之日起二日内，交至行政机关；在水上当场收缴的罚款，应当自抵岸之日起二日内交至行政机关；行政机关应当在二日内将罚款缴付指定的银行。

第七十二条　当事人逾期不履行行政处罚决定的，作出行政处罚决定的行政机关可以采取下列措施：

（一）到期不缴纳罚款的，每日按罚款数额的百分之三加处罚款，加处罚款的数额不得超出罚款的数额；

（二）根据法律规定，将查封、扣押的财物拍卖、依法处理或者将冻结的存款、汇款划拨抵缴罚款；

（三）根据法律规定，采取其他行政强制执行方式；

（四）依照《中华人民共和国行政强制法》的规定申请人民法院强制执行。

行政机关批准延期、分期缴纳罚款的，申请人民法院强制执行的期限，自暂缓或者分期缴纳罚款期限结束之日起计算。

第七十三条　当事人对行政处罚决定不服，申请行政复议或者提起行政诉讼的，行政处罚不停止执行，法律另有规定的除外。

当事人对限制人身自由的行政处罚决定不服，申请行政复议或者提起行政诉讼的，可以向作出决定的机关提出暂缓执行申请。符合法律规定情形的，应当暂缓执行。

当事人申请行政复议或者提起行政诉讼的，加处罚款的数额在行政复议或者行政诉讼期间不予计算。

第七十四条　除依法应当予以销毁的物品外，依法没收的非法财物必须按照国家规定公开拍卖或者按照国家有关规定处理。

罚款、没收的违法所得或者没收非法财物拍卖的款项，必须全部上缴国库，任何行政机关或者个人不得以任何形式截留、私分或者变相私分。

罚款、没收的违法所得或者没收非法财物拍卖的款项，不得同作出行政处罚决定的行政机关及其工作人员的考核、考评直接或者变相挂钩。除依法应当退还、退赔的外，财政部门不得以任何形式向作出行政处罚决定的行政机关返还罚款、没收的违法所得或者没收非法财物拍卖的款项。

第七十五条　行政机关应当建立健全对行政处罚的监督制度。县级以上人民政府应当定期组织开展行政执法评议、考核，加强对行政处罚的监督检查，规范和保障行政处罚的实施。

行政机关实施行政处罚应当接受社会监督。公民、法人或者其他组织对行政机关实施行政处罚的行为，有权申诉或者检举；行政机关应当认真审查，发现有错误的，应当主动改正。

第七章　法律责任

第七十六条　行政机关实施行政处罚，有下列情形之一，由上级行政机关或者有关机关责令改正，对直接负责的主管人员和其他直接责任人员依法给予处分：

（一）没有法定的行政处罚依据的；

（二）擅自改变行政处罚种类、幅度的；

（三）违反法定的行政处罚程序的；

（四）违反本法第二十条关于委托处罚的规定的；

（五）执法人员未取得执法证件的。

行政机关对符合立案标准的案件不及时立案的，依照前款规定予以处理。

第七十七条　行政机关对当事人进行处罚不使用罚款、没收财物单据或者使用非法定部门制发的罚款、没收财物单据的，当事人有权拒绝，并有权予以检举，由上级行政机关或者有关机关对使用的非法单据予以收缴销毁，对直接负责的主管人员和其他直接责任人员依法给予处分。

第七十八条　行政机关违反本法第六十七条的规定自行收缴罚款的，财政部门违反本法第七十四条的规定向行政机关返还罚款、没收的违法所得或者拍卖款项的，由上级行政机关或者有关机关责令改正，对直接负责的主管人员和其他直接责任人员依法给予处分。

第七十九条　行政机关截留、私分或者变相私分罚款、没收的违法所得或者财物的，由财政部门或者有关机关予以追缴，对直接负责的主管人员和其他直接责任人员依法给予处分；情节严重构成犯罪的，依法追究刑事责任。

执法人员利用职务上的便利，索取或者收受他人财物、将收缴罚款据为己有，构成犯罪的，依法追究刑事责任；情节轻微不构成犯罪的，依法给予处分。

第八十条　行政机关使用或者损毁查封、扣押的财物，对当事人造成损失的，应当依法予以赔偿，对直接负责的主管人员和其他直接责任人员依法给予处分。

第八十一条　行政机关违法实施检查措施或者执行措施，给公民人身或者财产造成损害、给法人或者其他组织造成损失的，应当依法予以赔偿，对直接负责的主管人员和其他直接责任人员依法给予处分；情节严重构成犯罪的，依法追究刑事责任。

第八十二条　行政机关对应当依法移交司法机关追究刑事责任的案件不移交，以行政处罚代替刑事处罚，由上级行政机关或者有关机关责令改正，对直接负责的主管人员和其他直接责任人员依法给予处分；情节严重构成犯罪的，依法追究刑事责任。

第八十三条　行政机关对应当予以制止和处罚的违法行为不予制止、处罚，致使公民、法人或者其他组织的合法权益、公共利益和社会秩序遭受损害的，对直接负责的主管人员和其他直接责任人员依法给予处分；情节严重构成犯罪的，依法追究刑事责任。

第八章　附则

第八十四条　外国人、无国籍人、外国组织在中华人民共和国领域内有违法行为，应当给予行政处罚的，适用本法，法律另有规定的除外。

第八十五条　本法中“二日”“三日”“五日”“七日”的规定是指工作日，不含法定节假日。

第八十六条　本法自2021年7月15日起施行。

二、规范全文

住房和城乡建设部
关于印发城市管理执法行为规范的通知
（建督〔2018〕77号）

各省、自治区住房城乡建设厅，北京市城市管理委员会、城市管理综合行政执法局，天津市市容园林管理委员会，上海市住房城乡建设管理委员会，重庆市城市管理委员会，新疆生产建设兵团住房城乡建设局：

为贯彻落实《中共中央国务院关于深入推进城市执法体制改革改进城市管理工作的指导意见》要求，规范城市管理执法行为，推进严格规范公正文明执法，我部制定了《城市管理执法行为规范》，现印发给你们，请遵照执行。

住房和城乡建设部
2018年9月5日

（此件主动公开）

城市管理执法行为规范

第一章　总则

第一条　为规范城市管理执法行为，推进严格规范公正文明执法，根据《中华人民共和国行政处罚法》《中华人民共和国公务员法》等相关法律法规，制定本规范。

第二条　城市管理执法人员从事行政检查、行政强制、行政处罚等执法活动，应当遵守本规范。

第三条　城市管理执法应当以习近平新时代中国特色社会主义思想为行动指南，遵循以人民为中心的发展思想，践行社会主义核心价值观，坚持严格规范公正文明执法，坚持处罚与教育相结合，坚持执法效果与社会效果相统一，自觉接受监督。

第四条　城市管理执法人员应当牢固树立“四个意识”，坚决维护习近平总书记党中央的核心、全党的核心地位，坚决维护党中央权威和集中统一领导，自觉在思想上政治上行动上同以习近平同志为核心的党中央保持高度一致。

第五条　城市管理执法人员应当爱岗敬业、恪尽职守、团结协作、勇于担当、服从指挥，自觉维护城市管理执法队伍的尊严和形象。

第二章　执法纪律

第六条　城市管理执法人员应当坚定执行党的政治路线，严格遵守政治纪律和政治规矩。

第七条　城市管理执法人员应当严格遵守廉洁纪律，坚持公私分明、崇廉拒腐、干净做事，维护群众利益，不得从事违反廉洁纪律的活动。

第八条　城市管理执法人员应当依据法定权限、范围、程序、时限履行职责，不得有下列行为：

（一）选择性执法；

（二）威胁、辱骂、殴打行政相对人；

（三）工作期间饮酒，酒后执勤、值班；

（四）为行政相对人通风报信、隐瞒证据、开脱责任；

（五）打击报复行政相对人；

（六）其他违反工作纪律的行为。

城市管理执法人员与行政相对人有直接利害关系或可能影响公正执法的关系时，应当回避。

第三章　办案规范

第九条　城市管理执法人员应当采取文字、音像等方式对城市管理执法全过程进行记录，实现可回溯管理。

第十条　城市管理执法人员实施执法时，应当出示行政执法证件，告知行政相对人权利和义务。

第十一条　城市管理执法人员应当依法、全面、客观、公正调查取证。

调查取证时，城市管理执法人员不得少于两人。

第十二条　城市管理执法人员应当依法实施证据先行登记保存或查封场所设施、扣押财物。

对先行登记保存或扣押的财物，城市管理执法人员应当妥善保管，不得使用、截留、损毁或者擅自处置。

第四章　装备使用规范

第十三条　城市管理执法人员使用执法车辆，应当遵守道路交通安全法律法规，保持车辆完好、整洁。禁止公车私用。

非工作需要，不得将执法车辆停放在公共娱乐场所、餐馆酒楼等区域。

第十四条　城市管理执法人员实施执法时，应当按照规范使用通讯设备，保持工作联络畅通，不得超出工作范围使用通讯设备。

第十五条　城市管理执法人员实施执法时，应当开启音像设备，不间断记录执法过程，及时完整存储执法音像资料，不得删改、外传原始记录。

第五章　着装规范

第十六条　城市管理执法人员实施执法时，应当穿着统一的制式服装，佩戴统一的标志标识。

第十七条　城市管理制式服装应当成套规范穿着，保持整洁完好，不得与便服混穿，不得披衣、敞怀、挽袖、卷裤腿。

第十八条　城市管理执法人员应当按规定佩戴帽徽、肩章、领花、臂章、胸徽、胸号等标志标识，不得佩戴与执法身份不符的其他标志标识或饰品。

第六章　仪容举止和语言规范

第十九条　城市管理执法人员应当保持头发整洁，不得染彩发。男性城市管理执法人员不得留长发、烫卷发、剃光头和蓄胡须。女性城市管理执法人员实施执法时应当束发，发垂不得过肩。

第二十条　城市管理执法人员实施执法时，应当举止端庄、姿态良好、行为得体，不得边走边吃东西、扇扇子；不得在公共场所或者其他禁止吸烟的场所吸烟；不得背手、袖手、插兜、搭肩、挽臂、揽腰；不得嬉笑打闹、高声喧哗。

第二十一条　城市管理执法人员实施执法时，应当先向行政相对人敬举手礼。

第二十二条　城市管理执法人员应当礼貌待人，语言文明规范，不得对行政相对人使用粗俗、歧视、训斥、侮辱以及威胁性语言。

第二十三条　城市管理执法人员实施执法时，一般使用普通话，也可以根据行政相对人情况，使用容易沟通的语言。

第七章　实施和监督

第二十四条　市县人民政府城市管理执法部门是本规范实施的责任主体，应当组织辖区内城市管理执法人员学习、训练，在实施执法时严格执行本规范。

第二十五条　市县人民政府城市管理执法部门应当加强城市管理执法人员执行规范情况的监督检查，纠正违反本规范的行为，视情节轻重对违反规范的有关人员进行处理。

省级人民政府城市管理执法部门应当加强市县城市管理执法部门组织实施规范情况的监督，定期开展监督检查和考核评价。对组织实施不力的，视情况给予通报批评或实施约谈。

国务院城市管理主管部门负责监督全国城市管理执法部门落实本规范工作情况。

第二十六条　市县人民政府城市管理执法部门应当采取设立举报电话、信箱等方式，畅通群众投诉举报城市管理执法行为的渠道。

第二十七条　城市管理执法人员有违反本规范情形的，由市县人民政府城市管理执法部门责令改正，给予批评教育；其中，违反执法纪律、办案规范、装备使用规范应予处分的，由处分决定机关根据情节轻重，给予处分；构成犯罪的，依法追究刑事责任。

第二十八条　对执行本规范表现突出的单位和个人，应当给予表扬，同等条件下优先推荐评选先进集体、青年文明号、文明单位或先进工作者、劳动模范等。

评选国家园林城市、中国人居环境奖，同等条件下优先考虑执行本规范表现突出的城市。近两年发生违反本规范行为并造成恶劣社会影响的城市，不纳入评选范围。

国务院城市管理主管部门在参与评选文明城市工作中，应当综合考虑参选城市执行本规范情况，对近两年发生违反本规范行为并造成恶劣社会影响的城市，应当提出否定意见。

第八章　附则

第二十九条　本规范由住房和城乡建设部负责解释。地方各级人民政府城市管理执法部门可以根据本规范制定实施细则。

第三十条　城市管理执法协管人员从事辅助性执法活动，参照本规范执行。

第三十一条　本规范自 2018 年 10 月 1 日起实施。

三、相关规定

中共中央　国务院关于深入推进城市执法体制改革　改进城市管理工作的指导意见
（中发〔2015〕37号）

改革开放以来，我国城镇化快速发展，城市规模不断扩大，建设水平逐步提高，保障城市健康运行的任务日益繁重，加强和改善城市管理的需求日益迫切，城市管理工作的地位和作用日益突出。各地区各有关方面适应社会发展形势，积极做好城市管理工作，探索提高城市管理执法和服务水平，对改善城市秩序、促进城市和谐、提升城市品质发挥了重要作用。但也要清醒看到，与新型城镇化发展要求和人民群众生产生活需要相比，我国多数地区在城市市政管理、交通运行、人居环境、应急处置、公共秩序等方面仍有较大差距，城市管理执法工作还存在管理体制不顺、职责边界不清、法律法规不健全、管理方式简单、服务意识不强、执法行为粗放等问题，社会各界反映较为强烈，在一定程度上制约了城市健康发展和新型城镇化的顺利推进。

深入推进城市管理执法体制改革，改进城市管理工作，是落实“四个全面”战略布局的内在要求，是提高政府治理能力的重要举措，是增进民生福祉的现实需要，是促进城市发展转型的必然选择。为理顺城市管理执法体制，解决城市管理面临的突出矛盾和问题，消除城市管理工作中的短板，进一步提高城市管理和公共服务水平，现提出以下意见。

一、总体要求

（一）指导思想。深入贯彻党的十八大和十八届二中、三中、四中、五中全会及中央城镇化工作会议、中央城市工作会议精神，以“四个全面”战略布局为引领，牢固树立创新、协调、绿色、开放、共享的发展理念，以城市管理现代化为指向，以理顺体制机制为途径，将城市管理执法体制改革作为推进城市发展方式转变的重要手段，与简政放权、放管结合、转变政府职能、规范行政权力运行等有机结合，构建权责明晰、服务为先、管理优化、执法规范、安全有序的城市管理体制，推动城市管理走向城市治理，促进城市运行高效有序，实现城市让生活更美好。

（二）基本原则

——坚持以人为本。牢固树立为人民管理城市的理念，强化宗旨意识和服务意识，落实惠民和便民措施，以群众满意为标准，切实解决社会各界最关心、最直接、最现实的问题，努力消除各种“城市病”。

——坚持依法治理。完善执法制度，改进执法方式，提高执法素养，把严格规范公正文明执法的要求落实到城市管理执法全过程。

——坚持源头治理。增强城市规划、建设、管理的科学性、系统性和协调性，综合考虑公共秩序管理和群众生产生活需要，合理安排各类公共设施和空间布局，加强对城市规划、建设实施情况的评估和反馈。变被动管理为主动服务，变末端执法为源头治理，从源头上预防和减少违法违规行为。

——坚持权责一致。明确城市管理和执法职责边界，制定权力清单，落实执法责任，权随事走、人随事调、费随事转，实现事权和支出相适应、权力和责任相统一。合理划分城市管理事权，实行属地管理，明确市、县政府在城市管理和执法中负主体责任，充实一线人员力量，落实执法运行经费，将工作重点放在基层。

——坚持协调创新。加强政策措施的配套衔接，强化部门联动配合，有序推进相关工作。以网格化管理、社会化服务为方向，以智慧城市建设为契机，充分发挥现代信息技术的优势，加快形成与经济社会发展相匹配的城市管理能力。

（三）总体目标。到 2017 年年底，实现市、县政府城市管理领域的机构综合设置。到 2020 年，城市管理法律法规和标准体系基本完善，执法体制基本理顺，机构和队伍建设明显加强，保障机制初步完善，服务便民高效，现代城市治理体系初步形成，城市管理效能大幅提高，人民群众满意度显著提升。

二、理顺管理体制

（四）匡定管理职责。城市管理的主要职责是市政管理、环境管理、交通管理、应急管理和城市规划实施管理等。具体实施范围包括：市政公用设施运行管理、市容环境卫生管理、园林绿化管理等方面的全部工作；市、县政府依法确定的，与城市管理密切相关、需要纳入统一管理的公共空间秩序管理、违法建设治理、环境保护管理、交通管理、应急管理等方面的部分工作。城市管理执法即是在上述领域根据国家法律法规规定履行行政执法权力的行为。

（五）明确主管部门。国务院住房和城乡建设主管部门负责对全国城市管理工作的指导，研究拟定有关政策，制定基本规范，做好顶层设计，加强对省、自治区、直辖市城市管理工作的指导监督协调，积极推进地方各级政府城市管理事权法律化、规范化。各省、自治区、直辖市政府应当确立相应的城市管理主管部门，加强对辖区内城市管理工作的业务指导、组织协调、监督检查和考核评价。各地应科学划分城市管理部门与相关行政主管部门的工作职责，有关管理和执法职责划转城市管理部门后，原主管部门不再行使。

（六）综合设置机构。按照精简统一效能的原则，住房和城乡建设部会同中央编办指导地方整合归并省级执法队伍，推进市县两级政府城市管理领域大部门制改革，整合市政公用、市容环卫、园林绿化、城市管理执法等城市管理相关职能，实现管理执法机构综合设置。统筹解决好机构性质问题，具备条件的应当纳入政府机构序列。遵循城市运行规律，建立健全以城市良性运行为核心，地上地下设施建设运行统筹协调的城市管理体制机制。有条件的市和县应当建立规划、建设、管理一体化的行政管理体制，强化城市管理和执法工作。

（七）推进综合执法。重点在与群众生产生活密切相关、执法频率高、多头执法扰民问题突出、专业技术要求适宜、与城市管理密切相关且需要集中行使行政处罚权的领域推行综合执法。具体范围是：住房城乡建设领域法律法规规章规定的全部行政处罚权；环境保护管理方面社会生活噪声污染、建筑施工噪声污染、建筑施工扬尘污染、餐饮服务业油烟污染、露天烧烤污染、城市焚烧沥青塑料垃圾等烟尘和恶臭污染、露天焚烧秸秆落叶等烟尘污染、燃放烟花爆竹污染等的行政处罚权；工商管理方面户外公共场所无照经营、违规设置户外广告的行政处罚权；交通管理方面侵占城市道路、违法停放车辆等的行政处罚权；水务管理方面向城市河道倾倒废弃物和垃圾及违规取土、城市河道违法建筑物拆除等的行政处罚权；食品药品监管方面户外公共场所食品销售和餐饮摊点无证经营，以及违法回收贩卖药品等的行政处罚权。城市管理部门可以实施与上述范围内法律法规规定的行政处罚权有关的行政强制措施。到2017年年底，实现住房城乡建设领域行政处罚权的集中行使。上述范围以外需要集中行使的具体行政处罚权及相应的行政强制权，由市、县政府报所在省、自治区政府审批，直辖市政府可以自行确定。

（八）下移执法重心。按照属地管理、权责一致的原则，合理确定设区的市和市辖区城市管理部门的职责分工。市级城市管理部门主要负责城市管理和执法工作的指导、监督、考核，以及跨区域及重大复杂违法违规案件的查处。按照简政放权、放管结合、优化服务的要求，在设区的市推行市或区一级执法，市辖区能够承担的可以实行区一级执法，区级城市管理部门可以向街道派驻执法机构，推动执法事项属地化管理；市辖区不能承担的，市级城市管理部门可以向市辖区和街道派驻执法机构，开展综合执法工作。派驻机构业务工作接受市或市辖区城市管理部门的领导，日常管理以所在市辖区或街道为主，负责人的调整应当征求派驻地党（工）委的意见。逐步实现城市管理执法工作全覆盖，并向乡镇延伸，推进城乡一体化发展。

三、强化队伍建设

（九）优化执法力量。各地应当根据执法工作特点合理设置岗位，科学确定城市管理执法人员配备比例标准，统筹解决好执法人员身份编制问题，在核定的行政编制数额内，具备条件的应当使用行政编制。执法力量要向基层倾斜，适度提高一线人员的比例，通过调整结构优化执法力量，确保一线执法工作需要。区域面积大、流动人口多、管理执法任务重的地区，可以适度调高执法人员配备比例。

（十）严格队伍管理。建立符合职业特点的城市管理执法人员管理制度，优化干部任用和人才选拔机制，严格按照公务员法有关规定开展执法人员录用等有关工作，加大接收安置军转干部的力度，加强领导班子和干部队伍建设。根据执法工作需要，统一制式服装和标志标识，制定执法执勤用车、装备配备标准，到2017年年底，实现执法制式服装和标志标识统一。严格执法人员素质要求，加强思想道德和素质教育，着力提升执法人员业务能力，打造政治坚定、作风优良、纪律严明、廉洁务实的执法队伍。

（十一）注重人才培养。加强现有在编执法人员业务培训和考试，严格实行执法人员持证上岗和资格管理制度，到2017年年底，完成处级以上干部轮训和持证上岗工作。建立符合职业特点的职务晋升和交流制度，切实解决基层执法队伍基数大、职数少的问题，确保部门之间相对平衡、职业发展机会平等。完善基层执法人员工资政策。研究通过工伤保险、抚恤等政策提高风险保障水平。鼓励高等学校设置城市管理专业或开设城市管理课程，依托党校、行政学院、高等学校等开展岗位培训。

（十二）规范协管队伍。各地可以根据实际工作需要，采取招用或劳务派遣等形式配置城市管理执法协管人员。建立健全协管人员招聘、管理、奖惩、退出等制度。协管人员数量不得超过在编人员，并应当随城市管理执法体制改革逐步减少。协管人员只能配合执法人员从事宣传教育、巡查、信息收集、违法行为劝阻等辅助性事务，不得从事具体行政执法工作。协管人员从事执法辅助事务以及超越辅助事务所形成的后续责任，由本级城市管理部门承担。

四、提高执法水平

（十三）制定权责清单。各地要按照转变政府职能、规范行政权力运行的要求，全面清理调整现有城市管理和综合执法职责，优化权力运行流程。依法建立城市管理和综合执法部门的权力和责任清单，向社会公开职能职责、执法依据、处罚标准、运行流程、监督途径和问责机制。制定责任清单与权力清单工作要统筹推进，并实行动态管理和调整。到2016年年底，市、县两级城市管理部门要基本完成权力清单和责任清单的制定公布工作。

（十四）规范执法制度。各地城市管理部门应当切实履行城市管理执法职责，完善执法程序，规范办案流程，明确办案时限，提高办案效率。积极推行执法办案评议考核制度和执法公示制度。健全行政处罚适用规则和裁量基准制度、执法全过程记录制度。严格执行重大执法决定法制审核制度。杜绝粗暴执法和选择性执法，确保执法公信力，维护公共利益、人民权益和社会秩序。

（十五）改进执法方式。各地城市管理执法人员应当严格履行执法程序，做到着装整齐、用语规范、举止文明，依法规范行使行政检查权和行政强制权，严禁随意采取强制执法措施。坚持处罚与教育相结合的原则，根据违法行为的性质和危害后果，灵活运用不同执法方式，对情节较轻或危害后果能够及时消除的，应当多做说服沟通工作，加强教育、告诫、引导。综合运用行政指导、行政奖励、行政扶助、行政调解等非强制行政手段，引导当事人自觉遵守法律法规，及时化解矛盾纷争，促进社会和谐稳定。

（十六）完善监督机制。强化外部监督机制，畅通群众监督渠道、行政复议渠道，城市管理部门和执法人员要主动接受法律监督、行政监督、社会监督。强化内部监督机制，全面落实行政执法责任制，加强城市管理部门内部流程控制，健全责任追究机制、纠错问责机制。强化执法监督工作，坚决排除对执法活动的违规人为干预，防止和克服各种保护主义。

五、完善城市管理

（十七）加强市政管理。市政公用设施建设完成后，应当及时将管理信息移交城市管理部门，并建立完备的城建档案，实现档案信息共享。加强市政公用设施管护工作，保障安全高效运行。加强城市道路管理，严格控制道路开挖或占用道路行为。加强城市地下综合管廊、给排水和垃圾处理等基础设施管理，服务入廊单位生产运行和市民日常生活。

（十八）维护公共空间。加强城市公共空间规划，提升城市设计水平。加强建筑物立面管理和色调控制，规范报刊亭、公交候车亭等“城市家具”设置，加强户外广告、门店牌匾设置管理。加强城市街头流浪乞讨人员救助管理。严查食品无证摊贩、散发张贴小广告、街头非法回收药品、贩卖非法出版物等行为。及时制止、严肃查处擅自变更建设项目规划设计和用途、违规占用公共空间以及乱贴乱画乱挂等行为，严厉打击违法用地、违法建设行为。

（十九）优化城市交通。坚持公交优先战略，着力提升城市公共交通服务水平。加强不同交通工具之间的协调衔接，倡导步行、自行车等绿色出行方式。打造城市交通微循环系统，加大交通需求调控力度，优化交通出行结构，提高路网运行效率。加强城市交通基础设施和智能化交通指挥设施管理维护。整顿机动车交通秩序。加强城市出租客运市场管理。加强静态交通秩序管理，综合治理非法占道停车及非法挪用、占用停车设施，鼓励社会资本投入停车场建设，鼓励单位停车场错时对外开放，逐步缓解停车难问题。

（二十）改善人居环境。切实增加物质和人力投入，提高城市园林绿化、环卫保洁水平，加强大气、噪声、固体废物、河湖水系等环境管理，改善城市人居环境。规范建筑施工现场管理，严控噪声扰民、施工扬尘和渣土运输抛洒。推进垃圾减量化、资源化、无害化管理。加强废弃电器电子产品回收处理和医疗垃圾集中处理管理。大力开展爱国卫生运动，提高城市卫生水平。

（二十一）提高应急能力。提高城市防灾减灾能力，保持水、电、气、热、交通、通信、网络等城市生命线系统畅通。建立完善城市管理领域安全监管责任制，强化重大危险源监控，消除重大事故隐患。加强城市基础设施安全风险隐患排查，建立分级、分类、动态管理制度。完善城市管理应急响应机制，提高突发事件处置能力。强化应急避难场所、设施设备管理，加强各类应急物资储备。建立应急预案动态调整管理制度，经常性开展疏散转移、自救互救等综合演练。做好应对自然灾害等突发事件的军地协调工作。

（二十二）整合信息平台。积极推进城市管理数字化、精细化、智慧化，到2017年年底，所有市、县都要整合形成数字化城市管理平台。基于城市公共信息平台，综合运用物联网、云计算、大数据等现代信息技术，整合人口、交通、能源、建设等公共设施信息和公共基础服务，拓展数字化城市管理平台功能。加快数字化城市管理向智慧化升级，实现感知、分析、服务、指挥、监察“五位一体”。整合城市管理相关电话服务平台，形成全国统一的12319城市管理服务热线，并实现与110报警电话等的对接。综合利用各类监测监控手段，强化视频监控、环境监测、交通运行、供水供气供电、防洪防涝、生命线保障等城市运行数据的综合采集和管理分析，形成综合性城市管理数据库，重点推进城市建筑物数据库建设。强化行政许可、行政处罚、社会诚信等城市管理全要素数据的采集与整合，提升数据标准化程度，促进多部门公共数据资源互联互通和开放共享，建立用数据说话、用数据决策、用数据管理、用数据创新的新机制。

（二十三）构建智慧城市。加强城市基础设施智慧化管理与监控服务，加快市政公用设施智慧化改造升级，构建城市虚拟仿真系统，强化城镇重点应用工程建设。发展智慧水务，构建覆盖供水全过程、保障供水质量安全的智能供排水和污水处理系统。发展智慧管网，实现城市地下空间、地下综合管廊、地下管网管理信息化和运行智能化。发展智能建筑，实现建筑设施设备节能、安全的智能化管控。加快城市管理和综合执法档案信息化建设。依托信息化技术，综合利用视频一体化技术，探索快速处置、非现场执法等新型执法模式，提升执法效能。

六、创新治理方式

（二十四）引入市场机制。发挥市场作用，吸引社会力量和社会资本参与城市管理。鼓励地方通过政府和社会资本合作等方式，推进城市市政基础设施、市政公用事业、公共交通、便民服务设施等的市场化运营。推行环卫保洁、园林绿化管养作业、公共交通等由政府向社会购买服务，逐步加大购买服务力度。综合运用规划引导、市场运作、商户自治等方式，顺应历史沿革和群众需求，合理设置、有序管理方便生活的自由市场、摊点群、流动商贩疏导点等经营场所和服务网点，促创业、带就业、助发展、促和谐。

（二十五）推进网格管理。建立健全市、区（县）、街道（乡镇）、社区管理网络，科学划分网格单元，将城市管理、社会管理和公共服务事项纳入网格化管理。明确网格管理对象、管理标准和责任人，实施常态化、精细化、制度化管理。依托基层综合服务管理平台，全面加强对人口、房屋、证件、车辆、场所、社会组织等各类基础信息的实时采集、动态录入，准确掌握情况，及时发现和快速处置问题，有效实现政府对社会单元的公共管理和服务。

（二十六）发挥社区作用。加强社区服务型党组织建设，充分发挥党组织在基层社会治理中的领导核心作用，发挥政府在基层社会治理中的主导作用。依法建立社区公共事务准入制度，充分发挥社区居委会作用，增强社区自治功能。充分发挥社会工作者等专业人才的作用，培育社区社会组织，完善社区协商机制。推动制定社区居民公约，促进居民自治管理。建设完善社区公共服务设施，打造方便快捷生活圈。通过建立社区综合信息平台、编制城市管理服务图册、设置流动服务站等方式，提供惠民便民公共服务。

（二十七）动员公众参与。依法规范公众参与城市治理的范围、权利和途径，畅通公众有序参与城市治理的渠道。倡导城市管理志愿服务，建立健全城市管理志愿服务宣传动员、组织管理、激励扶持等制度和组织协调机制，引导志愿者与民间组织、慈善机构和非营利性社会团体之间的交流合作，组织开展多形式、常态化的志愿服务活动。依法支持和规范服务性、公益性、互助性社会组织发展。采取公众开放日、主题体验活动等方式，引导社会组织、市场中介机构和公民法人参与城市治理，形成多元共治、良性互动的城市治理模式。

（二十八）提高文明意识。把培育和践行社会主义核心价值观作为城市文明建设的根本任务，融入国民教育和精神文明创建全过程，广泛开展城市文明教育，大力弘扬社会公德。深化文明城市创建，不断提升市民文明素质和城市文明程度。积极开展新市民教育和培训，让新市民尽快融入城市生活，促进城市和谐稳定。充分发挥各级党组织和工会、共青团、妇联等群团组织的作用，广泛开展城市文明主题宣传教育和实践活动。加强社会诚信建设，坚持将公约引导、信用约束、法律规制相结合，以他律促自律。

七、完善保障机制

（二十九）健全法律法规。加强城市管理和执法方面的立法工作，完善配套法规和规章，实现深化改革与法治保障有机统一，发挥立法对改革的引领和规范作用。有立法权的城市要根据立法法的规定，加快制定城市管理执法方面的地方性法规、规章，明晰城市管理执法范围、程序等内容，规范城市管理执法的权力和责任。全面清理现行法律法规中与推进城市管理执法体制改革不相适应的内容，定期开展规章和规范性文件清理工作，并向社会公布清理结果，加强法律法规之间的衔接。加快制定修订一批城市管理和综合执法方面的标准，形成完备的标准体系。

（三十）保障经费投入。按照事权和支出责任相适应原则，健全责任明确、分类负担、收支脱钩、财政保障的城市管理经费保障机制，实现政府资产与预算管理有机结合，防止政府资产流失。城市政府要将城市管理经费列入同级财政预算，并与城市发展速度和规模相适应。严格执行罚缴分离、收支两条线制度，不得将城市管理经费与罚没收入挂钩。各地要因地制宜加大财政支持力度，统筹使用有关资金，增加对城市管理执法人员、装备、技术等方面的资金投入，保障执法工作需要。

（三十一）加强司法衔接。建立城市管理部门与公安机关、检察机关、审判机关信息共享、案情通报、案件移送等制度，实现行政处罚与刑事处罚无缝对接。公安机关要依法打击妨碍城市管理执法和暴力抗法行为，对涉嫌犯罪的，应当依照法定程序处理。检察机关、审判机关要加强法律指导，及时受理、审理涉及城市管理执法的案件。检察机关有权对城市管理部门在行政执法中发现涉嫌犯罪案件线索的移送情况进行监督，城市管理部门对于发现的涉嫌犯罪案件线索移送不畅的，可以向检察机关反映。加大城市管理执法行政处罚决定的行政和司法强制执行力度。

八、加强组织领导

（三十二）明确工作责任。加强党对城市管理工作的组织领导。各级党委和政府要充分认识推进城市管理执法体制改革、改进城市管理工作的重要性和紧迫性，把这项工作列入重要议事日程，按照有利于服务群众的原则，切实履行领导责任，研究重大问题，把握改革方向，分类分层推进。各省、自治区可以选择一个城市先行试点，直辖市可以全面启动改革工作。各省、自治区、直辖市政府要制定具体方案，明确时间步骤，细化政策措施，及时总结试点经验，稳妥有序推进改革。上级政府要加强对下级政府的指导和督促检查，重要事项及时向党委报告。中央和国家机关有关部门要增强大局意识、责任意识，加强协调配合，支持和指导地方推进改革工作。

（三十三）建立协调机制。建立全国城市管理工作部际联席会议制度，统筹协调解决制约城市管理工作的重大问题，以及相关部门职责衔接问题。各省、自治区政府应当建立相应的协调机制。市、县政府应当建立主要负责同志牵头的城市管理协调机制，加强对城市管理工作的组织协调、监督检查和考核奖惩。建立健全市、县相关部门之间信息互通、资源共享、协调联动的工作机制，形成管理和执法工作合力。

（三十四）健全考核制度。将城市管理执法工作纳入经济社会发展综合评价体系和领导干部政绩考核体系，推动地方党委、政府履职尽责。推广绩效管理和服务承诺制度，加快建立城市管理行政问责制度，健全社会公众满意度评价及第三方考评机制，形成公开、公平、公正的城市管理和综合执法工作考核奖惩制度体系。加强城市管理效能考核，将考核结果作为城市党政领导班子和领导干部综合考核评价的重要参考。

（三十五）严肃工作纪律。各级党委和政府要严格执行有关编制、人事、财经纪律，严禁在推进城市管理执法体制改革工作中超编进人、超职数配备领导干部、突击提拔干部。对违反规定的，要按规定追究有关单位和人员的责任。在职责划转、机构和人员编制整合调整过程中，应当按照有关规定衔接好人财物等要素，做好工作交接，保持工作的连续性和稳定性。涉及国有资产划转的，应做好资产清查工作，严格执行国有资产管理有关规定，确保国有资产安全完整。

（三十六）营造舆论环境。各级党委和政府要高度重视宣传和舆论引导工作，加强中央与地方的宣传联动，将改革实施与宣传工作协同推进，正确引导社会预期。加强对城市管理执法先进典型的正面宣传，营造理性、积极的舆论氛围，及时回应社会关切，凝聚改革共识。推进城市管理执法信息公开，保障市民的知情权、参与权、表达权、监督权。加强城市管理执法舆情监测、研判、预警和应急处置，提高舆情应对能力。住房和城乡建设部、中央编办、国务院法制办要及时总结各地经验，切实强化对推进城市管理执法体制改革、提高城市管理水平相关工作的协调指导和监督检查。重大问题要及时报告党中央、国务院。中央将就贯彻落实情况适时组织开展专项监督检查。

住房和城乡建设部城市管理监督局
关于推行城市管理执法全过程记录工作的通知
（建督综函〔2016〕1号）

各省、自治区住房城乡建设厅，直辖市城市管理主管部门及有关部门，新疆生产建设兵团建设局：

为贯彻落实《中共中央国务院关于深入推进城市执法体制改革改进城市管理工作的指导意见》精神，促进严格规范公正文明执法，决定在县级以上城市管理部门推行城市管理执法全过程记录工作。现就有关事项通知如下：

一、推行执法全过程记录

各地城市管理部门要通过文字、音像等记录方式，对执法活动全过程进行记录，客观、公正、完整地记录执法工作情况和相关证据，实现全过程留痕和可回溯管理。规范执法文书的制作和使用，确保执法文书和案卷完整准确、合法规范。合理配备并使用执法记录仪等现场执法记录设备和视音频资料传输、存储、等设备。对现场执法活动中容易引发争议和纠纷的，应当实行全过程音像记录。

二、推进信息化建设

积极利用大数据、云计算、物联网等信息技术，结合数字化城市管理平台建设和办公自动化系统建设等，探索成本低、效果好、易保存、不能删改的音像记录方式，提高执法记录的信息化水平。做好执法文书和视音频资料的管理和存储，逐步实现与数字化城市管理信息系统关联共享。

三、注重记录工作实效

建立健全执法全过程记录保存、管理、使用等工作制度。定期组织对执法文书和视音频资料进行抽查检查。充分发挥全过程记录信息在案卷评查、数据统计分析、执法监督等工作中的作用。

各地要充分认识推行城市管理执法全过程记录工作的重要意义，切实落实工作要求，配备相关仪器设备，严格规范记录行为，妥善保管使用记录信息，确保执法全过程记录工作有效推行。

中华人民共和国住房和城乡建设部城市管理监督局

2016年11月8日

（此件主动公开）

城市管理执法办法
(住房和城乡建设部令第34号)

《城市管理执法办法》已经第32次部常务会议审议通过，现予发布，自2017年5月1日起施行。

住房和城乡建设部部长　陈政高

2017年1月24日

城市管理执法办法

第一章　总则

第一条　为了规范城市管理执法工作，提高执法和服务水平，维护城市管理秩序，保护公民、法人和其他组织的合法权益，根据行政处罚法、行政强制法等法律法规的规定，制定本办法。

第二条　城市、县人民政府所在地镇建成区内的城市管理执法活动以及执法监督活动，适用本办法。

本办法所称城市管理执法，是指城市管理执法主管部门在城市管理领域根据法律法规规章规定履行行政处罚、行政强制等行政执法职责的行为。

第三条　城市管理执法应当遵循以人为本、依法治理、源头治理、权责一致、协调创新的原则，坚持严格规范公正文明执法。

第四条　国务院住房城乡建设主管部门负责全国城市管理执法的指导监督协调工作。

各省、自治区人民政府住房城乡建设主管部门负责本行政区域内城市管理执法的指导监督考核协调工作。

城市、县人民政府城市管理执法主管部门负责本行政区域内的城市管理执法工作。

第五条　城市管理执法主管部门应当推动建立城市管理协调机制，协调有关部门做好城市管理执法工作。

第六条　城市管理执法主管部门应当加强城市管理法律法规规章的宣传普及工作，增强全民守法意识，共同维护城市管理秩序。

第七条　城市管理执法主管部门应当积极为公众监督城市管理执法活动提供条件。

第二章　执法范围

第八条　城市管理执法的行政处罚权范围依照法律法规和国务院有关规定

确定，包括住房城乡建设领域法律法规规章规定的行政处罚权，以及环境保护管理、工商管理、交通管理、水务管理、食品药品监管方面与城市管理相关部分的行政处罚权。

第九条　需要集中行使的城市管理执法事项，应当同时具备下列条件：

（一）与城市管理密切相关；

（二）与群众生产生活密切相关、多头执法扰民问题突出；

（三）执法频率高、专业技术要求适宜；

（四）确实需要集中行使的。

第十条　城市管理执法主管部门依法相对集中行使行政处罚权的，可以实施法律法规规定的与行政处罚权相关的行政强制措施。

第十一条　城市管理执法事项范围确定后，应当向社会公开。

第十二条　城市管理执法主管部门集中行使原由其他部门行使的行政处罚权的，应当与其他部门明确职责权限和工作机制。

第三章　执法主体

第十三条　城市管理执法主管部门按照权责清晰、事权统一、精简效能的原则设置执法队伍。

第十四条　直辖市、设区的市城市管理执法推行市级执法或者区级执法。

直辖市、设区的市的城市管理执法事项，市辖区人民政府城市管理执法主管部门能够承担的，可以实行区级执法。

直辖市、设区的市人民政府城市管理执法主管部门可以承担跨区域和重大复杂违法案件的查处。

第十五条　市辖区人民政府城市管理执法主管部门可以向街道派出执法机构。直辖市、设区的市人民政府城市管理执法主管部门可以向市辖区或者街道派出执法机构。

派出机构以设立该派出机构的城市管理执法主管部门的名义，在所辖区域范围内履行城市管理执法职责。

第十六条　城市管理执法主管部门应当依据国家相关标准，提出确定城市管理执法人员数量的合理意见，并按程序报同级编制主管部门审批。

第十七条　城市管理执法人员应当持证上岗。

城市管理执法主管部门应当定期开展执法人员的培训和考核。

第十八条　城市管理执法主管部门可以配置城市管理执法协管人员，配合执法人员从事执法辅助事务。

协管人员从事执法辅助事务产生的法律后果，由本级城市管理执法主管部门承担。

城市管理执法主管部门应当严格协管人员的招录程序、资格条件，规范执法辅助行为，建立退出机制。

第十九条　城市管理执法人员依法开展执法活动和协管人员依法开展执法辅助事务，受法律保护。

第四章　执法保障

第二十条　城市管理执法主管部门应当按照规定配置执法执勤用车以及调查取证设施、通讯设施等装备配备，并规范管理。

第二十一条　城市管理执法制式服装、标志标识应当全国统一，由国务院住房城乡建设主管部门制定式样和标准。

第二十二条　城市管理执法应当保障必要的工作经费。

工作经费按规定已列入同级财政预算，城市管理执法主管部门不得以罚没收入作为经费来源。

第二十三条　城市管理领域应当建立数字化城市管理平台，实现城市管理的信息采集、指挥调度、督察督办、公众参与等功能，并逐步实现与有关部门信息平台的共享。

城市管理领域应当整合城市管理相关电话服务平台，建立统一的城市管理服务热线。

第二十四条　城市管理执法需要实施鉴定、检验、检测的，城市管理执法主管部门可以开展鉴定、检验、检测，或者按照有关规定委托第三方实施。

第五章　执法规范

第二十五条　城市管理执法主管部门依照法定程序开展执法活动，应当保障当事人依法享有的陈述、申辩、听证等权利。

第二十六条　城市管理执法主管部门开展执法活动，应当根据违法行为的性质和危害后果依法给予相应的行政处罚。

对违法行为轻微的，可以采取教育、劝诫、疏导等方式予以纠正。

第二十七条　城市管理执法人员开展执法活动，可以依法采取以下措施：

（一）以勘验、拍照、录音、摄像等方式进行现场取证；

（二）在现场设置警示标志；

（三）询问案件当事人、证人等；

（四）查阅、调取、复制有关文件资料等；

（五）法律、法规规定的其他措施。

第二十八条　城市管理执法主管部门应当依法、全面、客观收集相关证据，规范建立城市管理执法档案并完整保存。

城市管理执法主管部门应当运用执法记录仪、视频监控等技术，实现执法活动全过程记录。

第二十九条　城市管理执法主管部门对查封、扣押的物品，应当妥善保管，不得使用、截留、损毁或者擅自处置。查封、扣押的物品属非法物品的，移送有关部门处理。

第三十条　城市管理执法主管部门不得对罚款、没收违法所得设定任务和目标。

罚款、没收违法所得的款项，应当按照规定全额上缴。

第三十一条　城市管理执法主管部门应当确定法制审核机构，配备一定比例符合条件的法制审核人员，对重大执法决定在执法主体、管辖权限、执法程序、事实认定、法律适用等方面进行法制审核。

第三十二条　城市管理执法主管部门开展执法活动，应当使用统一格式的行政执法文书。

第三十三条　行政执法文书的送达，依照民事诉讼法等法律规定执行。

当事人提供送达地址或者同意电子送达的，可以按照其提供的地址或者传真、电子邮件送达。

采取直接、留置、邮寄、委托、转交等方式无法送达的，可以通过报纸、门户网站等方式公告送达。

第三十四条　城市管理执法主管部门应当通过门户网站、办事窗口等渠道或者场所，公开行政执法职责、权限、依据、监督方式等行政执法信息。

第六章　协作与配合

第三十五条　城市管理执法主管部门应当与有关部门建立行政执法信息互通共享机制，及时通报行政执法信息和相关行政管理信息。

第三十六条　城市管理执法主管部门可以对城市管理执法事项实行网格化管理。

第三十七条　城市管理执法主管部门在执法活动中发现依法应当由其他部门查处的违法行为，应当及时告知或者移送有关部门。

第七章　执法监督

第三十八条　城市管理执法主管部门应当向社会公布投诉、举报电话及其他监督方式。

城市管理执法主管部门应当为投诉人、举报人保密。

第三十九条　城市管理执法主管部门违反本办法规定，有下列行为之一的，由上级城市管理执法主管部门或者有关部门责令改正，通报批评；情节严重的，对直接负责的主管人员和其他直接责任人员依法给予处分。

（一）没有法定依据实施行政处罚的；

（二）违反法定程序实施行政处罚的；

（三）以罚款、没收违法所得作为经费来源的；

（四）使用、截留、损毁或者擅自处置查封、扣押物品的；

（五）其他违反法律法规和本办法规定的。

第四十条　非城市管理执法人员着城市管理执法制式服装的，城市管理执法主管部门应当予以纠正，依法追究法律责任。

第八章　附则

第四十一条　本办法第二条第一款规定范围以外的城市管理执法工作，参照本办法执行。

第四十二条　本办法自 2017 年 5 月 1 日起施行。1992 年 6 月 3 日发布的《城建监察规定》（建设部令第 20 号）同时废止。

住房和城乡建设部　财政部
关于印发城市管理执法制式服装和标志标识供应管理办法的通知
（建督〔2017〕31号）

各省、自治区、直辖市人民政府，新疆生产建设兵团：

经国务院同意，现将《城市管理执法制式服装和标志标识供应管理办法》印发给你们，请遵照执行。

中华人民共和国住房和城乡建设部

中华人民共和国财政部

2017年2月7日

（此件主动公开）

城市管理执法制式服装和标志标识供应管理办法

第一章　总则

第一条　为深化城市管理领域简政放权、放管结合、优化服务改革，加强城市管理执法队伍建设，统一规范城市管理执法制式服装（以下简称制式服装）和标志标识，推进规范文明执法，营造良好营商环境、提高城市管理水平，提升政府公信力，依据《中华人民共和国预算法》和《中共中央国务院关于深入推进城市执法体制改革改进城市管理工作的指导意见》等规定，制定本办法。

第二条　各级城市管理部门要加强城市管理执法队伍建设，规范穿着制式服装和佩戴标志标识，严肃城市管理执法人员仪容仪表及执法风纪，创新履职方式，规范执法行为，围绕完善事中事后管理，推进管理精细化、执法规范化、服务人性化，更好体现执法的统一性、权威性。

第三条　住房和城乡建设部负责对全国城市管理执法制式服装和标志标识工作的指导监督协调，制定制式服装和标志标识的式样与标准。

各省、自治区、直辖市城市管理部门负责监督本办法及式样标准的落实。

各级城市管理部门负责本级制式服装和标志标识的采购、配发以及日常管理等工作。

第四条　制式服装制作所需经费，由个人负担工料费的30%，其余70%由同级财政予以安排；装具制作所需经费由同级财政负担。

第五条　各级城市管理部门要严格限定着装范围，不得擅自扩大着装范围和提高供应标准，严禁改变制式服装和标志标识的式样。

第二章　配发范围

第六条　地方各级城市管理部门从事一线城市管理执法工作的在编在职人员，应当在执行公务时穿着统一制式服装和标志标识。

第七条　直辖市和市、县（含县级市、市辖区）城市管理部门从事一线执法工作的在编在职人员，按照供应标准配发制式服装和标志标识。

第八条　省、自治区城市管理部门从事一线执法工作的在编在职人员，按照供应标准减半配发制式服装。

第三章　制式服装和标志标识供应种类

第九条　帽类，具体包括：

（一）大檐帽（女士为卷檐帽）；

（二）防寒帽（布面、皮面）。

第十条　服装类，具体包括：

（一）常服（春秋、冬常服，含上衣、裤子、衬衣）；

（二）茄克式执勤服（春秋、冬茄克式执勤服，含上衣、裤子）；

（三）夏装制式衬衣（长袖、短袖）；

（四）单裤、裙子；

（五）防寒大衣。

第十一条　鞋类，具体包括：

（一）单皮鞋；

（二）皮凉鞋；

（三）棉皮鞋、毛皮靴。

第十二条　标志标识类，具体包括：

（一）帽徽；

（二）肩章；

（三）领花、臂章、胸徽、胸号；

（四）领带、领带卡；

（五）腰带；

（六）标志扣。

第十三条　装具类，具体包括：

（一）连帽雨衣（含雨靴）；

（二）反光背心。

第四章　气候区域

第十四条　制式服装根据气候区域划分配发不同品种，确定使用年限。气候区域划分为热区、亚热区、南温区、北温区、寒区、高寒区（其包括的行政区域见附件1)。

第十五条　因气候、工作环境特殊等原因，个别配发品种不能满足实际需求的，由省级城市管理部门商同级财政部门确定选配品种，报住房和城乡建设部和财政部备案。

第五章　供应标准

第十六条　帽类

(一) 大檐帽(女士为卷檐帽)

首次男士发大檐帽2顶、大檐凉帽1顶，女士发卷檐帽2顶、卷檐凉帽1顶，热区、亚热区、南温区使用4年，北温区、寒区、高寒区使用5年，期满换发大檐帽(卷檐帽)1顶，大檐凉帽(卷檐凉帽)1顶。

(二) 防寒帽(布面、皮面)

热区、亚热区、南温区首次发布面栽绒防寒帽1顶，热区、亚热区使用7年，南温区使用6年，期满换发1顶。

北温区首次发皮面栽绒防寒帽1顶，使用8年，期满换发1顶。

寒区、高寒区首次发皮面直毛皮防寒帽1顶，使用5年，期满换发1顶。

第十七条　服装类

(一) 常服(春秋、冬常服，含上衣、裤子、衬衣)

首次发春秋常服1套(含衬衣2件)，使用4年，期满换发1套；发冬常服1套，热区、亚热区使用4年，南北温区、寒区、高寒区使用3年，期满换发1套。

(二) 茄克式执勤服(春秋、冬茄克式执勤服，含上衣、裤子)

热区、亚热区、南北温区首次发春秋茄克式执勤服2套，寒区、高寒区首次发春秋茄克式执勤服1套，热区、亚热区使用4年，南北温区、寒区、高寒区使用5年，期满换发1套；热区、亚热区、寒区、高寒区发冬茄克式执勤服2套，南北温区发冬茄克式执勤服1套，热区、亚热区使用4年，南北温区、寒区、高寒区使用3年，期满换发1套。

(三) 夏装制式衬衣(长袖、短袖)

首次发长袖制式衬衣2件，使用3年，期满换发2件；发短袖制式衬衣3件，热区、亚热区使用2年，南北温区使用3年，寒区、高寒区使用4年，期满换发3件。

(四) 单裤、裙子

首次男士发单裤2条，使用2年，期满换发2条；女士发单裤1条、裙子1条，使用2年，期满各换发1条。

(五) 防寒大衣

南北温区、寒区、高寒区首次发防寒大衣1件(南北温区为短款，寒区、高寒区为长款)，南北温区使用8年，寒区、高寒区使用6年，期满换发1件。

第十八条　鞋类

（一）单皮鞋

首次发单皮鞋1双，使用2年，期满换发1双。

（二）皮凉鞋

首次发皮凉鞋1双，热区、亚热区、南北温区使用3年，寒区、高寒区使用4年，期满换发1双。

（三）棉皮鞋、毛皮靴

南北温区首次发棉皮鞋1双，使用4年，期满换发1双。

寒区、高寒区首次发毛皮靴1双，使用6年，期满换发1双。

第十九条　标志标识类

（一）帽徽

男士发大帽徽2枚，女士发大帽徽1枚，小帽徽1枚，损坏后，交旧领新。

（二）肩章

首次发硬肩章、软肩章、套式肩章各1付，损坏后，交旧领新。

（三）领花、臂章、胸徽、胸号

首次发领花、臂章各1付，硬、软胸徽各1枚，硬、软胸号各1枚，损坏后，交旧领新。

（四）领带、领带卡

首次发领带1条、领带卡1枚，损坏后，交旧领新。

（五）腰带

首次发腰带2条，使用3年，期满后换发1条。

（六）标志扣

随服装（帽子）配发。

第二十条　装具类

地方各级城市管理部门可根据实际需要，按照一线执法人员数量的一定比例配备连帽雨衣（含雨靴）、反光背心。

第六章　制式服装和标志标识管理

第二十一条　制式服装面料的采购、加工和标志标识制作，根据《中华人民共和国政府采购法》等有关规定办理。

第二十二条　各级城市管理部门在不突破住房和城乡建设部、财政部规定的供应标准前提下，可以探索实行按需申领的保障模式。

第二十三条　连帽雨衣、反光背心按公用品管理，各级城市管理部门根据执法工作实际调配、发放、回收，仅限一线执法时穿着，使用完毕后由单位保管，个人不得占用。

第二十四条　废旧制式服装和标志标识由各级城市管理部门统一回收处理。

第二十五条　工作变动时应当：

（一）在城市管理部门内部调动时，由调入单位根据本单位的供应标准以及调离单位出具的制式服装供应证明继续供应制式服装。其中，调离胸号号段范围的，应当交回胸号，由调入单位重新配发。

（二）退休以及调离城市管理部门的人员，应收回所有标志标识。着装后任职不满一年调离城市管理部门的，除收回所有标志标识外，还应加收制式服装工料费的20%，或者交回制式服装。

（三）被开除、辞退及辞职人员，应收回所有制式服装和标志标识。

第二十六条　影视制作单位和文艺团体因拍摄、演出需要，使用制式服装和标志标识的，应当报省级城市管理部门批准，并严格保管，非拍摄、演出时不得使用。各级城市管理部门及城市管理执法人员不得擅自赠送、出借制式服装和标志标识。

第七章　附则

第二十七条　推行综合行政执法改革的地区，可根据本地区实际情况，做好执法制式服装和标志标识的统筹衔接。

第二十八条　本办法由住房和城乡建设部、财政部负责解释。

第二十九条　本办法自发布之日起实施。

附件：1. 气候区域划分表

2. 城市管理执法制式服装和标志标识预算指导价格

3. 城市管理执法制式服装和标志标识预算指导价格明细

4. 城市管理执法制式服装和标志标识式样标准

附件 1

气候区域划分表

分区	具体区域	
热区		海南省全部
		广东省除亚热区所列市、县外的其余市、县
		广西壮族自治区除亚热区所列市、县外的其余市、县
	云南省	文山县、广南县、西畴县、麻栗坡县、马关县、丘北县、砚山县、蒙自市、元阳县、河口瑶族自治县、红河县、石屏县、金平苗族瑶族傣族自治县、屏边苗族自治县、绿春县、建水县、景洪市、勐海县、勐腊县、宁洱哈尼族彝族自治县、镇沅彝族哈尼族拉祜族自治县、墨江哈尼族自治县、澜沧拉祜族自治县、西盟佤族自治县、景谷傣族彝族自治县、江城哈尼族傣族自治县、孟连傣族拉祜族佤族自治县、元江哈尼族彝族傣族自治县、新平彝族傣族自治县
亚热区		福建省全部、江西省全部、湖南省全部
	广东省	韶关市、仁化县、南雄市、始兴县、翁源县、连山壮族瑶族自治县、连南瑶族自治县、连州市、乳源瑶族自治县、平远县、蕉岭县
	广西壮族自治区	桂林市、灵川县、兴安县、资源县、全州县、灌阳县、龙胜各族自治县、融安县、三江侗族自治县
		云南省除热区、北温区所列市、县外的其余市、县
		贵州省除北温区所列市、县外的其余市、县
南温区		上海市及所属各县、江苏省全部、安徽省全部、浙江省全部、湖北省全部
		重庆市除北温区所列市、县外的其余市、县、区
	四川省	成都市、金堂县、双流县、巴中市、自贡市、荣县、温江区、郫县、广汉市、新津县、内江市、乐至县、安岳县、威远县、资中县、资阳市、简阳市、宜宾市、宜宾县、富顺县、隆昌县、南溪县、江安县、泸县、合江县、泸州市、古蔺县、叙永县、长宁县、兴文县、珙县、高县、筠连县、屏山县、眉山市、彭山县、仁寿县、黔江区土家族苗族自治县、南充市、苍溪县、阆中市、仪陇县、南部县、西充县、营山县、蓬安县、广安市、岳池县、武胜县、华蓥市、达州市、达县、宣汉县、开江县、邻水县、大竹县、渠县、平昌县
北温区		山东省全部、河南省全部
		北京市及所属各县。 天津市及所属各县。 河北省除寒区所列市、县外的其余市、县。 山西省除寒区所列市、县外的其余市、县。 陕西省除寒区所列市、县外的其余市、县
	甘肃省	兰州市、榆中县、定西市、会宁县、陇西县、临洮县、靖远县、通渭县、渭源县、平凉市、白银市、灵台县、华亭县、静宁县、泾川县、崇信县、庄浪县、西峰区、庆阳县、华池县、正宁县、镇原县、环县、合水县、宁县、天水市、张家川回族自治县、徽县、礼县、武山县、秦安县、清水县、两当县、西和县、甘谷县、漳县、陇南市武都区、康县、成县、文县、临夏县、永靖县、和政县、东乡族自治县、康乐县、广河县、积石山保安族东乡族撒拉族自治县

续表

分区		具体区域
北温区	重庆市	潼南县、武隆县、城口县、巫溪县、巫山县、彭水苗族土家族自治县、酉阳土家族苗族自治县、秀山土家族苗族自治县
	四川省	攀枝花市、米易县、盐边县、都江堰市、彭州市、什邡市、蒲江县、邛崃市、大邑县、崇州市、绵阳市、江油市、青川县、平武县、广元市、旺苍县、剑阁县、梓潼县、三台县、盐亭县、射洪县、遂宁县、蓬溪县、中江县、德阳市、绵竹市、安县、北川县、乐山市、夹江县、洪雅县、丹棱县、青神县、井研县、犍为县、沐川县、峨眉山市、万源市、南江县、巴中市、通江县、雅安市、芦山县、名山县、荥经县、汉源县、石棉县、天全县、宝兴县、西昌市、昭觉县、甘洛县、峨边彝族自治县、马边彝族自治县、霍波县、宁南县、会东县、会理县、德昌县、美姑县、金阳县、布拖县、普格县、喜德县、越西县、盐源县、冕宁县
	贵州省	毕节市、黔西县、织金县、赫章县、大方县、金沙县、纳雍县、威宁彝族自治县、水城县
	云南省	会泽县、永善县、大关县、彝良县、鲁甸县、绥江县、盐津县、威信县、镇雄县、巧家县、华坪县、宁蒗彝族自治县、永胜县、泸水县、福贡县、兰坪白族普米族自治县、贡山独龙族怒族自治县、维西傈僳族自治县
寒区		内蒙古自治区全部、辽宁省全部、吉林省全部、黑龙江省全部、宁夏回族自治区全部、青海省全部、新疆维吾尔自治区全部、西藏自治区全部
	河北省	张家口市、沽源县、赤城县、康保县、张北县、尚义县、怀安县、围场县、丰宁满族自治县
	山西省	大同市、大同县、天镇县、怀仁县、右玉县、阳高县、左云县
	陕西省	榆林市、神木县、府谷县、佳县、米脂县、吴堡县、绥德县、清涧县、子长县、横山县、靖边县、定边县
	甘肃省	嘉峪关市、永登县、皋兰县、宕昌县、岷县、临潭县、舟曲县、玛曲县、夏河县、卓尼县、迭部县、碌曲县、武威市、民勤县、古浪县、金昌市、永昌县、景泰县、天祝藏族自治县、张掖市、民乐县、临泽县、山丹县、肃南社裕固族自治县、高台县、玉门市、酒泉市、敦煌市、阿克寒哈萨克族自治县、金塔县、安西县、肃北蒙古族自治县
	四川省	马尔康县、红原县、阿坝县、若尔盖县、黑水县、松潘县、九寨沟县、康定县、茂县、汶川县、理县、小金县、金川县、壤塘县、炉霍县、甘孜县、新龙县、白玉县、德格县、石渠县、色达县、泸定县、丹巴县、九龙县、雅江县、道孚县、理塘县、乡城县、稻城县、巴塘县、得荣县、木里藏族自治县
	云南省	香格里拉市、德钦县
高寒区		甘肃省、青海省、新疆维吾尔自治区、西藏自治区、四川省的三千五百米以上的高原地区，新疆维吾尔自治区、甘肃省、内蒙古自治区的中苏、中蒙边境地区和黑龙江省的黑河以北地区

附件 2

城市管理执法制式服装和标志标识预算指导价格

<table>
<tr><th rowspan="2">序号</th><th rowspan="2">品名</th><th rowspan="2">单位</th><th rowspan="2">价格（元）</th><th colspan="6">数量</th><th rowspan="2">备注</th></tr>
<tr><th>热区</th><th>亚热区</th><th>南温区</th><th>北温区</th><th>寒区</th><th>高寒区</th></tr>
<tr><td>1</td><td>大檐帽（卷檐帽）</td><td>顶</td><td>52</td><td>2</td><td>2</td><td>2</td><td>2</td><td>2</td><td>2</td><td rowspan="3">热区、亚热区、南温区发布面栽绒防寒帽，北温区发皮面栽绒防寒帽，寒区、高寒区发皮面直毛皮防寒帽</td></tr>
<tr><td>2</td><td>大檐凉帽（卷檐凉帽）</td><td>顶</td><td>47</td><td>1</td><td>1</td><td>1</td><td>1</td><td>1</td><td>1</td></tr>
<tr><td>3</td><td>布面栽绒防寒帽（皮面栽绒防寒帽/皮面直毛皮防寒帽）</td><td>顶</td><td>59（191）</td><td>1</td><td>1</td><td>1</td><td>1</td><td>1</td><td>1</td></tr>
<tr><td>4</td><td>春秋常服</td><td>套</td><td>478</td><td>1</td><td>1</td><td>1</td><td>1</td><td>1</td><td>1</td><td rowspan="9">男士发单裤 2 条，女士发单裤裙子各 1 条
南北温区发短款防寒大衣，寒区、高寒区发长款防寒大衣</td></tr>
<tr><td>5</td><td>春秋常服配套衬衣</td><td>件</td><td>91</td><td>2</td><td>2</td><td>2</td><td>2</td><td>2</td><td>2</td></tr>
<tr><td>6</td><td>冬常服</td><td>套</td><td>528</td><td>1</td><td>1</td><td>1</td><td>1</td><td>1</td><td>1</td></tr>
<tr><td>7</td><td>春秋茄克式执勤服</td><td>套</td><td>400</td><td>2</td><td>2</td><td>2</td><td>2</td><td>1</td><td>1</td></tr>
<tr><td>8</td><td>冬茄克式执勤服</td><td>套</td><td>545</td><td>2</td><td>2</td><td>1</td><td>1</td><td>2</td><td>2</td></tr>
<tr><td>9</td><td>夏装制式衬衣（短袖）</td><td>件</td><td>80</td><td>3</td><td>3</td><td>3</td><td>3</td><td>3</td><td>3</td></tr>
<tr><td>10</td><td>夏装制式衬衣（长袖）</td><td>件</td><td>81</td><td>2</td><td>2</td><td>2</td><td>2</td><td>2</td><td>2</td></tr>
<tr><td>11</td><td>单裤（裙子）</td><td>条</td><td>137（126）</td><td>2</td><td>2</td><td>2</td><td>2</td><td>2</td><td>2</td></tr>
<tr><td>12</td><td>防寒大衣短款（长款）</td><td>件</td><td>356（400）</td><td>0</td><td>0</td><td>1</td><td>1</td><td>1</td><td>1</td></tr>
<tr><td>13</td><td>单皮鞋</td><td>双</td><td>276</td><td>1</td><td>1</td><td>1</td><td>1</td><td>1</td><td>1</td><td rowspan="6">南北温区发棉皮鞋，寒区高寒区发毛皮靴。
标志标识包含帽徽、肩章、领花、臂章、胸徽、胸号、领带、领带卡、腰带、标志扣</td></tr>
<tr><td>14</td><td>皮凉鞋</td><td>双</td><td>276</td><td>1</td><td>1</td><td>1</td><td>1</td><td>1</td><td>1</td></tr>
<tr><td>15</td><td>棉皮鞋（毛皮靴）</td><td>双</td><td>341（400）</td><td>0</td><td>0</td><td>1</td><td>1</td><td>1</td><td>1</td></tr>
<tr><td>16</td><td>标志标识</td><td>套</td><td>233</td><td>1</td><td>1</td><td>1</td><td>1</td><td>1</td><td>1</td></tr>
<tr><td>17</td><td>反光背心</td><td>件</td><td>135</td><td colspan="6" rowspan="2">按照一线执法人员数量的一定比例配备，作公用品管理</td></tr>
<tr><td>18</td><td>连帽雨衣（含雨靴）</td><td>套</td><td>275</td></tr>
<tr><td colspan="4">合计（元）</td><td colspan="2">4749（4738）</td><td>4901（4890）</td><td>5033（5022）</td><td colspan="2">5281（5270）</td><td>括号内为女装价格</td></tr>
</table>

附件 3

城市管理执法制式服装和标志标识预算指导价格明细

序号	品种	单位	价格（元）
1	春秋常服	套	478
2	冬常服	套	528
3	春秋茄克式执勤服	套	400
4	冬季茄克式执勤服	套	545
5	春秋常服配套衬衣	件	91
6	短袖夏装制式衬衣	件	80
7	长袖夏装制式衬衣	件	81
8	单裤	条	137
9	裙子	条	126
10	防寒大衣（短款）	件	356
11	防寒大衣（长款）	件	400
12	大檐帽（女卷檐帽）	顶	52
13	大檐凉帽（女卷檐凉帽）	顶	47
14	布面栽绒防寒帽	顶	59
15	皮面栽绒防寒帽（皮面直毛皮防寒帽）	顶	191
16	单皮鞋	双	276
17	皮凉鞋	双	276
18	棉皮鞋	双	341
19	毛皮靴	双	400
20	大帽徽	枚	10
21	小帽徽	枚	8
22	硬肩章（含徽）	付	18
23	软肩章	付	7.8
24	套式肩章	付	5.5
25	臂章（缝纫臂章/挂式臂章）	付	3/4.5
26	领花	付	7
27	硬胸徽	个	8
28	软胸徽	个	3
29	硬胸号	个	8
30	软胸号	个	2.5
31	领带	条	21
32	领带卡	枚	8
33	腰带	条	55
34	标志扣（22m/15m/13m）	粒	1.2/0.8/0.5
35	雨衣（含雨靴）	套	275
36	反光背心	件	135

附件 4

城市管理执法制式服装和标志标识式样标准

服装部分一配色

色彩释义

面料颜色为藏青色，颜色深邃，给人以威严、正义的感觉，衬衣颜色为天空蓝色，给人以明朗的感觉，两种颜色结合起来，层次分明，塑造一种清爽的职业形象。

整体展示

春秋(冬)常服　　春秋执勤服　　冬执勤服

短袖制式衬衣

长袖制式衬衣

衬衣

防寒大衣

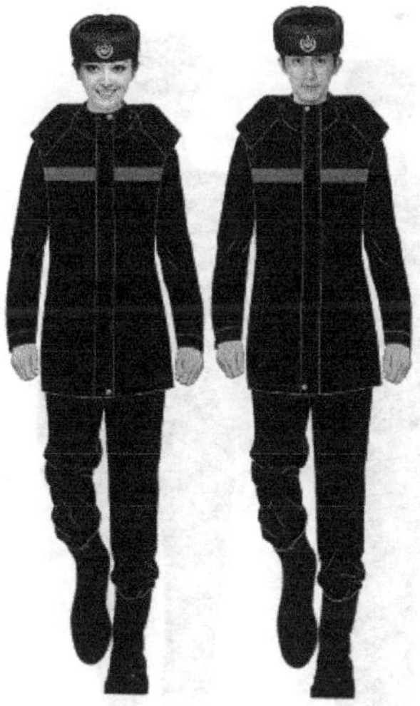

雨衣

服装类

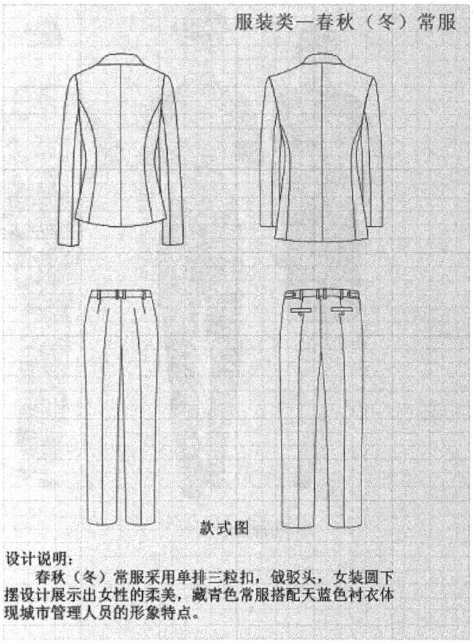
服装类一春秋（冬）常服
款式图
设计说明：
春秋（冬）常服采用单排三粒扣，戗驳头，女装圆下摆设计展示出女性的柔美，藏青色常服搭配天蓝色衬衣体现城市管理人员的形象特点。

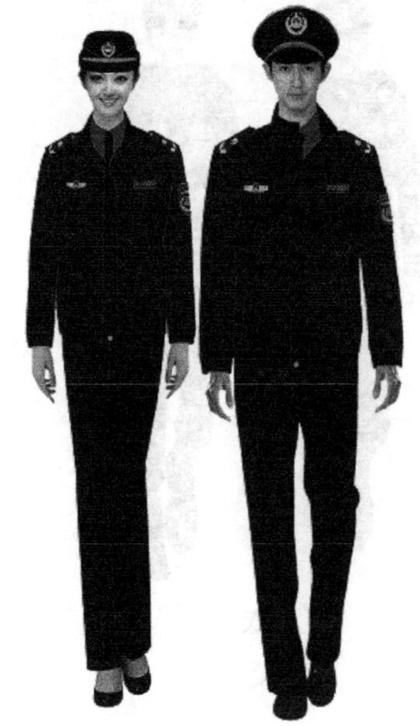

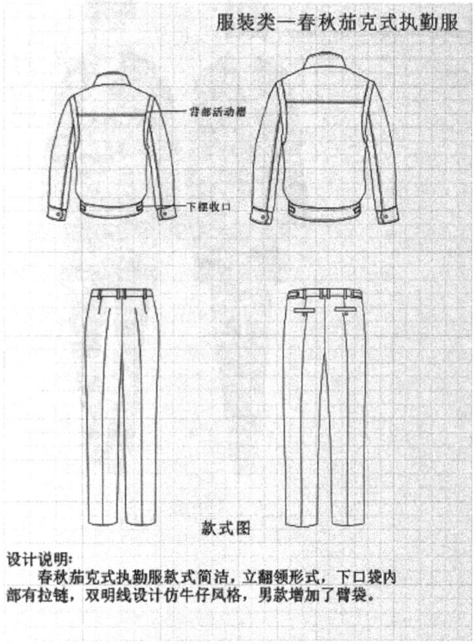
服装类一春秋茄克式执勤服
背部活动褶
下摆收口
款式图
设计说明：
春秋茄克式执勤服款式简洁，立翻领形式，下口袋内部有拉链，双明线设计仿牛仔风格，男款增加了臂袋。

服装类—冬茄克式执勤服

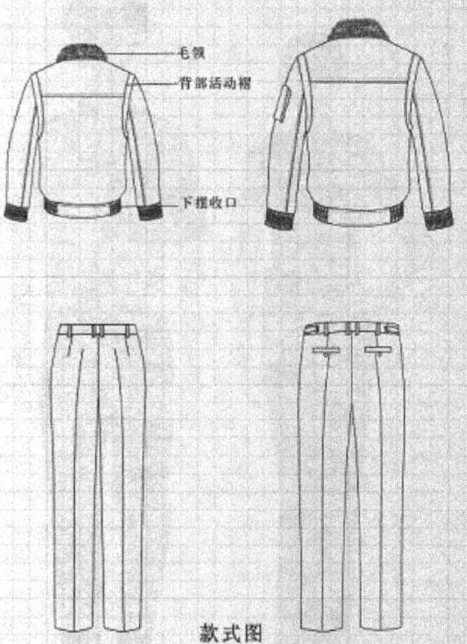

款式图

设计说明：

冬茄克式执勤服款式简洁，立翻领形式，下口袋内部有拉链，双明线设计仿牛仔风格，增加可拆卸毛领，男款增加了臂袋。

服装类—长袖制式衬衣

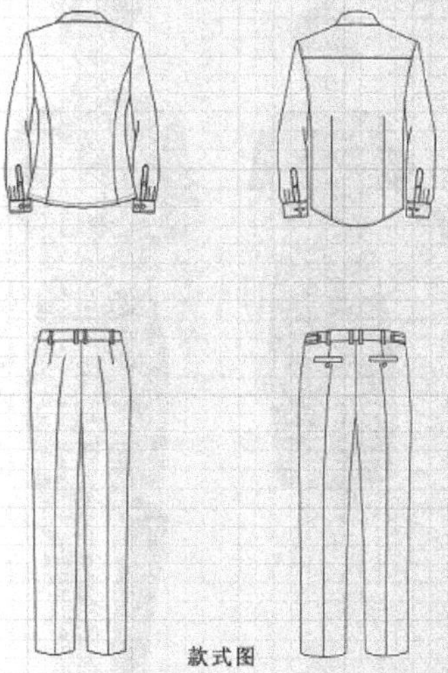

款式图

设计说明：

长袖制式衬衣款式简洁，前门襟使用藏青色配色，袖口配色与前门襟呼应，肩部加有悬挂对讲机或记录仪的袢。男款袖口无配色，前胸设有带盖口袋。

服装类—短袖制式衬衣（单裤）

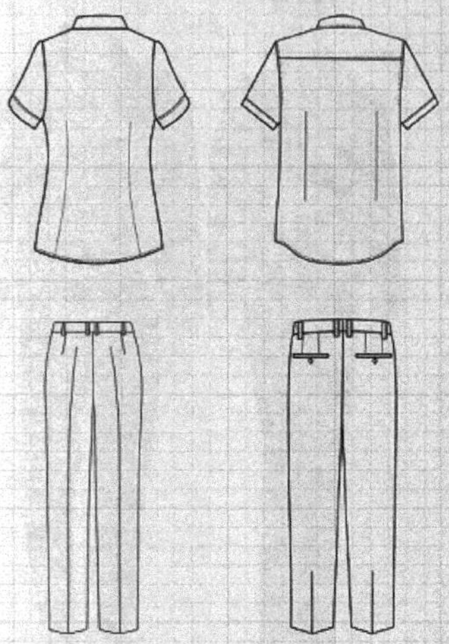

款式图

设计说明：

上衣在前门襟增加了藏青色配色，下摆为圆摆设计，女款袖口有配色。

服装类—短袖制式衬衣（裙子）

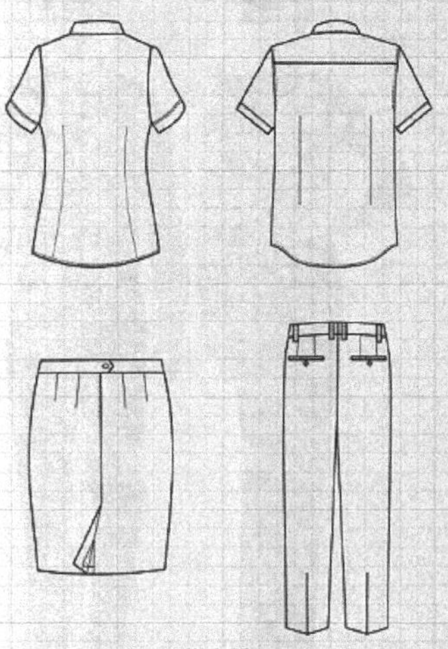

款式图

设计说明：

上衣均在前门襟有藏青色配色，女款袖口有配色，下摆为圆摆；裙子设后开衩，方便活动，男下衣为西裤。

服装类—衬衣

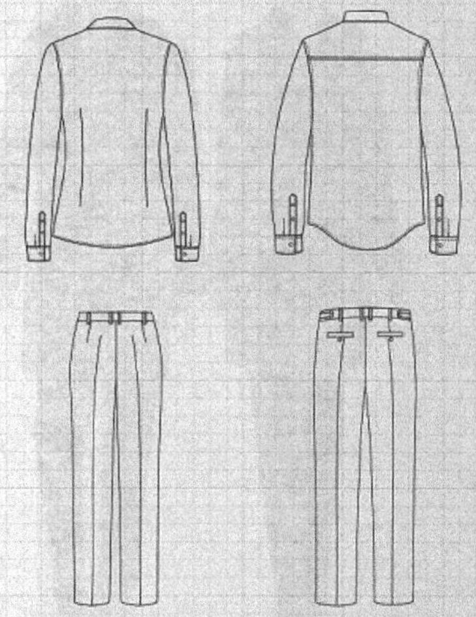

款式图

设计说明：

男衬衣为普通衬衣，女衬衣设有刀背分割，收身效果好，下摆均为圆摆。

服装类—防寒大衣（短款）

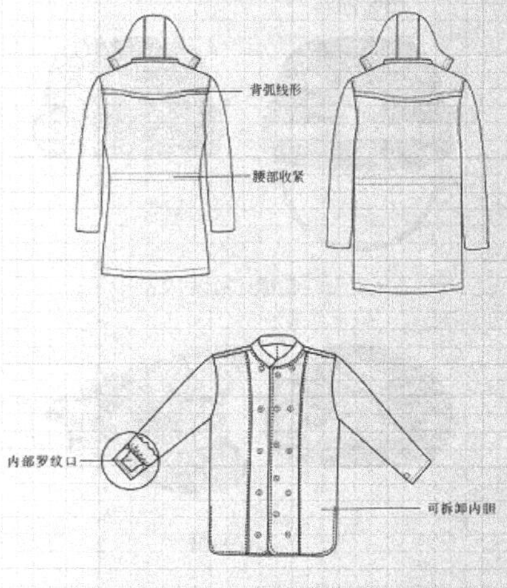

款式图

设计说明：

防寒大衣款式简洁大方，采用可拆卸内胆设计，增加了毛领，起到保暖作用，中部收腰抽绳保暖、防风。袖口可调节保暖。

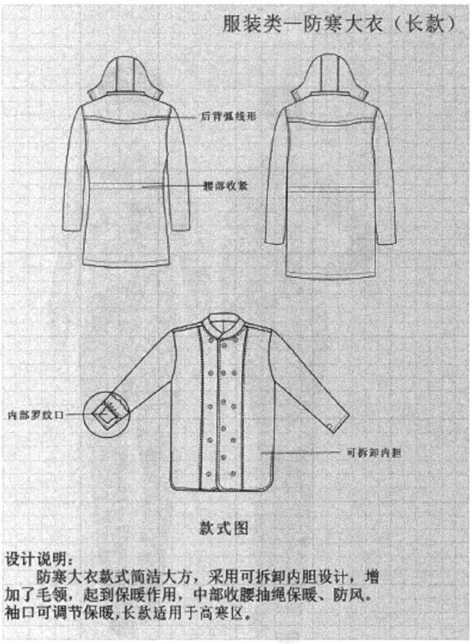
服装类一防寒大衣（长款）
后背弧线形
腰部收紧
内部罗纹口
可拆卸内胆
款式图
设计说明：
防寒大衣款式简洁大方，采用可拆卸内胆设计，增加了毛领，起到保暖作用，中部收腰抽绳保暖、防风。袖口可调节保暖，长款适用于高寒区。

帽类

帽类

服装面料
松紧帽带

卷檐(凉)帽

大檐(凉)帽

布(皮)面裁绒防寒帽
皮面直毛防寒帽

设计说明：

女士卷檐帽前部增加弧线型压条装饰。男士帽分普通和凉帽，凉帽帽顶为网眼布，帽墙装饰采用中国结变形后的刺绣装饰，给人一种亲和力，黑色帽墙与黑色帽檐，帽徽又给人一种威严感。防寒帽采用布面和皮面，保暖性好适合寒区气候特点。

装具类

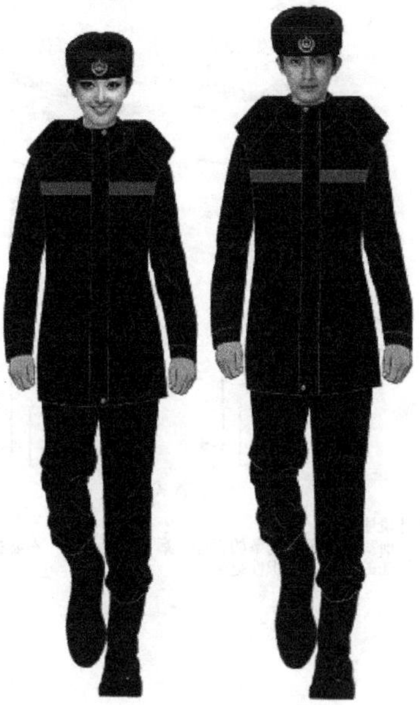

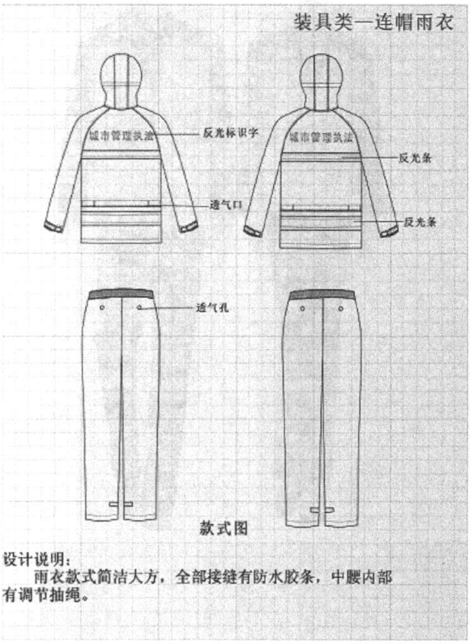

装具类—雨靴

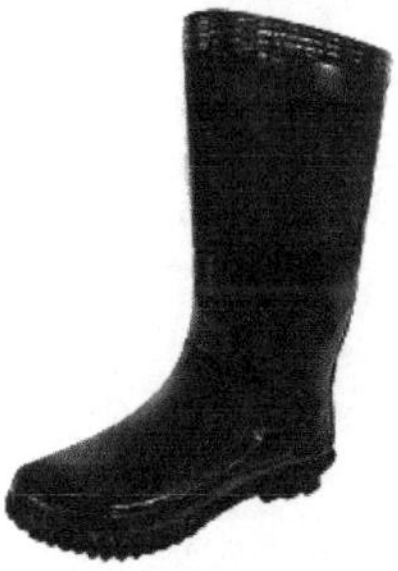

高靿雨鞋

低靿雨鞋

设计说明：

此款鞋为搭配雨衣制服提供的雨鞋，分为高靿和低靿两种款式，且男女同款。帮样整体成型，在鞋面上添加流线条，简洁而不失单调；鞋面为橡胶材质，防水效果好，鞋里为白色棉布，吸汗舒适；大底为橡胶材质，耐磨防滑效果好。

主辅材料说明：
鞋面材料：橡胶材质
鞋里材料：白色棉布
鞋垫：棉质白矾布复合聚醚发泡成型垫
外底：橡胶大底
工艺结构：硫化

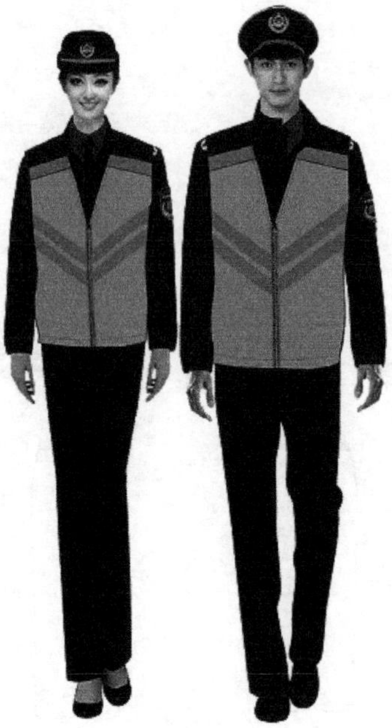

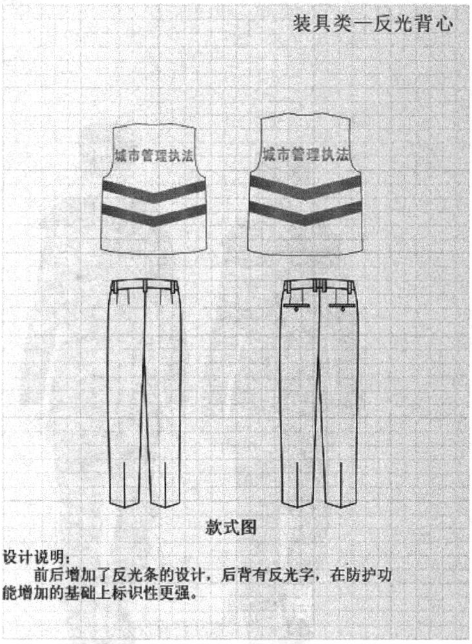
装具类—反光背心
城市管理执法
城市管理执法
款式图
设计说明：
前后增加了反光条的设计，后背有反光字，在防护功能增加的基础上标识性更强。

标志标识类

标志标识类—LOGO

R 4 G 48 B 102
R 110 G 112 B 112
R 250 G 4 B 4

设计说明：

国徽象征国家，以飘带组成“人”字代表人民，体现了为人民管理城市的理念，盾牌象征依法行政，牡丹花和橄榄枝组成装饰图案，表示城市让生活更美好，五朵牡丹花表示构建权责明晰、服务为先、管理优化、执法规范、安全有序的城市管理体制。

标志标识类—帽徽

材料：锌铝合金
工艺：模具压铸，表面涂漆，镀金。
规格：57mm×55mm

标志标识类—肩章

硬肩章　　软肩章　　套式肩章

肩章
材料：低弹涤纶丝
工艺：提花织物
规格：140mm×50mm
(套式肩章：95mm×50mm)
肩徽：肩杠
材料：锌铝合金
工艺：模具压铸，表面镀金
规格：肩徽24mm×24mm
肩杠一级17mm×46mm
二级12mm×46mm
三级8mm×46mm

领花
材料：锌铝合金
工艺：模具压铸，表面镀金
规格：20mm×26mm

臂章
材料：低弹涤纶丝
工艺：提花织物
规格：100mm×82mm

标志标识类一软硬胸徽　软硬胸号

硬胸徽

硬胸号

材料：锌铝合金
工艺：模具压铸，表面镀金，涂漆
规格：硬胸徽27mm×70mm
硬胸号25mm×70mm

软胸徽

软胸号

材料：低弹涤纶丝
工艺：提花织物
规格：软胸徽30mm×72mm
软胸号28mm×75mm

领带
材料：提花织锦缎面
工艺：标志刺绣
规格：参考实物

领带卡
材料：铜制
工艺：模具压铸，表面镀金
规格：9mm×55mm

腰带头

材料：锌铝合金
工艺：模具压铸，表面镀金，涂漆
规格：腰带头50mm×40mm

标志标识类—标志扣

标志扣
材料：锌铝合金
工艺：模具压铸，表面镀金
规格：直径分别为22mm、15mm、13mm

鞋类

鞋类—女单皮鞋

女单皮鞋

外耳式系带款，跗背调节量大，适应不同脚型人员穿用

设计说明：

此款鞋为春秋女单皮鞋，鞋面材料选用小牛皮，鞋里材料为头层水染猪皮里，养脚护脚，舒适透气。中底前掌加贴天然乳胶海绵，大底采用高耐磨软橡胶，柔软舒适有弹性，穿着稳定性、防滑性好。

主辅材料说明：
鞋面材料：全粒面小牛皮　厚度1.0～1.2mm
鞋里材料：头层水染猪皮里　厚度0.4～0.6mm
鞋垫：头层水染猪皮里复合高密度乳胶
外底：橡胶
工艺结构：双密度连帮注射

男单皮鞋

外耳式系带款，跗背调节量大，适应不同脚型人员穿用，围盖线条向后帮延伸至包跟，与流线型鞋形搭配，凸显执法者的精气神。

设计说明：

此款为春秋男单皮鞋，围盖式软领口设计，线条流畅便于搭配制服。鞋面、鞋里均采用天然皮革，透气性好，养脚护脚。大底采用双密度橡胶底，轻便、耐磨、止滑性能好，柔软舒适，减轻长时间穿着的疲劳感。

主辅材料说明：

鞋面材料：全粒面小牛皮　厚度1.2～1.4mm

鞋里材料：头层水染猪皮里　厚度0.4～0.6mm

鞋垫：头层水染牛里复合聚醚发泡成型垫

外底：双密度橡胶大底

工艺结构：双密度连帮注射

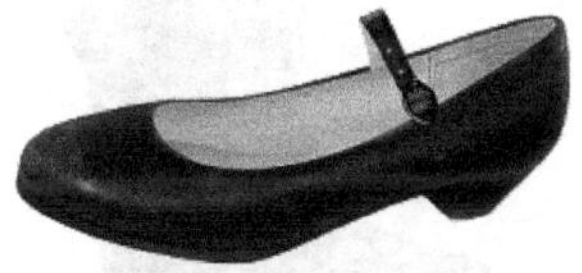

女皮凉鞋

袢带外踩一侧使用饰扣，精致美观

设计说明：

此款为浅口女皮凉鞋，简洁大方。鞋面增加袢带，增添舒适性，更适合长时间站立和行走。鞋面材料选用小牛皮，鞋里材料为头层水染猪皮里，养脚护脚，舒适透气。中底加贴天然乳胶海绵，大底为高耐磨软橡胶，增加柔软舒适度。

主辅材料说明：

鞋面材料：全粒面小牛皮　厚度1.0～1.2mm

鞋里材料：头层水染猪皮里　厚度0.4～0.6mm

鞋垫：头层水染猪皮里复合高密度乳胶

外底：橡胶成型底

工艺结构：双密度连帮注射

鞋类一男皮凉鞋

男皮凉鞋

围盖外耳式系带款，跗背调节量大，适应不同脚型人员穿用，围盖线条向后帮延伸至包跟，使鞋款更加修长、精神。

设计说明：

此款为冲孔式男皮凉鞋，围盖式软领口设计，线条流畅便于搭配制服。鞋面、鞋里采用天然皮革冲孔设计，增加透气性。大底采用双密度橡胶底，轻便、耐磨、止滑性能好，柔软舒适，减轻长时间穿着的疲劳感。

主辅材料说明：

鞋面材料：全粒面小牛皮　厚度1.2～1.4mm

鞋里材料：头层水染猪皮里　厚度0.4～0.6mm

鞋垫：头层水染牛里复合聚醚发泡成型垫

外底：双密度橡胶大底

工艺结构：双密度连帮注射

鞋类一女棉(毛)皮靴

女棉(毛)皮靴

外耳式系带款，线条简洁大方，跗背调节功能大，适应不同脚型人员穿用。

设计说明：

此款鞋为素头拉链款，简洁大方，穿脱方便。流线条设计增加修长、秀气美。鞋里分别采用绒里和天然羊毛里，保暖性能好，分别提供给温区和寒区。大底为轻质高耐磨软橡胶，增加柔软舒适度。鞋跟为ABS鞋跟加包真皮压纹款式，提高产品整体美观度。

主辅材料说明：

鞋面材料：全粒面小牛皮　厚度1.2～1.4mm

鞋里材料：平剪绒里(天然羊毛里)

鞋垫：平剪绒里复合聚醚发泡成型垫(羊毛鞋垫)

外底：橡胶+ABS鞋跟

工艺结构：双密度连帮注射

男棉(毛)皮靴

围盖式高帮软领口设计，休闲舒适，外耳式系带款，跗背调节量大，适应不同脚型人员穿用。

设计说明：

此款为冬款男棉(毛)皮靴，鞋面使用牛皮材质，养脚护脚。鞋里分别使用绒里和天然羊毛里，分别提供给温区和寒区；大底采用双密度橡胶大底，性能稳定、柔软舒适、耐磨防滑，减轻长时间穿着的疲劳感。

主辅材料说明：

鞋面材料：全粒面小牛皮 厚度1.2～1.4mm

鞋里材料：平剪绒里(天然羊毛里)

鞋垫：平剪绒里复合聚醚发泡成型垫(羊毛鞋垫)

外底：双密度橡胶大底

工艺结构：双密度连帮注射

住房和城乡建设部
关于严格规范城市管理执法行为严肃执法纪律的通知
（建督〔2018〕23号）

各省、自治区住房城乡建设厅，北京市城市管理综合行政执法局，天津市市容园林管理委员会，上海市住房城乡建设管理委员会，重庆市城市管理委员会，新疆生产建设兵团建设局：

城市管理执法事关人民群众切身利益，事关城市健康有序运行，事关党和政府形象和公信力。《中共中央国务院关于深入推进城市执法体制改革改进城市管理工作的指导意见》印发以来，各级城市管理执法部门和广大城市管理执法人员认真落实党中央、国务院决策部署，大力推进严格规范公正文明执法，取得了明显成效。但是，必须清醒看到，不规范、不文明执法行为仍时有发生，简单粗暴任性执法问题还没有根本解决。为严格规范城市管理执法行为，严肃执法纪律，切实维护人民群众合法权益，现就有关事项通知如下：

一、牢固树立和践行以人民为中心的发展思想。人民是城市的主人。以人民为中心，是习近平新时代中国特色社会主义思想的重要内容，是城市管理执法工作的基本遵循。各级城市管理执法部门要加强城市管理执法人员教育，组织城市管理执法人员深入学习贯彻党的十九大精神，自觉用习近平新时代中国特色社会主义思想武装头脑、指导实践。要牢固树立以人民为中心的发展思想，牢记全心全意为人民服务的宗旨，把实现好维护好最广大人民群众的根本利益作为城市管理执法工作的出发点和落脚点。要切实践行以人民为中心的发展思想，尊重执法对象，多沟通，善说服，慎处罚，坚决杜绝任性和违规执法，保障执法对象合法权益。春节前，各省级城市管理主管部门要督促指导市县城市管理执法部门，以强化宗旨意识、严格规范公正文明执法为主题，开展一次城市管理执法人员全员教育。以此为基础，建立常态长效的教育制度。

二、严格规范城市管理执法行为。各省级城市管理主管部门要督促指导市县城市管理执法部门加强执法规范化建设，进一步推进严格规范公正文明执法。制定城市管理执法规程，明确各类执法事项的法律依据、执法标准、执法程序，使具体执法工作有章可循。城市管理执法人员要严格依照法定职权和程序开展执法工作，按规定穿着统一的制式服装、佩戴标志标识，主动出示执法证件，做到执法方式适当，措施适当，行为适当。落实行政执法责任制，建立并严格实施行政过错纠正和责任追究制度。全面执行执法全过程记录制度，做到全过程留痕、可回溯管理和制约。

三、严肃城市管理执法纪律。城市管理执法人员要严格遵守《行政处罚法》、《城市管理执法办法》等法律法规和纪律规定，严禁无证从事执法工作；严禁故意损毁，非法查封、扣押、处置相对人物品和乱罚款；严禁吃、拿、卡、要；严禁私用执法车辆；严禁威胁、辱骂、殴打相对人；严禁包庇、纵容违法违规行为。协管人员不得从事具体行政执法工作，只能配合从事宣传教育、巡查、信息收集、违法行为劝阻等辅助事务。建立执法纪律监督制度，发现违法违纪行为，要依法依纪追究直接责任人员和负有领导责任人员的责任。对已不符合城市管理执法人员条件、不适合继续在城市管理执法部门工作的，要依照有关规定予以辞退或调离。

四、切实改进城市管理执法方式。各级城市管理执法部门和执法人员要突出服务为先，坚持“721 工作法”，70%的问题用服务手段解决，20%的问题用管理手段解决，10%的问题用执法手段解决。综合运用行政指导、行政奖励、行政扶助、行政调解等非强制手段，引导当事人遵守法律法规，化解矛盾纠纷。实施行政处罚，要根据违法行为的性质和危害依法作出相应的处罚决定，对违法行为轻微的，采取教育、劝导、疏解等方式纠正。建立城市管理执法风险评估机制，对易发生执法冲突的，要做好风险防控预案，稳妥组织实施。充分运用数字化城市管理平台等，探索实行非现场执法。建立突发事件应急处置制度，发生执法冲突事件，要立即向当地政府和上级部门报告，抓紧调查核实有关情况，依法依规处理，并及时主动客观向社会公布有关信息。

五、加强城市管理执法队伍建设。各级城市管理执法部门要坚决落实全面从严治党要求，加强政治建设、思想建设、组织建设、作风建设、纪律建设，打造政治坚定、作风优良、纪律严明、廉洁务实的城市管理执法队伍。定期组织开展城市管理执法人员培训，充分运用正反两个方面典型案例，强化法律意识，丰富专业知识，提高道德修养，增强应对突发情况、化解复杂矛盾的能力。继续深入开展“强基础、转作风、树形象”专项行动，持续正风肃纪。畅通群众监督渠道，主动接受法律监督、行政监督、社会监督。加强内部监督检查，采取“双随机”、明察暗访等方式，及时发现并纠正各类不规范、不文明执法行为，对情节严重、造成不良后果的，要公开严肃处理。

各级城市管理执法部门要充分认识严格规范城市管理执法行为，严肃执法纪律的重要性，采取有力措施，落实好本通知各项工作要求。请省级城市管理主管部门于 2018 年 2 月底前将部署落实情况书面报我部。

中华人民共和国住房和城乡建设部

2018 年 2 月 11 日

（此件主动公开）

住房和城乡建设部
关于印发全面推行行政执法公示制度执法全过程记录制度重大执法决定法制审核制度实施方案的通知
(建法函〔2019〕53号)

各省、自治区住房和城乡建设厅，直辖市住房和城乡建设（管）委及有关部门，新疆生产建设兵团住房和城乡建设局，部机关各单位：

现将《住房和城乡建设部关于全面推行行政执法公示制度执法全过程记录制度重大执法决定法制审核制度的实施方案》印发给你们，请认真贯彻执行。

中华人民共和国住房和城乡建设部

2019年4月1日

（此件主动公开）

住房和城乡建设部
关于全面推行行政执法公示制度执法全过程记录制度重大执法决定法制审核制度的实施方案

为贯彻落实《国务院办公厅关于全面推行行政执法公示制度执法全过程记录制度重大执法决定法制审核制度的指导意见》（国办发〔2018〕118号），在住房和城乡建设系统全面推行行政执法公示制度、执法全过程记录制度、重大执法决定法制审核制度（以下统称“三项制度”），规范行政处罚、行政强制、行政检查、行政征收、行政许可等执法行为，促进严格规范公正文明执法，制定本方案。

在住房和城乡建设系统全面推行“三项制度”要以习近平新时代中国特色社会主义思想为指导，全面贯彻党的十九大和十九届二中、三中全会精神，深入学习贯彻习近平总书记对住房和城乡建设工作的重要指示批示精神，着力推进行政执法透明、规范、合法、公正，推动形成权责统一、权威高效的行政执法体系和职责明确、依法行政的政府治理体系，确保行政机关依法履行法定职责，切实维护人民群众合法权益，为落实全面依法治国基本方略、推进法治政府建设奠定坚实基础。

一、全面推行行政执法公示制度，保障行政相对人和社会公众知情权、参与权、表达权和监督权

（一）健全公示机制。按照“谁执法谁公示”的原则，明确公示内容采集、传递、审核、发布工作流程和责任机构，对行政处罚、行政强制、行政检查、行政征收、行政许可等执法行为的基本信息、结果信息进行公示，规范信息公示内容的标准、格式。涉及国家秘密、商业秘密、个人隐私等不宜公开的信息，依法确需公开的，要作适当处理后公开。发现公开的行政执法信息不准确的，要及时予以更正。

（二）完善公示平台。住房和城乡建设部相关行政执法信息统一在部门户网站“办事大厅”栏目公示。地方各级住房和城乡建设主管部门（含城市管理、城市管理执法部门，下同）通过政府门户网站及政务新媒体、办事大厅公示栏、服务窗口等平台公示行政执法信息。

（三）强化事前公开。统筹推进行政执法事前公开、政府信息公开、权责清单公布和“双随机、一公开”监管。全面准确及时主动公开行政执法主体、人员、职责、权限、依据、程序、救济渠道和随机抽查事项清单等信息。根据有关法律法规，结合自身职责，分执法行为类别编制并公开本机关服务指南、执法流程图，明确执法事项名称、受理机构、审批机构、受理条件、办理时限等内容。住房和城乡建设部研究制定城市综合执法领域基层政务公开指引，规范基层综合执法事项公开。

（四）规范事中公示。行政执法人员在进行监督检查、调查取证、采取强制措施和强制执行、送达执法文书等执法活动时，必须主动出示执法证件，向当事人和相关人员表明身份，鼓励采取佩戴执法证件的方式，执法全程公示执法身份；要出具行政执法文书，主动告知当事人执法事由、执法依据、权利义务等内容。严格执行《城市管理执法行为规范》和《城市管理执法制式服装和标志标识供应管理办法》，从事一线城市管理执法工作的在编在职人员，执法时必须按规定穿着统一制式服装，佩戴统一标志标识。政务服务窗口设置岗位信息公示牌，明示岗位职责、申请材料示范文本、办理进度查询方式、咨询服务、投诉举报渠道等信息。

（五）加强事后公开。各级住房和城乡建设主管部门在执法决定作出之日起 20 个工作日内，向社会公布执法机关、执法对象、执法类别、执法结论等信息，接受社会监督，行政许可、行政处罚的执法决定信息要在执法决定作出之日起 7 个工作日内公开，法律、行政法规另有规定的除外。建立健全执法决定信息公开发布、撤销和更新机制。已公开的行政执法决定被依法撤销、确认违法或者要求重新作出的，应当及时从信息公示平台撤下原行政执法决定信息。推动建立行政执法统计年报制度，住房和城乡建设部制定统一的行政执法总体情况统计指标；地方各级住房和城乡建设主管部门根据统计指标，于每年 1 月 31 日前公开本机关上年度行政执法总体情况有关数据，并报本级人民政府和上级主管部门；省级住房和城乡建设主管部门将本机关和下级机关有关数据汇总后，于每年第一季度报送住房和城乡建设部。

二、全面推行执法全过程记录制度，逐步实现执法全过程留痕和可回溯管理

（一）完善文字记录。研究制定住房和城乡建设系统行政执法规范用语、调查取证工作指南和执法文书制作指引，规范行政执法的重要事项和关键环节，做到文字记录合法规范、客观全面、及时准确。住房和城乡建设部参照司法部制定的行政执法文书基本格式标准，结合本系统执法实际，研究制定统一适用的行政执法文书格式文本。

（二）规范音像记录。省级住房和城乡建设主管部门制定音像记录事项清单和相关管理制度，根据行政执法行为的不同类别、阶段、环节和执法活动场所，明确记录主体、设备配备、记录形式、记录要素、公开属性、储存期限和方式、监督管理等要求。做好音像记录与文字记录的衔接，对文字记录能够全面有效记录执法行为的，可以不进行音像记录；对查封扣押财产、强制拆除等直接涉及公民生命健康、重大财产权益的现场执法活动和执法办案场所，推行全程音像记录；对现场执法、调查取证、举行听证、留置送达和公告送达等容易引发争议的行政执法过程，根据实际情况进行音像记录；受送达人拒绝接受行政执法文书的，可以将执法文书留在受送达人的住所，并采用拍照、录像等方式记录送达过程。按照工作必须、厉行节约、性能适度、安全稳定、适量够用的原则，结合本地区经济发展水平和本部门执法具体情况，确定音像记录设备配备标准，统筹推进询问室和听证室等设施建设。

（三）严格记录归档。按照有关法律法规和档案管理规定，加强对执法台账、法律文书、全过程记录资料的制作、使用、管理和归档保存，确保所有行政执法行为有据可查。严格执行涉及国家秘密、工作秘密、商业秘密、个人隐私记录资料归档有关规定。推进住房和城乡建设系统案卷评查工作，将行政执法全过程记录的真实性、完整性、准确性作为案卷评查的重要内容。

（四）有效运用记录。充分发挥全过程记录信息对案卷评查、执法监督、评议考核、舆情应对、行政决策和健全社会信用体系等工作的积极作用。对记录信息进行统计分析，总结典型案例，发现和改进行政执法薄弱环节，依法公正维护执法人员和行政相对人的合法权益。建立健全记录信息调阅监督制度。

三、全面推行重大执法决定法制审核制度，确保重大执法决定合法有效

（一）明确审核机构。住房和城乡建设部法规司是部机关重大执法决定法制审核工作机构，地方各级住房和城乡建设主管部门应当明确具体负责本单位重大执法决定法制审核的工作机构，确保法制审核工作有机构承担、有专人负责。法制审核岗位人员应当政治素质高，业务能力强，具有法律专业背景条件，原则上各级住房和城乡建设主管部门的法制审核人员不少于本单位执法人

员总数的5%。建立法律顾问、公职律师参与法制审核工作机制。

（二）明确审核范围。凡涉及重大公共利益，可能造成重大社会影响或引发社会风险，直接关系行政相对人或第三人重大权益，经过听证程序作出行政执法决定，以及案件情况疑难复杂、涉及多个法律关系的，应当进行法制审核。各级住房和城乡建设主管部门结合本机关行政执法行为的类别、执法层级、所属领域、涉案金额等因素，制定重大执法决定法制审核目录清单。省级住房和城乡建设主管部门要加强对市、县级住房和城乡建设主管部门法制审核目录清单制定工作的指导，明确重大执法决定事项的标准。

（三）明确审核内容。严格审核行政执法主体是否合法，行政执法人员是否具备执法资格；行政执法程序是否合法；案件事实是否清楚，证据是否合法充分；适用法律、法规、规章是否准确，裁量基准运用是否适当；执法是否超越执法机关法定权限；行政执法文书是否完备、规范；违法行为是否涉嫌犯罪、需要移送司法机关等。法制审核机构在完成审核后提出同意或者存在问题的书面审核意见。行政执法承办机构要对法制审核机构提出存在问题的审核意见进行研究，作出相应处理后再次报送法制审核。

（四）明确审核责任。结合实际制定法制审核工作规则，明确送审材料报送要求和审核的方式、时限、责任，规范审核意见格式，建立健全法制审核机构与行政执法承办机构对审核意见不一致时的协调机制。行政执法承办机构应当将行政执法文书、相关证据、当事人陈述申辩材料、执法过程记录资料等一并送法制审核机构，对送审材料的真实性、准确性、完整性，以及执法的事实、证据、法律适用、程序的合法性负责；法制审核机构对重大执法决定的法制审核意见负责，可以根据工作需要，依托法律顾问、公职律师、行业专家，建立重大执法决定法制审核专家委员会，对重大执法决定法制审核提供咨询意见。严格开展重大行政处罚合法性审核，未经法制审核或者审核未通过的，不得作出行政处罚决定，不得以会签行政处罚决定书代替合法性审核。因行政执法承办机构的承办人员、负责法制审核的人员和审批行政执法决定的负责人滥用职权、玩忽职守、徇私枉法等，导致行政执法决定错误，要依纪依法追究相关人员责任。

四、全面推进行政执法信息化建设，为“三项制度”提供有力支持

（一）加强信息化平台建设。依托大数据、云计算等信息技术手段，推进对行政执法活动的即时性、过程性、系统性管理。加快推行建筑业企业资质电子化申报，实行网上受理、网上审批，让数据多跑路、群众少跑腿。加快住房和城乡建设部信用信息共享平台建设，将信用信息查询使用嵌入审批、监管工作流程，确保“应查必查、奖惩到位”。加快数字化城市管理平台建设，推动城市管理信息全国联网。加快工程建设项目审批管理系统建设，实现全国地级及以上城市工程建设项目审批管理系统与国家工程建设项目审批管理系统对接。

（二）推进信息共享。落实全国行政执法数据汇集和信息共享机制，按照全国执法数据标准，采集、整合执法数据。探索对行政执法和信用信息大数据的关联分析、智能应用，提前预警、监测、研判住房和城乡建设领域新情况、新问题，提升行政立法、行政决策和风险防范水平。

五、保障措施

（一）加强组织领导。各级住房和城乡建设主管部门主要负责人是本部门全面推行“三项制度”工作的第一责任人，要提高政治站位，树立系统思维，坚持统筹推进，做好组织实施。上级部门要切实做到率先推行，以上带下，分类指导，充分发挥在行业系统中的带动引领作用，指导督促下级部门严格规范实施“三项制度”。

（二）强化队伍建设。认真开展行政执法人员和法制审核人员岗前培训和岗位培训，开展“三项制度”专题业务培训和交流，切实打造政治坚定、作风优良、纪律严明、廉洁务实的执法队伍。鼓励和支持行政执法人员和法制审核人员参加国家统一法律职业资格考试。建立科学的考核评价体系和人员激励机制，提高执法人员履职积极性和执法队伍稳定性。

（三）争取经费保障。省级住房和城乡建设主管部门要认真研究本地区执法装备配备标准、装备配备规划、设施建设规划和年度实施计划的建议，适时向省级人民政府报告。地方各级住房和城乡建设主管部门要结合执法实际，将执法装备需求报本级人民政府列入财政预算。

（四）有序推进实施。地方各级住房和城乡建设主管部门要结合实际，抓紧制定推行“三项制度”的具体工作安排并做好动员部署，逐步完善相关文件，开展督导，总结形成可复制可推广经验。请各省级住房和城乡建设主管部门于2019年5月底前将具体工作安排情况报住房和城乡建设部。

参考文献

[1] 郭声琨．坚持严格规范公正文明执法［N］．人民日报，2014-11-13（6）．

[2] 李国光．坚持办案的法律效果与社会效果相统一［J］．党建研究，1999.

[3] 全国市长研修学院，中国建设报社．改革城市执法体制，改进城市管理工作［M］．北京：中国城市出版社，2016.

[4] 王敬波．城市管理执法办法理解与适用［M］．北京：中国法制出版社，2017.

[5] 中共中央宣传部．习近平新时代中国特色社会主义思想学习纲要［M］．北京：学习出版社、人民出版社，2019.

[6] 王毅、何福平．城管综合执法实务操作与典型案例［M］．南京：江苏人民出版社，2019.

[7] 中共中央党史和文献研究院．十八大以来重要文献选编（下）［M］．北京：中央文献出版社，2018.

[8] 中共中央党史和文献研究院．十九大以来重要文献选编（上）［M］．北京：中央文献出版社，2019.